PROSERPINE,
TRAGEDIE
EN MUSIQUE,
ORNE'E
D'ENTRE'ES DE BALLET,
de Machines, & de Changemens de Theatre.

Representée devant Sa Majesté à S. Germain en Laye le 3. Février 1680.

Tome II.   A

ACTEURS
DU PROLOGUE.

LA PAIX.
  Suite de la Paix.
La Felicité, l'Abondance, les Jeux &
 les Plaisirs.
Jeux chantans.
Plaisirs chantans.
Jeux & Plaisirs dançans.
La Discorde.
  Suite de la Discorde.
La Jalousie, la Haine, le Dépit, la Rage,
le Desespoir, les Chagrins, &c.
Suivans de la Discorde chantans.
Suivans de la Discorde dançans.
  Suite de la Victoire.
Troupe de Victoires & de Heros.

LE
THEATRE
DE
Mr QUINAULT,
CONTENANT
SES TRAGEDIES, COMEDIES,
ET OPERA.

Dernière edition,

AUGMENTE'E DE SA VIE,
d'une Dissertation sur ses Ouvrages, &
de l'origine de l'Opera.

Le tout enrichi de Figures en taille-douce.

TOME V.

A PARIS,
Chez PIERRE RIBOU, seul Libraire de l'Académie
Royale de Musique, Quai des Augustins, à
la Descente du Pont-Neuf, à l'Image
Saint Loüis.

────────────

M. DCC. XV.
Avec Approbation & Privilege du Roi.

PIECES CONTENUES
dans ce cinquiéme Volume.

PROSERPINE, Tragedie.

LE TRIOMPHE DE L'AMOUR, Balet.

PERSE'E, Tragedie.

PHAETON, Tragedie.

AMADIS DE GRECE, Tragedie.

ROLAND, Tragedie.

LE TEMPLE DE LA PAIX, Balet.

ARMIDE, Tragedie.

PROLOGUE.

Le Theatre represente l'antre de la Discorde, on y voit la Paix enchaînée : La Felicité, l'Abondance, les Jeux & les Plaisirs y accompagnent la Paix, & sont enchaînez comme elle.

LA PAIX.

HEROS, dont la valeur étonne l'Univers,
Ah ! quand briserez-vous nos fers !
La Discorde nous tient ici sous sa puissance ;
La barbare se plaît à voir couler nos pleurs !
Soiez touché de nos malheurs,
Vous êtes dans nos maux notre unique esperance ;
Héros dont la valeur étonne l'Univers,
Ah ! quand briserez-vous nos fers !

Le Chœur.

Heros, dont la valeur étonne l'Univers,
Ah ! quand briserez-vous nos fers !

La haine, la rage, les chagrins, la jalousie, le dépit, le desespoir, & toute la suite de la Discorde, témoignent les douceurs qu'ils trouvent dans l'esclavage où ils ont réduit la Paix.

LA DISCORDE.

Soupirez, triste Paix, malheureuse captive,
Gemissez, & n'esperez pas
Qu'un Heros que j'engage en de nouveaux Combats

PROLOGUE.

Ecoute votre voix plaintive.
Plus il moissonne de Lauriers,
Plus j'offre de matiere à ses travaux Guerriers,
J'anime les vaincus d'une nouvelle audace ;
J'oppose à la vive chaleur
De son indomptable valeur,
Mille fleuves profonds, cent montagnes de glace.
La Victoire empressée à conduire ses pas,
Se prépare à voler aux plus lointains Climas ;
Plus il la suit, plus il la trouve belle :
Il oublie aisément pour elle,
La Paix & ses plus doux appas.

LA PAIX & sa suite.

O rigueurs inhumaines !
Faut-il ne voir jamais finir le triste cours
De nos malheurs & de nos peines ?

LA DISCORDE & sa suite.

Vos plaintes seront vaines,
N'esperez jamais de secours.
Quel tourment de languir toujours
Sous de cruelles chaînes !

LA DISCORDE & sa suite.

Vos plaintes seront vaines,
N'esperez jamais de secours.

On entend un bruit de trompettes & de tymbales.

LA DISCORDE.

Ce bruit que la victoire en ces lieux fait entendre,
M'avertit qu'elle y va descendre.
Quel plaisir de lui faire voir
Mon ennemie au desespoir !

La Victoire descend, elle est accompagnée d'un grand nombre de Victoires & de Heros.

LA VICTOIRE.

Venez aimable Paix, le Vainqueur vous appelle,
La Victoire devient votre guide fidelle ;
Venez dans un heureux séjour.

PROLOGUE.

Vous, Discorde affreuse & cruelle,
Portez ses fers à votre tour.

LA VICTOIRE & sa suite.

Venez aimable Paix, le Vainqueur vous appelle.

La Suite de la Victoire déchaîne la Paix & les Divinitez qui l'accompagnent, & enchaîne la Discorde & sa suite.

LA PAIX & sa suite.

Ah! quel bonheur charmant!

LA DISCORDE & sa suite.

Ah! quel affreux tourment!

LA DISCORDE enchaînée.

Orgueilleuse Victoire, est-ce à toi d'entreprendre
De mettre la Discorde aux fers?
A quels honneurs sans moi peux tu jamais prétendre?

LA VICTOIRE.

Ah! qu'il est beau de rendre
La Paix à l'Univers.

LA DISCORDE.

Tes soins pour le Vainqueur pouvoient plus loin s'étendre?
Que ne conduisois-tu le Heros que tu sers,
Où cent Lauriers nouveaux lui sont encore offerts?
La Gloire au bout du Monde auroit été l'attendre.

LA VICTOIRE.

Ah! qu'il est beau de rendre
La Paix à l'Univers.
Aprés avoir vaincu mille Peuples divers,
Quand on ne voit plus rien qui puisse se défendre,
Ah! qu'il est beau de rendre
La Paix à l'Univers.

La suite de la Victoire, & la suite de la Paix.

Aprés avoir vaincu mille Peuples divers,
Quand on ne voit plus rien qui puisse se défendre,
Ah! qu'il est beau de rendre
La Paix à l'Univers.

PROLOGUE.

O ! cruel esclavage !
Je ne verrai donc plus de sang & de carnage ?
Ah ! pour mon desespoir faut-il que le Vainqueur
   Ait triomphé de son courage ?
   Faut-il qu'il ne laisse à ma rage
   Rien à devorer que mon cœur ?
   O ! cruel esclavage !

La suite de la Discorde.

O ! cruel esclavage.

LA VICTOIRE.

Au fond d'un gouffre plein d'horreur,
Que sous des fers pesants la Discorde gemisse.
   Partagez son suplice
   Vous qui partagez sa fureur.
Et vous triste sejour, changez, que tout ressente,
Le pouvoir plein d'appâs de la Paix triomphante.

La Discorde & sa suite s'abiment dans des gouffres qui s'ouvrent sous leurs pas, & l'affreuse retraite de la Discorde se change en un Palais agreable.

LA PAIX *& sa suite.*

Ah ! quel bonheur charmant !

LA DISCORDE *& sa suite en s'abîmant.*

Ah ! quel affreux tourment !

LA VICTOIRE *&* LA PAIX.

Le Vainqueur est comblé de gloire
   On doit l'admirer à jamais.
   Il s'est servi de la Victoire
   Pour faire triompher la Paix.

La suite de la Victoire & la suite de la Paix.

   Le Vainqueur est comblé de gloire,
   On doit l'admirer à jamais :
   Il s'est servi de la Victoire
   Pour faire triompher la Paix.

PROLOGUE.

La suite de la Paix témoigne sa joie en dan-
çant & en chantant.

La Felicité & l'Abondance chantent
ensemble.

Il est temps que l'Amour nous enchaîne.
Il sait vaincre les plus fiers Vainqueurs.
Rendons-nous la fuite est vaine,
Ce Dieu charme tous les cœurs :
Il n'a point de bien sans peine,
Mais peut-on trop paier ses douceurs.

Dans les fers qu'Amour veut que l'on prenne,
Tout est doux jusqu'aux plus tristes pleurs.
Rendons-nous la fuite est vaine,
Ce Dieu charme tous les cœurs :
Il n'a point de bien sans peine,
Mais peut-on trop paier ses douceurs.

LA PAIX.

On a quitté les armes
Voici le temps heureux
Des Plaisirs pleins de charmes,
Voici le temps heureux
Des Plaisirs & des Jeux.
On ne versera plus de larmes,
Tous les cœurs seront sans allarmes;
Et si l'on craint encor des tourmens rigoureux
Ce sera seulement dans l'Empire amoureux.
On a quitté les armes
Voici le temps heureux
Des plaisirs pleins de charmes,
Voici le temps heureux
Des plaisirs & des jeux.

Le Chœur.

On a quitté les armes
Voici le temps heureux

PROLOGUE.

Des plaisirs pleins de charmes,
Voici le temps heureux
Des plaisirs & des Jeux.

LA FELICITE'.

Que l'Amour est doux à suivre !
Quel plaisir de s'enflamer !
Un jeune cœur ne commence de vivre
Que du moment qu'il commence d'aimer.

Malheureux qui se délivre
D'un tourment qui sçait charmer.
On reconnoît que l'on cesse de vivre
En même tems que l'on cesse d'aimer.

Le Chœur.

On a quitté les armes
Voici le temps heureux
Des plaisirs pleins de charmes,
Voici le temps heureux
Des plaisirs & des jeux.

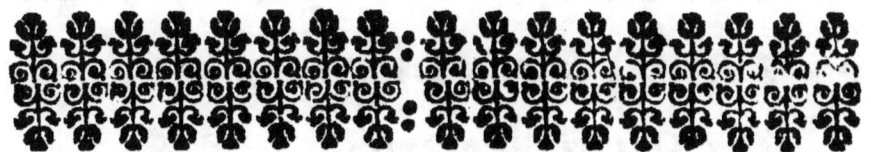

ACTEURS
DE LA
TRAGEDIE.

CERES,
CYANE', *Nymphe de Sicile, Confidente de Ceres.*
CRINISE, *Dieu de Fleuve de Sicile.*
MERCURE.
ARETHUSE, *Nymphe aimée d'Alphée.*
ALPHE'E, *Dieu de Fleuve, Amant d'Arethuse.*
PROSERPINE, *Fille de Jupiter & de Ceres.*

Troupe de Nymphes.
Troupe de Dieux des Bois.
Troupe d'Habitans de Sicile.
PLUTON, *Dieu des Enfers.*
ASCALAPHE, *Fils du Fleuve Acheron, & Confident de Pluton.*

TROUPE de Divinitez Infernales.

TROUPE de Suivans de Ceres.

Les Ombres heureuses.

Les trois Juges des Enfers.

Les trois Furies.

JUPITER.

L'AMOUR, L'HYMENE'E, VENUS, PALLAS, APOLLON & MARS.

Troupe de Divinitez Celestes.

Troupe de Divinitez de la suite de Pluton.

VERTUMNE, FLORE, & POMONE.

Troupe de Divinitez de la terre.

PROSERPINE,
TRAGEDIE.

ACTE I.

Le Theatre represente le Palais de Ceres.

SCENE PREMIERE.

CERES, CYANE', CRINISE.

CERES.

Outons dans ces aimables lieux
Les douceurs d'une paix charmante.
Les superbes Geants armez contre les
    Dieux
Ne nous donne plus d'épouvente:

Ils sont ensevelis sous la masse pesante
Des Monts qu'ils entassoient pour attaquer les Cieux.
Nous avons vû tomber leur Chef audacieux
   Sous une Montagne brulante;
Jupiter l'a contraint de vomir à nos yeux
Les restes enflamez de sa rage mourante,
   Jupiter est victorieux,
Et tout cede à l'effort de sa main foudroiante.
  Goûtons dans ces aimables lieux
  Les douceurs d'une paix charmante.

CERES, CYANE' & CRINISE.

  Goûtons dans ces aimables lieux
  Les douceurs d'une paix charmante.

CERES.

Prenez soin d'assembler tout ce qui suit mes loix,
Honorons le Vainqueur d'une commune voix.

CERES, CYANE' & CRINISE.

Honorons le Vainqueur d'une commune voix.

Cyané & Crinise vont de deux côtés differens appeller les Divinitez & les Peuples de Sicile, pour venir ensemble celebrer la victoire de Jupiter.

SCENE II.

Mercure descend du Ciel.

MERCURE, CERES.

CERES.

MErcure, quel dessein vous fait ici descendre?
####### MERCURE.
Jupiter prés de vous m'ordonne de me rendre.
####### CERES.
Non, non, à vos discours je n'ose ajouter foi.
 Jupiter aprés sa victoire
Songe à tenir en paix l'Univers sous sa loi;
Il est trop occupé de sa nouvelle gloire,
  Eh! le moien de croire
  Qu'il songe encore à moi?
####### MERCURE.
Dans les soins les plus grands dont son ame est
 remplie
Il se souvient toujours que vous l'avez charmé;
  Il est mal-aisé qu'on oublie
  Ce qu'on a tendrement aimé.

Il admire les dons que vous venez de faire
  En cent climats divers,
L'abondante Sicile heureuse de vous plaire
De vos riches moissons voit tous ses champs cou-
 verts;
Mais la Mere des Dieux se plaint que la Phrygie
  Qu'elle a toujours cherie,
Ne se ressente pas de vos soins bien-faisans.

PROSERPINE,
Et c'est Jupiter qui vous prie
D'y porter vos d vins presens.
Quelle gloire de voir qu'un Dieu si grand implore
Votre favorable secours !
CERES.
Peut être qu'il m'estime encore,
Mais il m'avoit promis qu'il m'aimeroit toujours.

L'amour qui pour lui m'anime
Devient plus fort chaque jour,
Est-ce assez d'un peu d'estime
Pour le prix de tant d'amour.
MERCURE
Il sent l'ardeur qu'un tendre amour inspire,
Avec plaisir il se laisse enflamer ;
Mais un amant chargé d'un grand Empire
N'a pas toujours le temps de bien aimer.
CERES.
Quand de son cœur je devins souveraine
N'avoit-il pas le Monde à gouverner,
Et ne trouvoit-il pas sans peine
Du temps de reste à me donner.

Je l'ai vû sous mes Loix ce Dieu si redoutable.
Je l'ai vû plein d'empressement ;
Ah ! qu'il seroit aimable,
S'il aimoit constamment.
MERCURE.
Son amour craint de trop paroître,
Dans le Ciel on l'observe avec des yeux jaloux.
CERES.
De quels Dieux n'est-il pas le Maître ?
Ne les fait-il pas trembler tous ?
Que vous l'excusez mal quand mon amour l'accuse ;
S'il pouvoit avoir quelque excuse ,
Mon cœur la trouveroit mille fois mieux que vous,
Allez, à ses desirs il faut que je réponde,
Je quitte une paix profonde,

TRAGEDIE.

Qui m'offre ici mille appas :
Que ne quitteroit-on pas
Pour plaire au Maître du Monde ?

CERES & MERCURE.

Que ne quitteroit-on pas
Pour plaire au Maître du Monde ?

Mercure s'envole pour aller au Ciel retrouver Jupiter.

SCENE III.
ARETHUSE, CERES.

CERES.

La Phrygie a besoin de mes dons precieux,
Et je laisse avec vous Proserpine en ces lieux,
J'ai peine à la quitter cette Fille si chere...

ARETHUSE.

Je suis dans la Sicile une Nymphe étrangere,
Je viens vous conjurer de m'en laisser partir.

CERES

Non, Arethuse, non, je n'y puis consentir.

ARETHUSE

Alphée à mon repos a declaré la guerre ;
Diane propice à mes vœux,
En vain pour me cacher à ce Fleuve amoureux,
Fit ouvrir le sein de la Terre ;
Il n'est point de détours dans l'ombre des Enfers
Que son amour n'ait découverts ;
Je l'ai trouvé par tout, & sous des Mers profondes
J'ai vû ses flots brulans suivre mes froides ondes ;
Je veux le fuir encor au bout de l'Univers.

PROSERPINE,
CERES.
Les soins d'un amour extrême
Devroient moins vous allarmer :
Vous craignez trop qu'on vous aime,
Ne craignez-vous point d'aimer ?
Vous rougissez, Arethuse !
Votre rougeur vous accuse.
Il est aisé de voir dans ce trouble fatal
Le peril où l'Amour en ce lieu vous expose.
ARETHUSE.
Le dangereux Amour ! que je lui veux de mal
Du trouble qu'il me cause !
CERES.
Avec Alphée ici je veux vous arrêter.
ARETHUSE.
Eh ! de grace, aidez-moi plutôt à l'éviter :
Je crains enfin qu'il ne m'engage,
Et sa constance me fait peur :
Non, si je le vois d'avantage,
Je ne répons plus de mon cœur.
CERES
Aimez sans vous contraindre,
Aimez à votre tour.
C'est déja ressentir l'amour
Que de commencer à le craindre.
CERES & ARETHUSE.
C'est déja ressentir l'amour
Que de commencer à le craindre.
CERES
Je vais voir Proserpine, & partir promptement.
Demeurez avec elle en un lieu si charmant.
Pour fuir l'Amour qui vous appelle
Ne cherchez plus de vains détours :
Aimez un Amant fidelle,
On n'en trouve pas toujours.

Ceres va voir Proserpine avant que de partir pour aller en Phrygie.

SCENE IV.

ARETHUSE seule.

Vaine Fierté, foible rigueur;
Que vous avez peu de puissance
Contre l'Amour & la constance!
Vaine fierté, foible rigueur,
Ah! que vous gardez mal mon cœur!
En vain par vos conseils, je me fais violence:
Je combats vainement une douce langueur:
Helas! vous m'engagez à faire resistance,
Et vous me laissez sans défense,
Au pouvoir de l'Amour vainqueur!
Vaine fierté, foible rigueur,
Que vous avez peu de puissance
Contre l'amour & la constance!
Vaine fierté, foible rigueur,
Ah! que vous gardez mal mon cœur!
Je vois Alphée, ô Dieux! où sera mon azile!
Mon cœur est déja charmé,
Et ma fuite est inutile,
Helas! qu'il est difficile
De fuir un Amant aimé!
Il aproche, je tremble. Ah! faut-il qu'il joüisse
Du trouble honteux où je suis?
Pardonne, Amour, si je le fuis,
J'en ressens un cruel supplice;
Mais n'importe, je veux l'éviter si je puis.

SCENE V.

ALPHE'E, ARETHUSE.

ALPHE'E.

ARrêtez, Nymphe trop severe,
Ne fuyez plus d'une course legere
Les soins trop empressez de mon cœur amoureux ;
N'aiez plus contre moi ni chagrin ni colere,
  J'ai résolu de ne vous plus déplaire,
Et je vais étouffer mon amour malheureux.

ARETHUSE.

Alphée....

ALPHE'E.

Alphée enfin vous arrête, inhumaine,
Mais vous vous arrêtez pour voir briser sa chaîne.
  C'en est fait, mes fers sont rompus.

ARETHUSE.

Alphée, est-il bien vrai ?

ALPHE'E.

  N'en doutez point, cruelle,
Je le reprens, ce cœur trop tendre & trop fidele,
Ce cœur trop rebuté par de cruels refus.

ARETHUSE.

Alphée, est-il bien vrai que vous ne m'aimiez plus ?

ALPHE'E.

Ingrate, il est trop vrai, mon cœur rompt avec peine
  Des nœuds qu'il a trouvez si beaux,
  Mais de peur qu'il ne les reprenne
Je le veux engager en des liens nouveaux.
  J'ai vû l'aimable Proserpine :
On connoît à l'éclat de sa beauté divine,
Que du Maître des Dieux elle a reçu le jour.

TRAGEDIE.

Rendez-lui grace.
C'est elle qui vous débarasse
De mon fâcheux amour.
ARETHUSE.
Si Proserpine est belle,
Son cœur est fier & rigoureux:
Votre chaîne nouvelle
Ne vous rendra pas plus heureux.
ALPHE'E
N'importe, je veux bien souffrir sous son empire.
Vous ne m'avez deja que trop accoutumé
Au rigoureux martire
D'aimer sans être aimé.
Proserpine vous aime, & j'ose au moins prétendre,
Que vous me servirez dans cet engagement.
Vous sçavez si mon cœur est tendre,
Vous avez éprouvé s'il aime constamment....

ARETHUSE *voulant fuir Alphée qui la suit.*
Non, je ne veux jamais entendre
Parler ni d'amour ni d'amant.
Me suivrez-vous sans cesse?
ALPHE'E.
Me fuirez-vous toujours?
L'ingrate Arethuse me laisse
Sans espoir de secours?
C'est un feu nouveau qui me presse....
ARETHUSE.
Me suivrez-vous sans cesse?
ALPHE'E.
Me fuirez-vous toujours?

SCENE VI.

PROSERPINE, ALPHE'E, ARETHUSE, CYANE', CRINISE, *Troupe de Divinitez & de Peuples de Sicile.*

Nymphes, & Divinitez des Bois, & des eaux chantantes.

Habitans de Sicile chantans.

Un Conducteur de la Fête, & des Habitans de Sicile dançans.

PROSERPINE.

Ceres va nous ôter sa divine presence,
Ces lieux vont perdre leurs attraits;
Ceres, favorable Ceres,
Faites cesser bien-tôt votre cruelle absence,
Ceres, favorable Ceres,
Ecoutez nos tristes regrets.

Le Chœur.

Ceres, favorable Ceres,
Faites cesser bien-tôt votre cruelle absence;
Ecoutez nos tristes regrets.

SCENE VII.

CERES, PROSERPINE, ALPHE'E,
ARETHUSE, CYANE', CRINISE,
Troupes de Divinitez & de Peuples.

CERES *sur son char tiré par des Dragons aîlez.*

VOus qui voulez pour moi signaler votre zele,
Ne troublez point la paix de cet heureux se-
jour,
Je presse mon départ pour hâter mon retour;
Accompagnez ma Fille avec un soin fidelle.
Changez vos tristes chants en de charmans con-
certs;
Que j'entende en partant dans le milieu des airs
Eclater la gloire nouvelle
Du plus grand Dieu de l'Univers.

SCENE VIII.

PROSERPINE, ALPHE'E, ARETHUSE, CYANE', CRINISE, Troupe de Divinitez, Troupe de Peuples.

PROSERPINE & LE CHOEUR.

Celebrons la Victoire
Du plus puissant des Dieux.
Qu'un Trophée éternel conserve la memoire
D'un Triomphe si glorieux.
Celebrons la Victoire
Du plus puissant des Dieux ;
Faisons retentir jusqu'aux Cieux
Le bruit éclatant de sa gloire ;
Celebrons la Victoire
Du plus puissant des Dieux.

On dance autour d'un Trophée qu'on éleve à l'honneur de Jupiter, & que l'on forme du débris des armes monstrueuses des Geants vaincus.

Sur la fin de cette Fête on entend un tremblement de terre qui fait tomber une partie du Palais de Ceres.

PROSERPINE & LE CHOEUR.

Ce Palais va tomber ; ô Dieux ! la Terre s'ouvre !
Quels tremblemens affreux !
L'Enfer découvre
Ses Gouffres tenebreux
Jupiter, lancez le Tonnerre,
Renversez par de nouveaux coups

TRAGEDIE.

Le Chef audacieux des Enfans de la Terre,
Il veut se relever pour s'armer contre vous,
Achevez d'étouffer la guerre ;
Jupiter, lancez le Tonnerre.

Le Tonnerre tombe sur le Mont Ætna, qui paroît dans l'éloignement, & ce coup acheve d'accabler le Chef des Geants, qui s'efforçoit de se relever.

Fin du premier Acte.

ACTE II.

SCENE PREMIERE.

Le Theatre change, & represente les Jardins de Ceres.

CRINISE, ALPHE'E.

CRINISE.

Jupiter a dompté les Geants pour jamais.
   Ce beau sejour brille de nouveaux charmes,
  Tout y ressent le retour de la Paix :
    Ah ! que le repos a d'attraits
    Aprés de mortelles allarmes.

ALPHE'E.

La Paix dans ces beaux lieux m'offre en vain mille appas,
L'Amour en rend pour moi la douceur inutile,
    Cruel Amour, helas !
Que me sert-il de voir tout le monde tranquile
    Si mon cœur ne l'est pas ?

CRINISE.

Vous changez, vous quittez une Nymphe inhumaine,
  Votre cœur ne risque rien

TRAGEDIE.

A choisir une autre chaîne,
C'est toujours un bien
De changer de peine.

ALPHE'E.

Heureux qui peut être inconstant !
Rebuté des rigueurs d'une haine éternelle,
J'ai voulu la quitter, cette Beauté cruelle,
Et j'éprouve qu'en la quittant
Mon cœur est encor moins content.
J'ai feint de ressentir une flâme nouvelle,
J'ai fait voir à ses yeux un dépit éclatant ;
Mais helas ! dans le même instant
Je brûlois en secret, je languissois pour elle,
Et je ne l'aimai jamais tant,
Qu'il coûte cher d'être fidelle !
Heureux qui peut être inconstant !

CRINISE & ALPHE'E.

Qu'il coûte cher d'être fidelle !
Heureux qui peut être inconstant !

CRINISE.

Quelqu'un vient ; gardez le silence.

ALPHE'E.

C'est Ascalaphe qui s'avance
Pour quelque soin pressant il quitte les Enfers :
Il n'a de mon amour que trop de connoissance,
Où n'ai-je point porté la honte de mes fers ?

PROSERPINE,

SCENE II.
ASCALAPHE, ALPHE'E.

ALPHE'E.

Venez goûter ici le doux air qu'on respire.

ASCALAPHE.

Je dois suivre le Dieu de l'Infernal Empire.
La Terre par ses tremblemens
Vient d'ébranler les fondemens
De nos demeures sombres :
Pluton a voulu voir si la clarté des Cieux
Ne s'ouvre point de passage en ces lieux
Pour aller aux Enfers effaroucher les ombres.
Il me permet de voir Arethuse un moment.

ALPHE'E.

D'où vous vient tant d'empressement ?

ASCALAPHE.

Je l'ai vûë aux Enfers ; que je la trouvois belle !

ALPHE'E.

L'ingrate me fuïoit, elle est toujours cruelle.

ASCALAPHE.

Ses cruautez pour vous, ses soins pour fuïr vos pas,
Ont encore à mes yeux augmenté ses appas.

ALPHE'E.

Les flâmes amoureuses
Descendent-elles jusqu'à vous ?

L'Amour veut un sejour plus doux
Que vos Demeures tenebreuses.

ASCALAPHE.
L'Astre brillant qui vous luit
Finit son cours dans les ondes,
Il ne peut percer la nuit
De nos Demeures profondes :
Mais il n'est point de sejour
Impenetrable à l'Amour.

ALPHE'E.
Qu'esperez-vous d'une ame si severe ?
Mon amour ne peut l'émouvoir.

ASCALAPHE.
Si vous ne sçavez pas le secret de lui plaire,
Un autre pourra le savoir.

ALPHE'E.
Saurez-vous de son cœur vaincre la resistance ?
Est-ce aux Enfers qu'on apprend ce secret ?

ASCALAPHE.
On apprend aux Enfers à garder le silence,
Et l'on y sait être discret :
La Nymphe que je cherche avec soin vous évite,
Pour la trouver, il faut que je vous quitte.

SCENE III.

ALPHE'E *seul.*

Amans qui n'êtes point jaloux,
    Que votre sort est doux !
L'amour m'a fait gemir sous une dure chaîne ;
Mais quand je me plaignois de ses funestes coups
Je ne connoissois pas le plus cruel de tous.
Un autre aime Arethuse & ne craint point sa haine ?
Et je voi sur moi seul tomber tout son courroux :
C'étoit peu du malheur d'aimer une inhumaine,
Le bonheur d'un Rival a redoublé ma peine.
    Amans qui n'êtes point jaloux,
    Que votre sort est doux !

SCENE IV.

ALPHE'E, ARETHUSE.

ALPHE'E.

Ingrate, écoutez-moi, je ne veux plus me plain-
        dre ;
Je ne vous dirai rien qui vous puisse allarmer.
ARETHUSE.
    Vous cessez de m'aimer,
    Je cesse de vous craindre.
    Ascalaphe vous cherche ici,
    Bien-tôt vous le verrez paroître ;

TRAGEDIE.

Arethuse, peut-être,
Vous le cherchez aussi.
ARETHUSE.
L'aimable Proserpine en votre ame a fait naître
Une nouvelle ardeur ;
Si vous ne m'aimés plus, que vous sert de connoître
Le secret de mon cœur ?
ALPHE'E.
Faut-il que votre cœur à l'Amour moins rebelle
Recompense un Amant sans éprouver sa foi ?
Si ce bien eût été le prix du plus fidelle,
Ah ! vous savés, cruelle,
Qu'il n'étoit dû qu'à moi.
ARETHUSE.
Votre nouvelle chaîne est si belle & si forte !
Pourquoi songer encore à des liens rompus ;
Que vous importe
Qu'un autre emporte
Un prix qui ne vous touche plus.
ALPHE'E.
Vous avez fui les soins de mon amour extrême,
Vous m'avés ôté tout espoir :
Si je disois que je vous aime.
Vous m'ôteriez encor le plaisir de vous voir.
ARETHUSE & ALPHE'E.
C'est une ⎱ autre que moi qui regne dans votre
C'est un ⎰   ame,
Vous trouvés d'autres nœuds plus doux....
En vain je veux cacher ma flame,
Mon amour paroît trop dans mon transport jaloux ;
Non, je ne puis aimer que vous.

SCENE V.

ASCALAPHE, ARETHUSE, ALPHE'E.

ARETHUSE.

Est-il vrai que mon cœur soit en votre puissance ?

ASCALAPHE.
Je vous aime sans esperance,
J'ai voulu soulager mon mal
Par le chagrin de mon Rival.
Dans les Enfers, c'est ainsi qu'on en use :
Mes maux n'ont pû trouver d'autre adoucissement;
Pardonnez-moi, belle Arethuse,
Je ne suis pas le seul qui se vante en aimant
De posseder un cœur qu'on lui refuse.
Mais Alphée aujourd'hui n'est plus tant rebuté,
Vous ne fuiez plus sa presence ?

ARETHUSE.
Pour punir votre vanité
Je veux que vous voiez triompher sa constance.

ASCALAPHE.
En lui donnant la preference,
Vous me rendez la liberté.
Vous en faites mon tourment,
Et j'en ferai mon remede.

ALPHE'E, ARETHUSE & ASCALAPHE,
chantent ensemble.

ALPHE'E &} Pour être heureux il faut qu'on
ARETHUSE } aime bien.

TRAGEDIE.

ASCAL. } Pour être heureux, il faut qu'on n'aime
         rien.

ASCALAPHE.

Mais Pluton va bien-tôt rentrer dans son Empire :
Il passe en ces lieux, il admire
Les charmes d'un séjour si doux.

SCENE VI.

PLUTON, ARETHUSE, ASCALAPHE, ALPHE'E.

PLUTON.

DEmeurez, Arethuse, Alphée éloignez-vous.
   ALPHE'E *se retire, & Pluton continuë à parler.*
Les efforts d'un Geant qu'on croioit accablé
Ont fait encor gemir le Ciel, la Terre, & l'Onde.
   Mon Empire s'en est troublé ;
   Jusqu'au centre du monde
   Mon Trône en a tremblé
   L'affreux Tiphée avec sa vaine rage
Trébuche enfin dans des gouffres sans fonds.
L'éclat du jour ne s'ouvre aucun passage
Pour penetrer les Royaumes profonds.
   Qui me sont échus en partage.
Le Ciel ne craindra plus que ses fiers Ennemis
Se relevent jamais de leur chute mortelle,
Et du Monde ébranlé par leur fureur rebelle
   Les fondemens sont r'affermis ;
Je puis faire goûter une paix éternelle
Aux Peuples souterrains que le sort m'a soumis.
   Mais par vos soins puis-je voir Proserpine
Avant que de quitter cet aimable séjour ?

PROSERPINE,

ARETHUSE.

Cette fiere Beauté s'obstine
A fuir les Amans & l'Amour.
Dans l'innocent repos de cette Solitude,
Elle évite les Dieux
De la Terre & des Cieux :
Jugez de son inquietude
Si le Dieu des Enfers paroissoit à ses yeux.
Caché sous cet épais feüillage
Vous pourriés la voir un moment.

PLUTON.

Allez, il suffira que votre soin l'engage
A venir dans ce lieu charmant,
Pourvû si je puis la voir il n'importe comment.

SCENE VII.

PLUTON, ASCALAPHE.

ASCALAPHE.

J'Ai peine à concevoir d'où vient le trouble extrême
Où le cœur de Pluton semble s'abandonner.

PLUTON.

Tu peux t'en étonner,
J'en suis surpris moi-même.
J'ai trouvé Proserpine en visitant ces lieux.
Les pleurs couloient de ses beaux yeux :
Elle fuioit, interdite & tremblante ;
Pour implorer l'assistance des Dieux
Elle tournoit ses regards vers les Cieux
Sa douleur & son épouvente
Rendoient encor sa beauté plus touchante.

TRAGEDIE.

Les accens plaintifs de sa voix
Ont ému mon cœur inflexible ;
Qu'un cœur fier est troublé quand il devient sensible
Pour la premiere fois !

ASCALAPHE.

Contre l'amour quel cœur peut se défendre ?
Le temps d'aimer n'est pas connu,
Il faut l'attendre ;
Quand ce temps fatal est venu,
Il faut se rendre.
Contre l'Amour quel cœur peut se défendre ?

PLUTON.

De ce Dieu si puissant je méprisois les feux,
J'éprouve enfin sa vengeance cruelle.
Je l'ai vû, ce Dieu dangereux,
Il suivoit Proserpine, il voloit aprés elle.
J'ai vû de sa fatale main
Partir un trait de flame,
J'ai voulu l'éviter en vain,
Le coup a penetré jusqu'au fond de mon ame.

ASCALAPHE

L'Amour a surmonté le Maître des Enfers ;
Il n'a plus rien à vaincre aprés cette victoire.

PLUTON, & ASCALAPHE.

L'Amour comblé de gloire
Triomphe de tout l'Univers.

SCENE VIII.

PROSERPINE, CYANE', ARETHUSE, PLUTON, ASCALAPHE.

Troupe de Nymphes de la suite de Proserpine, chantantes & dançantes.

PROSERPINE & ses Nymphes.

Les beaux jours & la Paix
Sont revenus ensemble.

PLUTON.

La Troupe des Nymphes s'assemble,
Retirons-nous sous ce feüillage épais.

Pluton & Ascalaphe se retirent & se cachent, & Proserpine & ses Nymphes s'avancent en dançant & en chantant.

Les beaux jours & la Paix
Sont revenus ensemble.
On ne voit plus de cœur qui tremble,
Tout rit dans ces lieux pleins d'attraits.
Les beaux jours & la Paix
Sont revenus ensemble.

Proserpine & ses Nymphes continuënt leurs dances & leurs chants.

PROSERPINE.

Belles fleurs, charmant ombrage
Il ne faut aimer que vous.

Les Chœurs.

On ne trouve rien de doux

TRAGEDIE.
Quand on est dans l'esclavage.

PROSERPINE.
Belles fleurs, charmant ombrage
Il ne faut aimer que vous.

Le Chœur.
Les Amans n'ont en partage
Que langueurs, que soins jaloux.

PROSERPINE.
Belles fleurs, charmant ombrage
Il ne faut aimer que vous.

Le Chœur.
Belles fleurs, charmant ombrage
Il ne faut aimer que vous.

PROSERPINE.
Quand un cœur est trop sensible
Rien ne peut le rendre heureux.

Le Chœur.
Dans les plus aimables nœuds
On n'a point de bien paisible.

PROSERPINE.
Quand un cœur est trop sensible
Rien ne peut le rendre heureux.

Le Chœur.
C'est toujours un mal terrible
Que l'ardeur des plus beaux feux.

PROSERPINE.
Quand un cœur est trop sensible
Rien ne peut le rendre heureux.

Le Chœur.
Quand un cœur est trop sensible
Rien ne peut le rendre heureux.

B 6

PROSERPINE,

PROSERPINE.

Que notre vie
Doit faire envie ?
Le vrai bonheur
Est de garder son cœur.
Le jour n'éclaire
Que pour nous plaire,
Ces arbres verds
Ont leur plus beau feuillage,
Et mille Oiseaux divers
Dans ce boccage,
Imitent nos concerts
Par leur ramage.
Que notre vie
Doit faire envie !
Le vrai bonheur
Est de garder son cœur.
Tout s'interesse
Dans nos desirs,
Jamais l'amour ne nous blesse;
Les doux plaisirs
Sont pour les cœurs sans foiblesse.
Que notre vie
Doit faire envie !
Le vrai bonheur
Est de garder son cœur.

Le Chœur.

Que notre vie
Doit faire envie !
Le vrai bonheur
Est de garder son cœur.
Pour nous défendre
D'un amour tendre,
Avec fierté,
Nous avons pris les armes :
Nos biens n'ont point coûté

TRAGEDIE.

De tristes larmes,
La liberté
N'a jamais que des charmes:
Que notre vie
Doit faire envie!
Le vrai bonheur
Est de garder son cœur.

PROSERPINE.

Nous reverrons bien-tôt Ceres dans ces beaux lieux,
Il faut lui préparer des guirlandes nouvelles.
Séparons-nous ; voions qui sçait le mieux
Assortir les fleurs les plus belles.

Le Chœur des Nymphes.

Voions qui sçait le mieux
Assortir les fleurs les plus belles.

Les Nymphes s'écartent, Proserpine & Cyané cüeillent des fleurs.

SCENE IX.

PLUTON, PROSERPINE, ASCALAPHE, CYANE', *Troupe de Divinitez des Enfers.*

PLUTON.

Infernales Divinitez
Secondez mon amour, sortez.

Une troupe de Divinitez infernales sort de la terre, & le Char de Pluton paroît en même tems.

PROSERPINE.

Ciel ! prenez ma deffence !

PROSERPINE & CYANÉ.

O Ciel ! protegez l'innocence !

PLUTON, ASCALAPHE, & *les Divinitez infernales.*

Proserpine, ne craignez pas
Un Dieu charmé de vos appas.

CYANÉ *retenant Proserpine.*

Quelle barbare violence !

PLUTON
Nymphe crains ma vengeance
Sur peine de perdre la voix
Garde-toi de parler de tout ce que tu vois.

L'Echarpe de Proserpine demeure dans les mains de Cyané, & Pluton fait placer Proserpine prés de lui sur son Char.

PROSERPINE.

Ciel ! prenez ma deffence !

PROSERPINE & CYANÉ.

O Ciel ! protegez l'innocence !

PLUTON, ASCALAPHE, *& les Divinitez infernales descendans aux Enfers avec Proserpine.*

Proserpine, ne craignez pas
Un Dieu charmé de vos appas.

Fin du second Acte.

ACTE III.

SCENE PREMIERE.

Le Theatre change, & represente le Mont Ætna vomissant des flames, & les lieux d'alentour.

ALPHE'E, ARETHUSE, CRINISE, *Troupe de Nymphes, Troupe de Dieux des Bois.*

Tous ensemble.

Proserpine, répondez-nous ?
Helas ! en quels lieux êtes-vous ?
  O disgrace cruelle !
   L'Echo fidelle
   Au fond des Bois
  Répond à notre voix ;
Proserpine ? ah ! faut-il qu'en vain on vous appelle !
 Proserpine ? répondez-nous ?
 Helas ! en quels lieux êtes-vous ?
   O disgrace cruelle !

SCENE II.

ARETHUSE, ALPHE'E.

ARETHUSE.

N'Aurois-je point innocemment
Causé tant de cris & de larmes?
D'un desir curieux je n'ai point pris d'allarmes?
Qui croiroit que Pluton pût devenir amant!
Il demandoit à voir Proserpine un moment,
    Je crains qu'il n'ait trop vû tes charmes.
Ce n'est que par mes soins que Ceres peut savoir
Si le Dieu des Enfers tient sa fille captive;
Il m'est permis d'aller sur l'infernale rive :
Adieu, dans peu de temps j'espere vous revoir.

ALPHE'E.
Pouvez-vous oublier qu'il faut que je vous suive?
    J'ai sans cesse suivi vos pas
    Quand j'excitois votre colere :
    Quand j'ai cessé de vous déplaire
    Pourrois-je ne vous suivre pas?

ARETHUSE,
Du Maître des Enfers je veux aller me plaindre,
Craignez en me suivant d'attirer son courroux.

ALPHE'E.
    Pour moi rien n'est tant à craindre
    Que d'être éloigné de vous.
    Que l'absence de ce qu'on aime
    Est un supplice rigoureux
    Pour les cœurs amoureux!
Tout autre mal cede à ce mal extrême,

TRAGEDIE.
Et l'Enfer même
N'a rien de plus affreux
Que l'absence de ce qu'on aime.

ALPHE'E & ARETHUSE.

Le bonheur est par tout où l'amour est en paix.
Ne nous quittons jamais.

SCENE III.

ALPHE'E, ARETHUSE, CRINISE,
Troupes de Nymphes & de Dieux des Bois.

Tous ensemble.

CEres revient ! ah quelle peine !
Cachons-nous à ses yeux.
Sa fille n'est plus dans ces lieux ;
Son esperance est vaine.
Que lui pourrons-nous dire ? ô Dieux !
Ceres revient ; ah quelle peine !
Cachons-nous à ses yeux.

Les Nymphes & les Dieux des Bois se cachent, Alphée & Arethuse descendent aux Enfers, le Char volant de Ceres s'arrête, & la Déesse en descend.

SCENE IV.
CERES.

JE vais revoir ma fille, elle est dans ces Campagnes,
Je viens d'y voir les Nymphes ses Compagnes
Je vais goûter prés d'elle un sort doux & charmant.
Helas! qu'un tendre amour accroît l'empressement
   De la tendresse maternelle.
Proserpine est pour moi le gage précieux
   De l'amour du plus grand des Dieux,
   C'est Jupiter que j'aime en elle.
   J'ai rendu les humains heureux,
   Mes travaux ont comblé leurs vœux;
Il m'est permis enfin d'être heureuse moi-même;
Aprés avoir acquis un immortel honneur,
Quand chacun par mes soins goûte un bonheur extrême
Qu'il m'est doux de songer à mon propre bonheur!
Les Nymphes de ces lieux semblent fuir ma presence?
Proserpine? ma fille? Ah! quel triste silence!
Est-ce ainsi qu'on devoit dans cet heureux sejour
   Se réjoüir de mon retour?
Venez, Nymphes, venez, que ma fille s'avance,
   Venez, Dieux des Bois, venez tous,

SCENE V.

CERES, CRINISE, *Troupe de Nymphes, & de Dieux des Bois.*

CERES.

Ma fille n'eſt pas avec vous ?
Quoi, donc, eſt-ce le ſoin que vous en deviez prendre ?
Rendez-moi Proſerpine. Au lieu de me la rendre,
Vous m'offrez ſeulement des ſoupirs & des pleurs ?

Le Chœur.

O Ceres ! ô Mere trop tendre !
Ah ! quelles ſont vos douleurs !

CERES.

Ciel ! on m'ôte ma fille ! & qui l'oſe entreprendre ?

Troupe de Nymphes.

Nous n'avons pû l'aprendre,
Et l'on a pris le temps que nous cueillions des fleurs.

CERES.

J'ai cru qu'un doux repos devoit ici m'attendre,
Et je n'y trouve, helas ! que de cruels malheurs.

Le Chœur.

O Ceres ! ô Mere trop tendre !
Ah ! quelles feront vos douleurs !

SCENE VI.

CYANÉ, CERES, CRINISE,
Troupes de Nymphes & de Dieux des Bois.

CYANÉ.

Je ressens vos ennuis, & j'en suis trop atteinte ;
Quoi qu'il puisse arriver, vous allés tout savoir ;
Il faut que mon devoir
L'emporte sur ma crainte.

CERES.
Parle, ma chere Cyané,
Soulage un cœur infortuné.

CYANÉ.
J'ai suivi Proserpine, & j'ai pris sa défense,
Helas ! tous mes efforts pour elle ont été vains ;
Son Escharpe est entre mes mains....

CERES.
Ce cher & triste objet presse encore ma vengeance ;
Hâte-toi de nommer l'Ennemi qui m'offence.

CYANÉ.
C'est..... C'est....

CERES.
Acheve.

CYANÉ.
C'est...

CERES & LE CHOEUR.
Ah ! quel malheur nouveau !
Cyané perd la voix, & n'est plus qu'un ruisseau !

TRAGEDIE.

SCENE VII.

CERES, CRINISE, *Troupe de Nymphes & de Dieux des Bois.*

CERES.

O Malheureuse Mere!

Le Chœur.

O trop malheureuse Ceres!

CERES.

Les Dieux n'ont pû souffrir qu'une Nymphe sincere
M'ait découvert mes Ennemis secrets.
Je ne saurai donc pas sur qui lancer les traits
De ma juste colere ?
On me ravit une fille si chere !
Jupiter dans les Cieux sourd à mes vains regrets
Ne ressent plus qu'il est son Pere !
O malheureuse Mere !

Le Chœur.

O trop malheureuse Ceres!

CERES.

Ah ! quelle injustice cruelle !
O Dieux ! pourquoi m'arrachés-vous
Un bien que je trouvois si doux ?
De cette audace criminelle

PROSERPINE,

Eſt-ce Apollon ou Mars que je dois ſoupçonner ?
Leurs Meres en fureur n'ont pû me pardonner
      D'avoir une fille ſi belle.
Dois-je accuſer l'Amour, & ſert-il aujourd'hui
A me ravir un bien que je tenois de lui?
      Trahiroit-il mon cœur fidele ?
      Ah ! quelle injuſtice cruelle !
      O Dieux ! pourquoi m'arrachez-vous
      Un bien que je trouvois ſi doux ?
      Par mes ſoins les champs de Cybele
De fruits & de moiſſons viennent d'être couverts ;
De mes dons précieux la richeſſe nouvelle
Brille par mes travaux en cent climats divers,
Et quand de tant de biens j'ai comblé l'Univers,
Les Dieux percent mon cœur d'une douleur mortelle.
      Ah ! quelle injuſtice cruelle !
      O Dieux ! pourquoi m'arrachés vous
      Un bien que je trouvois ſi doux ?
      Aprés un ſi ſenſible outrage,
Mon cœur deſeſperé s'abandonne à la rage.
Du monde trop heureux je veux troubler la paix :
Brulons, ravageons tout, détruiſons mes bienfaits.

SCENE VIII.

CERES, *Troupes de Nymphes & de Dieux champêtres, Troupe de Suivans de Ceres, Troupe de Peuples de Sicile.*

Les Suivans de Ceres rompent les Arbres, en prennent des branches, & en font des flambeaux qu'ils allument au feu qui sort du Mont Ætna. Ils en brulent les bleds, malgré les efforts & les cris des Nymphes, des Dieux champêtres, & des Peuples.

CERES *tenans deux flambeaux allumez.*

Que tout se ressente
De la fureur que je sens.

Le Chœur.

Quel crime avons-nous fait ? Divinité puissante,
Écoutez les clameurs des Peuples gemissans.

CERES.

J'ai fait du bien à tous, ma fille est innocente,
Et pour toucher les Dieux nos cris sont impuissans ;
J'entendrai sans pitié les cris des innocens :
Que tout se ressente
De la fureur que je sens.

Le Chœur.
Ah ! quelle épouventable flâme !
Ah ! quel ravage affreux !

PROSERPINE,
CERES.

portons par tout l'horreur qui regne dans mon ame,
Portons par tout d'horribles feux.

Le Chœur.

Ah ! quelle épouventable flâme !
Ah ! quel ravage affreux !

Fin du troisième Acte.

ACTE IV.

Le Theatre change, & represente les Champs Elysées.

SCENE PREMIERE.

OMBRES HEUREUSES
chantantes & joüans de la Flutte.

Chœur des Ombres heureuses.

Loin d'ici, loin de nous,
Tristes ennuis, importunes allarmes :
    Gardez-vous, gardez-vous
D'interrompre la paix dont nous goûtons les charmes ;
    Gardez-vous, gardez-vous
  De troubler un bonheur si doux.

Deux Ombres heureuses.
O bienheureuse vie !
Vous ne nous serez point ravie.
O doux plaisirs dont nos vœux sont comblez !
Vous ne serez jamais troublez.

Deux autres Ombres heureuses.
Ah que ces demeures sont belles !
Que nous y passons d'heureux jours !

Tome II.   C

Quelle felicité pour les Amans fidelles !
Ici les amours éternelles
Ont toujours les douceurs des nouvelles amours.
Ah ! que ces demeures sont belles !
Que nous y passons d'heureux jours !

Deux autres Ombres heureuses.

Dans ces beaux lieux tout nous enchante,
Les plaisirs y suivent nos pas ;
Et plus on en joüit, plus le desir augmente
D'en goûter les appas.

Le Chœur des Ombres heureuses.

O bienheureuse vie !
Vous ne nous serez point ravie.
O doux plaisirs dont nos vœux sont comblez !
Vous ne serez jamais troublez.

SCENE II.

PROSERPINE, ASCALAPHE, les Ombres heureuses.

PROSERPINE.

Ma chere liberté que vous aviez d'attraits !
En vous perdant, helas ! que mon ame est atteinte
De douleur, de trouble, & de crainte !
Ma chere liberté que vous aviez d'attraits !
Faut-il vous perdre pour jamais ?
Ombres que j'interromps, souffrez ma triste plainte,
Ce n'est pas pour mon cœur que vos plaisirs sont faits,
Plaignez-vous avec moi du Dieu qui m'a contrainte

De troubler la douceur de votre heureuse paix.
Ma chere liberté que vous aviez d'attraits!
En vous perdant, helas! que mon ame est atteinte
De douleur, de trouble & de crainte!
Ma chere liberté que vous aviez d'attraits!
Faut-il vous perdre pour jamais?

ASCALAPHE.

Aimez qui vous aime,
Rien n'est si charmant.
Pluton n'est pas un Dieu sujet au changement,
Il vous offre son cœur avec son Diadême.
Aimez qui vous aime,
Rien n'est si charmant.

Le Chœur des Ombres.

Aimés qui vous aime,
Rien n'est si charmant.

PROSERPINE.

Que n'est-il satisfait de sa grandeur suprême,
J'étois heureuse sans amant,
Mon cœur se contentoit de régner sur lui-même.

ASCALAPHE, *& les Ombres.*

Aimez qui vous aime,
Rien n'est si charmant.

PROSERPINE.

Ah! sans la liberté, sans sa douceur extrême,
Tout autre bien est un cruel tourment.

ASCALAPHE *& les Ombres.*

Aimés qui vous aime,
Rien n'est si charmant.

SCENE III.

ARETHUSE, ALPHE'E, PROSERPIN ASCALAPHE.

PROSERPINE.

Est-ce une illusion dont le charme m'abuse ?
Est-ce toi, ma chere Arethuse ?
ARETHUSE.
Pluton veut qu'avec vous nous demeurions ici ;
Nous suivons sans effort la loi qu'il nous impose.
ALPHE'E.
Ce Dieu veut soulager le chagrin qu'il vous cause,
Et croit que par nos soins il peut être adouci.
ARETHUSE.
Il attend pour vous voir que de votre colere
Les premiers transports soient calmez.
ALPHE'E & ARETHUSE.
Le Dieu que vous charmez
Ne songe qu'à vous plaire.
PROSERPINE.
Que devient pour l'amour ton mépris éclatant ?
Cet amant prés de toi goûte un bonheur paisible.
ARETHUSE.
Rien n'est impossible
A l'amour constant.
En vain je présumois tant
D'avoir un cœur invincible.
Rien n'est impossible
A l'amour constant.
ALPHE'E.
Qu'un Amant fidele est content
D'engager ce qu'il aime à devenir sensible !

TRAGEDIE.
ALPHE'E & ARETHUSE.
Rien n'est impossible
A l'amour constant.
ASCALAPHE.
Pluton pourra trouver un favorable instant,
Où son amour pour vous deviendra moins terrible.
ASCALAPHE, ARETHUSE & ALPHE'E.
Rien n'est impossible
A l'amour constant.
Voiez ce beau séjour, ces charmantes Campagnes,
Ces vallons écartez, ces paisibles Forests.
PROSERPINE.
Ne reverrai-je plus Ceres ?
Ne reverrai-je plus mes fideles Compagnes ?
ASCALAPHE.
Vous avez par malheur goûté de quelques grains
D'un fruit de ces lieux soûterrains.
ALPHE'E & ARETHUSE.
Pluton le sait, il vient de nous le dire.
ASCALAPHE.
J'ai pris soin de l'en avertir.
Par l'Arrest du Destin, le Dieu de cet Empire
Peut vous voir desormais autant qu'il le desire.
ALPHE'E, ARETHUSE & ASCALAPHE.
Jamais, s'il n'y veut consentir,
Du séjour des Enfers vous ne pourrez sortir.
PROSERPINE.
Je ne verrai jamais la lumiere celeste !
Dans une ardente soif, par un secours funeste,
C'est toi qui m'as montré ce fruit si dangereux !
Tu m'as caché l'Arrest du Destin rigoureux ;
Perfide, c'est toi qui m'abuses,
Et c'est toi-même qui m'accuses ?
Ah ! du moins le Destin exaucera les vœux
De ma juste vengeance ;
Tu ne surprendras plus la credule innocence ;
Tu seras un objet affreux,
Et d'un présage malheureux ;

PROSERPINE,

Va, cruel, va languir dans l'horreur des tenebres;
Va, devien, s'il se peut, aussi triste que moi:
      Que tes cris soient des cris funebres:
Que le sombre chagrin, que le mortel effroi,
Ne se lassent jamais de voler aprés toi.

Ascalaphe se transforme en hibou, & s'envole.

SCENE IV.
PLUTON, PROSERPINE.

PROSERPINE.

Venez-vous contre moi défendre un temeraire?
PLUTON.
Votre pouvoir ici ne sera point borné;
On n'est point innocent quand on peut vous déplaire,
Epuisez, s'il se peut, sur cet infortuné
      Tous les traits de votre colere.
PROSERPINE.
Tout ressent ici bas mon trouble & ma terreur:
Les Ombres sans trembler ne peuvent plus m'entendre
      Ne souffrez pas que ma fureur
De cet heureux séjour fasse un séjour d'horreur,
A la clarté du Ciel hâtez-vous de me rendre.
PLUTON.
Ne regretez point tant la lumiere des Cieux.
Des Astres faits pour nous éclairent ces beaux lieux;
      Jamais un verdoyant feuillage,
Ne cesse de parer les arbres de nos bois,
Sans cesse dans nos champs, nous trouvons à la fois
      Des fruits, des fleurs, & de l'ombrage,
      Et le tems affreux des frimas
Est la seule saison que l'on n'y connoît pas.

TRAGEDIE.
PROSERPINE
Mon triste cœur ne peut connoître
La douceur des appas qu'on voit ici paroître,
Helas! ces lieux si beaux où je fremis d'effroi
Sont toujours les Enfers pour moi.

PLUTON.
Je suis Roi des Enfers, Neptune est Roi de l'Onde,
Nous regardons avec des yeux jaloux
Jupiter plus heureux que nous,
Son Sceptre est le premier des trois Sceptres du Monde.
Mais si de votre cœur j'étois victorieux,
Je serois plus content d'adorer vos beaux yeux.
Au milieu des Enfers dans une paix profonde,
Que Jupiter le plus heureux des Dieux
N'est content d'être Roi de la Terre & des Cieux.

PROSERPINE.
Que deviendra Ceres à qui je suis si chere?
Quelle surprise! helas! quelle douleur amere!
Helas!

PLUTON.
Ne donnerez-vous
Des soupirs qu'à votre Mere?
Aimez, Beauté trop severe,
Les soupirs d'amour sont doux.

PROSERPINE.
D'un insensible cœur que pouvez-vous attendre?

PLUTON.
J'ignorois le pouvoir des traits qui m'ont surpris,
Mon cœur ne connoissoit rien de doux ni de tendre.
Ne pourrai-je vous aprendre
Ce que vous m'avez apris?

PROSERPINE.
Dieu cruel! vous n'aimez que les pleurs & les cris.
Deviez-vous aux Enfers me contraindre à descendre?
Vous m'ôtés le bonheur qui m'étoit destiné?

PROSERPINE,

PLUTON.
Est-ce à moi qu'il faut vous en prendre ?
Accusez-en l'amour que vous m'avez donné.

PROSERPINE.
Voulés-vous me causer d'éternelles allarmes ?
PLUTON.
Voulés-vous me causer d'éternels déplaisirs ?
PROSERPINE.
Laissez-moi suivre en paix mes innocens desirs.
PLUTON.
Laissez-moi la douceur de voir toujours vos charmes.
PROSERPINE.
Voiez couler mes larmes.
PLUTON.
Ecoutez mes soupirs.

PLUTON & PROSERPINE *ensemble.*

PLUTON. { Mon amour fidelle
Ne touche point votre cœur ?
Ah ! quelle rigueur !

PROSERPINE. { Ma douleur mortelle
Ne touche point votre cœur ?
Ah ! quelle rigueur !

PLUTON.
N'importe, fussiez-vous cent fois plus inhumaine,
Mon amour entreprend de vaincre votre haine,

SCENE V.

PLUTON, PROSERPINE, *Chœur d'Ombres heureuses,* **Chœur de Divinitez Infernales.**

Divinitez Infernales de la Suite de Pluton, chantantes.

Les trois Juges des Enfers.

Divinitez Infernales dançantes.

Ombres heureuses dançantes.
PLUTON.
Que l'on suspende ici les tourmens éternels
    Des plus criminels;
Qu'aux Enfers en ce jour tout soit exempt de peine,
Vous, qu'un heureux repos suit aprés le trépas,
Et vous, Dieux mes sujets, venez, hâtez vos pas,
    Rendez hommage à votre Reine;
    Admirez ses divins appas,
    Regnez, aimable Souveraine,
    Regnez à jamais ici bas.

Les Chœurs des Ombres heureuses & des Divinitez Infernales.
    Rendons hommage à notre Reine,
    Admirons ses divins appas.
    Regnez, aimable Souveraine,
    Regnez à jamais ici bas.

Les Ombres heureuses & les Divinitez Infernales rendent hommage à Proserpine, & lui apportent de riches presens; elles témoignent leur joie par leurs dances & par leurs chansons.

PROSERPINE,

Chœur des Ombres heureuses.

C'Est assez de regrets,
C'est verser trop de larmes,
Goûtez les attraits
D'un destin plein de charmes,
Pluton aime mieux que Ceres.
    Une Mere
Vaut-elle un Epoux ?
L'amour doit toujours plaire,
    Les soins en sont doux.
Un cœur est trop sauvage
    S'il change l'usage
    D'un bien si charmant,
    Et c'est grand dommage
    D'en faire un tourment.

    Triomphez dans ces lieux :
    C'est pour vous que soupire
    L'un des plus grands Dieux,
    Possedez son Empire,
Tout cede au pouvoir de vos yeux.
    Une Mere
Vaut-elle un Epoux ?
L'amour doit toujours plaire,
    Les soins en sont doux.
Un cœur est trop sauvage
    S'il change l'usage
    D'un bien si charmant,
    Et c'est grand dommage
    D'en faire un tourment.

Les Chœurs des Divinitez Infernales & des Ombres heureuses.

    Dans les Enfers
    Tout rit, tout chante ;
On vous doit, Beauté charmante,

La douceur de nos concerts.
    Un Dieu severe
Par vos yeux est enflamé,
Tout son Empire vous revere;
Qu'il est doux d'avoir charmé
Un cœur qui n'a jamais aimé!

    Que vos appas
    Auront de gloire!
Ils étendent leur victoire
Jusqu'où regne le trépas.
    Un Dieu severe
Par vos yeux est enflamé,
Tout son Empire vous revere;
Qu'il est doux d'avoir charmé
Un cœur qui n'a jamais aimé!

Fin du quatriême Acte.

ACTE V.

SCENE PREMIERE.

Le Theatre change, & represente le Palais de Pluton.

PLUTON, LES TROIS JUGES DES ENFERS, LES TROIS FURIES, TROUPE DE DIVINITEZ INFERNALES.

PLUTON.

Vous qui reconnoissez ma suprême puissance,
Donnés-moi des conseils, donnés-moi du secours.
L'orgueilleux Jupiter m'offence,
Il veut rompre aujourd'hui l'heureuse intelligence,
Que nous avions juré de conserver toujours.
Les Dieux ont aimé tous, & le Dieu du Ciel même
S'est laissé cent fois enflamer.
C'est la premiere fois que j'aime,
Et l'on veut me ravir ce qui m'a sçu charmer.
Ah! c'est une rigueur extrême
De condamner un cœur à ne jamais aimer.
C'est votre Reine qu'on demande;
Jupiter veut que je la rende,
Et Mercure prétend l'enlever d'ici-bas.
Pouvons-nous endurer que l'on nous la ravisse?

TRAGEDIE.
Le Chœur.
Non, non, c'est une injustice
Que nous ne souffrirons pas.
PLUTON.
Et par quel droit faut-il que Jupiter s'obstine,
A troubler le bonheur que l'amour me destine ?
Mon pouvoir n'est-il pas indépendant du sien ?
Gardons Proserpine,
Les Enfers ne rendent rien.

Le Chœur.
Gardons Proserpine,
Les Enfers ne rendent rien.

Les trois Juges des Enfers.
Proserpine a goûté des fruits de votre empire,
Elle est à vous, on ne peut vous l'ôter.
Aux Arrêts du Destin les Dieux doivent souscrire ;
C'est vainement qu'on y veut résister.

PLUTON.
Que le Ciel menace, qu'il tonne ;
Il faut que rien ne nous étonne,
Nous avons pour nous en ce jour
Le Destin & l'Amour.

Le Chœur.
Que le Ciel menace, qu'il tonne ;
Il faut que rien ne nous étonne,
Nous avons pour nous en ce jour,
Le Destin & l'Amour.

Les trois Furies.
Plutôt que de souffrir l'injure
Que le Ciel veut faire aux enfers ;
Renversons toute la Nature,
Périsse l'Univers.

Le Chœur.
Renversons toute la Nature,
Périsse l'Univers.

PROSERPINE.
Une des Furies.
Retirons les Geants de leur prison obscure;
Des Tirans enchaînez il faut briser les fers:
Les Furies & le Chœur.
Renversons toute la Nature,
Perisse l'Univers.

SCENE II.

Le Theatre change, & represente une Solitude.

CERES seule.

Deserts écartez, sombres lieux,
Cachez mes soupirs & mes larmes.
Mon desespoir a trop de charmes
Pour les impitoiables Dieux.
Deserts écartez, sombres lieux,
Cachez mes soupirs & mes larmes.
Les Dieux étoient jaloux de mon sort glorieux;
C'est un doux spectacle à leurs yeux
Que les malheurs cruels dont je suis poursuivie:
Ils se font un plaisir de mes cris furieux;
Jupiter m'a livrée à leur barbare envie:
Jupiter me trahit ! ma fille m'est ravie,
Je perds ce que j'aimois le mieux;
Infortunée, helas ! le jour m'est odieux,
Et je suis pour jamais condamnée à la vie.
Ah ! je ne puis souffrir la lumiere des Cieux,
Mon desespoir a trop de charmes
Pour les impitoiables Dieux ;
Deserts écartés, sombres lieux,
Cachez mes soupirs & mes larmes.

SCENE III.

CERES, *Voix Infernales.*

CERES.

Quels abîmes se sont ouverts ?
Qu'entens-je ? quel affreux murmure ?

Voix Infernales.

Renversons toute la Nature,
Perisse l'Univers.

CERES.

Le Ciel n'est point touché des maux que j'ai soufferts.
L'Enfer prendroit-il part aux peines que j'endure ?

Voix Infernales.

Renversons toute la Nature,
Perisse l'Univers.

CERES.

Perisse l'Univers.

SCENE IV.

ALPHE'E, ARETHUSE, CERES.

Alphée & Arethuse sortent des Enfers.

CERES.

Ne m'apprendez-vous point où ma Fille peut
  être ?
ARETHUSE.
Votre Ennemi secret veut se faire connoître,
  Enfin vous pouvés tout savoir.
De l'Empire infernal le redoutable Maître,
  Tient votre Fille en son pouvoir.
CERES.
L'Enfer retient ma Fille ? ô Ciel ! ô sort barbare !
  L'éternelle nuit nous sepâre ?
Ma chere Proserpine.... ô regrets superflus !
  Helas ! je ne la verrai plus ?
  Dieux ! ma Fille n'est point coupable ;
  Pourquoi Pluton inexorable.
Veut-il dans les Enfers l'accabler de douleur ?
ALPHE'E & ARETHUSE.
  C'est quelquefois un grand malheur
  Que d'être trop aimable.
CERES.
Pluton l'aime ? & l'Amour pour me desesperer,
Fait soupirer un cœur qui doit être inflexible ?
ALPHE'E & ARETHUSE.
  Quel cœur se peut assurer
  D'être toujours insensible ?
  Quel cœur se peut assurer
  De ne jamais soupirer ?

TRAGEDIE.
ALPHE'E.
Le Dieu qui pour elle soupire
Est un des trois grands Dieux Maîtres de l'Univers.
ARETHUSE.
Elle est Reine d'un vaste Empire.
ALPHE'E & ARETHUSE.
Il est beau de regner même dans les Enfers.
CERES
Quelque honneur qu'aux Enfers on s'empresse à luy
rendre,
Elle n'en peut sortir, & je n'y puis descendre,
Je la perds, je perds tout espoir,
Je ne pourrai jamais la voir.
ALPHE'E & ARETHUSE.
Jupiter la demande, & l'Enfer plein d'allarmes
Pour la garder a pris les armes.
CERES.
Jupiter n'est donc pas insensible aux regrets
De la malheureuse Ceres?
Obtenez, Dieu puissant, que ma Fille revienn
Sans troubler votre paix j'irois suivre ses pas
Si je pouvois passer dans la nuit du trépas :
Ne souffrez plus que l'Enfer la retienne,
Grand Dieu, c'est votre Fille aussi-bien que la mienne,
C'est votre Fille, helas !
Ne l'abandonnez pas.

SCENE V.
Mercure descend du Ciel.

MERCURE, CERES, ALPHE'E, ARETHUSE.

MERCURE.

Tous les Dieux sont d'accord; pour vous tout s'interesse,
  Proserpine verra le jour,
Elle suivra Ceres & Pluton tour à tour,
Elle partagera son tems & sa tendresse,
  Entre la Nature & l'Amour.
Vous verrés votre Fille, & Jupiter lui-même,
A pris soin qu'à vos vœux le sort ait répondu.

CERES.

  Aprés une peine extrême,
  Qu'un bien qu'on avoit perdu
  Est doux quand il est rendu
  Par les soins de ce qu'on aime !

MERCURE.

  L'Hymen assemble tous les Dieux,
De l'Empire Infernal, de la Terre, & des Cieux.

Le Ciel s'ouvre, & Jupiter paroît accompagné des Divinitez celestes. Pluton & Proserpine sortent des Enfers assis sur un Trône, où Ceres va prendre place prés de sa fille. Une Troupe de Divinitez Infernales richement parées, accompagnent Pluton. Et une Troupe de Divinitez de la Terre viennent prendre part à la joie de Ceres, & à la gloire de Proserpine.

SCENE DERNIERE.

JUPITER, PLUTON, PROSERPINE, CERES, MERCURE, ALPHE'E, ARETHUSE, *Troupes de Divinitez celestes, terrestres, & infernales.*

Divinitez Celestes qui joüent de divers Instrumens, & qui accompagnent Jupiter dans la Gloire.

Trompettes.

Divinitez Celestes qui chantent dans les Machines.

Troupes de Divinitez de la terre & infernales chantantes.

Troupe de Divinitez Infernales dançantes.

JUPITER.

CEres, que de vos pleurs le triste cours finisse,
Qu'avec Pluton Proserpine s'unisse.
Que l'on enchaîne pour jamais
La Discorde & la Guerre,
Dans les Enfers, dans les Cieux, sur la Terre,
Tout doit joüir d'une éternelle Paix.

PROSERPINE,

Les Chœurs.

Que l'on enchaîne pour jamais
La Discorde & la Guerre,
Dans les Enfers, dans les Cieux, sur la Terre,
Tout doit joüir d'une éternelle Paix.

Les Divinitez Celestes, Terrestres & Infernales, témoignent par leurs chants & par leurs dances la joie qu'ils ont de voir l'intelligence rétablie entre les plus grands Dieux du Monde, par le Mariage de Pluton & de Proserpine.

Fin du cinquiéme & dernier Acte.

LE TRIOMPHE DE L'AMOUR.
BALLET,

DANCE' DEVANT SA MAJESTE.
à S. Germain en Laye le......jour
de Janvier 1681.

LE TRIOMPHE DE L'AMOUR.

BALLET.

LE Theatre represente un lieu magnifiquement orné, & que l'on a disposé pour y recevoir l'Amour qui doit y venir en triomphe : Un grand nombre de Divinitez, & une multitude de Peuples differens y sont accourus, & s'y sont placez pour assister à ce pompeux Spectacle. Venus commence cette agreable Fête ; elle fait entendre que la Paix est le tems destiné pour faire éclater la gloire de son Fils ; elle appelle les Graces, les Plaisirs, les Dryades, les Nayades, pour prendre part avec elle, aux réjoüissances du Triomphe de l'Amour, & elle invite tout le Monde à rendre hommage à ce Dieu vainqueur des Hommes & des Dieux.

Divinitez, & Peuples placez autour du Theatre.

Messieurs Bony, Fernon l'aîné, Rebel, Gingant, le Maire, Gillet, David, Frison, Poyadon, Moreau, Tiphaine, Bernard, le Roi, de la Forest, Duhamel, Desvelois, Lavernet, Puvigny, Antonio, Aubert, Perchot, Gaye fils, Gaye cadet, le petit Fernon, Jacquart, Philbert & Lavallée, Pages.

VENUS. *Mademoiselle Ferdinand l'aînée.*

UN Heros que le Ciel fit naître
   Pour le bonheur de cent Peuples divers,
     Aime mieux calmer l'Univers
Que d'achever de s'en rendre le Maître.
Il cherche à rendre heureux jusqu'à ses Ennemis.
   Tout est par ses travaux dans une paix profonde;
Ce n'est plus qu'à l'Amour qu'il peut être permis
     De troubler le repos du Monde.

Tranquiles

BALLET.

Tranquiles cœurs préparez-vous
A mille secrettes allarmes;
Vous perdrez ce repos si doux
Dont vous estimez tant les charmes:
Mais les troubles d'amour ont cent fois plus d'attraits
Que la plus douce paix.
Nymphes des Eaux, Nymphes de ce Boccage,
Faites briller vos plus charmans appas;
Plaisirs, Graces, suivés mes pas:
Qu'avec nous tout s'engage
A celebrer la gloire de mon Fils;
Dieux qu'il a surmontez, Mortels qu'il a soumis,
Venés lui rendre hommage.
L'Amour, le Vainqueur des Vainqueurs,
Va triompher de tous les cœurs.

Les Divinitez & les Peuples repetent ces deux derniers vers.

L'Amour le Vainqueur des Vainqueurs,
Va triompher de tous les cœurs.

Les Graces, les Dryades, les Naïades & les Plaisirs, viennent accompagner Venus. Les Graces & les Dryades dancent, & font la premiere Entrée.

PREMIERE ENTRE'E.

LES GRACES.
MADEMOISELLE,

Mademoiselle de Commercy, Mademoiselle de Pienne.

Les Dryades, Madame la Princesse Mariamne, Mademoiselle de Tonnerre, Mademoiselle de Clisson, Mademoiselle de Poitiers.

VENUS *chante au milieu de cette Entrée.*
VENUS.

SI quelquefois l'Amour cause des peines,
Que c'est un danger qu'il est doux de courir !
Ce Dieu charmant sous ses plus rudes chaînes
Fait aimer les maux qu'il fait souffrir :
  Faut-il les craindre ?
  Faut-il s'en plaindre ?
Qui les ressent n'en veut jamais guerir.

Fieres Beautez, vos rigueurs seront vaines,
Tout cede à l'Amour, tout se laisse attendrir.
Ce Dieu charmant sous ses plus rudes chaînes
Fait aimer les maux qu'il fait souffrir :
  Faut-il les craindre ?
  Faut-il s'en plaindre ?
Qui les ressent n'en veut jamais guerir.

Les Naïades descendent, & font la seconde Entrée.

BALLET.

II. ENTRE'E.

Les Naïades, Mademoiselle de Rambures, Mademoiselle de Châteautiers, Mademoiselle de Biron, Mademoiselle de Brouilly.

Les Plaisirs dancent, & font la troisiéme Entrée.

III. ENTRE'E.

LES PLAISIRS.

MONSEIGNEUR,

Ou, Lestang l'aîné. Monsieur le Comte de Brionne, Monsieur le Comte de Fiesque, Monsieur le Comte de Tonnerre, Monsieur le Marquis de la Troche, Monsieur de Mimurre, les Sieurs Faure & Boutteville.

Deux Plaisirs chantent au milieu de cette Entrée.

Deux Plaisirs, Messieurs Gaye, & Fernon le cadet.

UN cœur toujours en paix, sans amour, sans desirs,
  Est moins heureux que l'on ne pense:

Les plaisirs de l'indifference
Sont d'ennuieux plaisirs.

Les maux que fait l'Amour, ses chagrins, ses soupirs,
Ne sont des maux qu'en apparence
Les plaisirs de l'indifference
Sont d'ennuieux plaisirs.

VENUS & LES PLAISIRS.

Non, non, il n'est pas possible
De contraindre un cœur sensible
A n'aimer jamais ;
C'est pour l'Amour que tous les cœurs sont faits.

VENUS.

Contre un Dieu si charmant quel cœur est invincible!

VENUS, & LES PLAISIRS.

On fuit en vain d'inévitables traits.
C'est pour l'Amour que tous les cœurs sont faits.

Venus, les Plaisirs, le Chœur des Divinitez, & des Peuples.

Non, non il n'est pas possible
De contraindre un cœur sensible
A n'aimer jamais :
C'est pour l'Amour que tous les cœurs sont faits.

Dans le temps que Venus, les Plaisirs & les Chœurs chantent ; les Graces, les Plaisirs, les Dryades, & les Naïades dancent ensemble.

Les Divinitez qui paroissoient les plus opposées à l'Amour, & qui ont été contraintes à ceder à sa puissance, sont obligées d'avoüer leur défaite, & de servir d'ornemens au Triomphe de ce Dieu victorieux.

BALLET.

Mars armé, & accompagné d'une Troupe de Guerriers, paroît furieux, & témoigne ne pouvoir aimer que les Combats, le sang, & le carnage. Il est environné d'une troupe d'Amours qui écartent les Guerriers. Ces petits Amours désarment ce terrible Dieu de la Guerre, & se joüent avec les armes qu'ils lui ôtent: ils l'enchaînent avec des liens de fleurs; & dancent en réjoüissance de leur victoire.

IV. ENTRE'E.

Mars, Le Sieur de Beauchamp.

Les Guerriers, Monsieur le Marquis d'Humieres, M. le Marquis de la Rocque, M. le Marquis de Sainte Frique, M. le Marquis de Nangy, M. le Comte de Bouligneux le cadet, M. le Comte de Roussillon, M. d'Husse de Valentiné, M. de Francines.

V. ENTRE'E.

Les Amours, Monsieur de Vermandois, M. le Marquis d'Alincourt, M. le Comte de Guiche, M. le Comte de Veruë, M. le Marquis d'Haraucourt Longueval. Les Sieurs Huet, Courcelles & Chalons.

La Déesse Amphitrite, aprés avoir long-temps resisté à l'amour de Neptune, est contrainte à la fin de s'y rendre.

Amphitrite,   Mademoiselle Rebel.
Neptune,   Monsieur Guillegaut.

AMPHITRITE.

Fierté, severe honneur, vous défendez d'aimer,
   Mais pour garder nos cœurs nous donnez-vous
      des armes ?
Ah ! que n'empêchez-vous que l'Amour ait des
      charmes
Si vous ne voulez pas qu'il puisse nous charmer.

NEPTUNE.

Cedez, belle Amphitrite à mes soins amoureux,
    Cedez à ma perseverance.
Je tiens la vaste Mer sous mon obéïssance ;
J'ouvre & ferme à mon gré ses gouffres les plus
      creux :
Je soûleve les flots, & je puis quand je veux
    Calmer leur violence :
  Mais quelle que soit ma puissance ;
Si je ne puis fléchir votre cœur rigoureux
   Je ne puis jamais être heureux.

AMPHITRITE.

   Ah ! qu'un fidelle Amant
    Est redoutable !
J'avois juré de fuir un tendre engagement,
Je ne le croiois pas un mal inévitable :

BALLET.

Pourquoi m'obligez-vous à rompre mon ferm
  Ah! qu'un fidelle Amant
   Est redoutable!
 Que n'aimez-vous moins constamment
 Je goûtois un repos aimable,
 Vous m'ôtez un bien si charmant.
  Ah! qu'un fidelle Amant
   Est redoutable!
NEPTUNE.
Quoi je puis voir enfin cesser votre rigueur?
AMPHITRITE.
 Malgré-moi, votre amour vainqueur
  Me reduit à me rendre:
  Vous n'auriez pas mon cœur
  S'il pouvoit encor se défendre.
NEPTUNE & AMPHITRITE.
Il faut aimer, c'est un fatal destin,
 Qui croit s'en affranchir s'abuse;
  L'Amour arrache à la fin
  Le tribut qu'on lui refuse.
NEPTUNE.
 Divinitez qui me faites la Cour
Admirez avec moi le pouvoir de l'Amour.

Les Dieux de la Mer & les Nereïdes, viennent se réjouïr du bonheur de Neptune, & témoignent leur joie par leurs dances.

VI. ENTRE'E.

Les Dieux Marins, Monsieur le Prince de la Roche-sur-Yon, Monsieur le Comte de Brionne, Monsieur le Marquis de Moüy, Monsieur de Mimurre.

Les Nereïdes, Madame la Princesse de Conty, Madame la Duchesse de Mortemart, Mademoiselle de Laval, & Mademoiselle de Pienne.

Neptune & Amphitrite chantent ensemble.

C'Est en vain qu'à l'amour on se veut opposer,
L'atteinte de ses traits n'en est que plus profonde.
Son Empire est l'écueil où se viennent briser
    Les plus superbes cœurs du monde.
C'est en vain qu'à l'Amour on se veut opposer.
Il n'est rien de si froid qu'il ne puisse embraser,
    Il brûle jusqu'au sein de l'onde.
C'est en vain qu'à l'amour on se veut opposer,
L'atteinte de ses traits n'en est que plus profonde.

AMPHITRITE.

Un cœur qui veut être volage
Se laisse aisément engager :
Mon cœur mal-aisément s'engage,
Mais c'est pour ne jamais changer.

NEPTUNE & AMPHITRITE.
Avant que de prendre une chaîne,

BALLET.

Peut-on trop long-tems y songer ?
Il faut s'engager avec peine,
Quand c'est pour ne jamais changer.

Borée couvert de glaçons & de frimats, & accompagné de vents froids & glacez, témoigne qu'il croit être en sûreté contre les feux de l'amour; il fait cacher les vents qui le suivent, & se tire à l'écart pour considerer Orithie fille du Roi d'Athenes, qui vient se divertir en dançant avec une troupe de filles Atheniennes. Borée s'aproche d'Orithie, & tout froid qu'il est, se sent enflamer d'amour pour elle. Cette Princesse s'épouvente à la vuë de Borée, elle veut l'éviter ; les Atheniennes se rangent autour d'Orithie pour la défendre : les vents qui suivent Borée écartent les Atheniennes, & donnent moien à Borée d'enlever Orithie.

VII. ENTRE'E.

Borée,   Le sieur Pecourt.
Suite de Borée, Les sieurs du Mirail, Germain, Favier l'aîné, Lestang le cadet.

VIII. ENTRE'E.

Orithie,   Le sieur Faüre.
Filles Atheniennes,   Les sieurs Bouteville, Magny, Joubert, Favier le cadet.

DIANE *en habit de Chasse chante, & fait connoître qu'elle méprise la puissance de l'Amour.*

Diane, Mademoiselle Ferdinand la cadette.

VA, dangereux Amour, va, fui loin de ces Bois,
 Je veux y conserver la paix & l'innocence.
 Les plus grands Dieux t'ont cedé mille fois,
Et je prétens toujours te faire résistance.
Plus on voit de grands cœurs asservis à tes loix,
 Plus il est beau de braver ta puissance.
Va, dangereux Amour, va, fui loin de ces Bois,
Je veux y conserver la paix & l'innocence.

Les Nymphes de Diane dancent, & témoignent la joie qu'elles ont d'être exemptes des peines de l'Amour, & de jouïr à la douceur de la liberté. Diane chante au milieu de leurs dances.

IX. ENTRE'E.

Les Nymphes de Diane.

Premiere Nymphe.

MADAME LA DAUPHINE.

Autres Nymphes de Diane, Madame la Duchesse de Sully, Madame la Princesse de Guimené, Mademoiselle de Gontaut, Mademoiselle de Biron, Mademoiselle de Clisson, Mademoiselle de Broüilly.

Diane chante au milieu des Nymphes qui dancent.

DIANE.

UN cœur maître de lui-même
　　Est toujours heureux.
C'est la liberté que j'aime,
Elle comble tous mes vœux,
Un cœur maître de lui-même
　　Est toujours heureux.
Fuïons la contrainte extrême
D'un esclavage amoureux.
Un cœur maître de lui-même
　　Est toujours heureux.

Diane continuë à chanter au milieu de ses Nymphes qui dancent.

Dans ces Forêts venez suivre nos pas,

Vous qui voulés fuïr l'amour & ses flames ;
C'est vainement qu'il menace nos ames,
  Tous ses efforts n'en triomphent pas,
Malgré l'amour, au mépris de ses armes,
Notre fierté ne se rend jamais,
  Malgré ses traits
  Nous vivons sans allarmes,
  Malgré ses traits
  Nous vivons en paix.
Ce Dieu si fier, si terrible, & si fort,
Perd son pouvoir quand on veut s'en défendre,
S'il est des cœurs qu'il oblige à se rendre,
  C'est qu'en secret ils en sont d'accord.
Malgré l'amour, au mépris de ses armes,
Notre fierté ne se rend jamais,
  Malgré ses traits,
  Nous vivons sans allarmes,
  Malgré ses traits.
  Nous vivons en paix.

Endymion s'approche de Diane & de ses Nymphes ; cette Déesse si severe veut fuïr avec ses Nymphes ; mais elle ne peut s'empêcher de regarder Endymion, & se retire toute confuse de se sentir touchée d'amour pour lui.

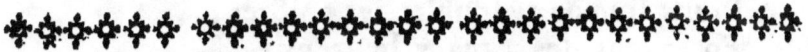

X. ENTRE'E.

Endymion,   Le sieur Favier l'aîné.

BALLET.

La Nuit vient obscurcir la Terre, & inviter toute la Nature à joüir des douceurs du repos. Plusieurs instrumens forment une douce harmonie, qui se mêle & qui s'accorde avec la voix de la Nuit.

La Nuit, Mademoiselle de Saint Christophe.

Voici le favorable temps
Où tous les cœurs doivent être paisibles.
Le Silence revient, fuiez bruits éclatans :
Reposés-vous travaux penibles.
Cœurs agités de soins & de desirs flotans,
Soiés calmés dans ces heureux instans :
Oubliez vos ennuis, cœurs tendres, cœurs sensibles
Que l'Amour ne rend pas contens.
Voici le favorable temps
Où tous les cœurs doivent être paisibles.

Le Mystère vient trouver la Nuit & la sollicite de favoriser les secrettes amours.

Le Mystere, M. Fernon le cadet.

On ne peut trop cacher les secrets amoureux.
Etends, obscure Nuit tes voiles les plus sombres :
Prens soin de redoubler tes ombres
En faveur des Amans heureux :
On ne peut trop cacher les secrets amoureux.

LA NUIT.

Il est des nuits charmantes
Qui valent bien les plus beaux jours,
Le calme & le repos sont un puissant secours
Pour soulager les ames languissantes,
L'ombre est favorable aux amours;

Le Triomphe de l'Amour,
Il est des nuits charmantes
Qui valent bien les plus beaux jours,
LE MYSTERE.
L'Amour heureux doit se taire
Son bonheur ne dure guére
Lors qu'il ne le cache pas.
Le Mystere
En doit faire
Les plus doux appas.
LA NUIT.
Amans, ne craignez rien, l'ombre vous sert d'azile,
Veillés, heureux Amans, les plaisirs les plus doux
Veilleront avec vous.

Le Silence s'aproche du Mystere & de la Nuit, & les exhorte à se taire.

Le Silence, Monsieur Guillegaut.

Que tout soit tranquile,
Taisons-nous.
LE MYSTERE.
L'éclat est dangereux, le secret est utile,
Amans veillés sans bruits, il n'est que trop facile
D'éveiller les fâcheux Jaloux.
LE SILENCE.
Que tout soit tranquile,
Taisons-nous.
LA NUIT, LE MYSTERE & LE SILENCE.
Que tout soit tranquile,
Taisons-nous.

BALLET.

Diane vaincuë par l'Amour, & honteuse de sa défaite, vient prier la Nuit de lui donner du secours.

DIANE.
Je ne puis plus braver l'Amour & sa puissance,
 Endymion m'a paru trop charmant;
  Mon trouble s'accroît quand j'y pense,
 Et malgré moi j'y pense à tout moment.
Mon cœur qui fut si fier se lasse enfin de l'être
Dans des liens honteux il demeure engagé:
  Je trouve mon cœur si changé
  Que j'ai peine à le reconnoître,
J'ai trop bravé l'Amour, & l'Amour s'est vangé.
  Nuit charmante & paisible
 Tu rends le calme à l'Univers
 Hélas! rends-moi s'il est possible
  Le repos que je pers.

LA NUIT.
 L'Amour veille quand tout repose;
Il va troubler les cœurs qu'il a contraint d'aimer,
  Le premier trouble qu'il cause,
  Est difficile à calmer.

DIANE.
Malgré tous mes efforts un trait fatal me blesse
Et du fonds de mon cœur je ne puis l'arracher.
  Qui ne peut vaincre sa foiblesse
  Doit au moins la cacher.
Sombre Nuit, cache-moi s'il se peut à moi-même,
Prête à mon cœur troublé tes voiles tenebreux
  Pour couvrir son desordre extrême;
Cache à tout l'Univers la honte de mes feux,
Dérobe ma foiblesse aux yeux de ce que j'aime,
Sombre Nuit, cache-moi s'il se peut à moi-même.
     Diane se retire.

LA NUIT.

Vous, qui fuiés la lumiere & le bruit,
Songes, r'assemblés-vous dans mon obscur Empire;
Secondés-moi, c'est l'Amour qui m'instruit
A charmer la rigueur d'un amoureux martire.
Executés ce qu'il m'inspire;
Qu'Endimion en dormant soit conduit
Où Diane en secret soupire
Songes, obeïssez aux ordres de la Nuit.

Les Songes s'assemblent & se préparent à servir Diane suivant les ordres de la Nuit.

XI. ENTRE'E.

Les Songes, Monsieur le Marquis de Mirepoix, M. le Marquis d'Humieres, M. le Marquis de Richelieu, M. le Comte d'Autel, Monsieur le Marquis de Moüy, Monsieur de Francines.

Les peuples de Carie étonnez que la Déesse qui les éclaire durant la nuit, n'est plus dans le Ciel, comme elle avoit accoûtumé d'y paroître, s'efforcent de la rappeller par des cris, & par des sons de plusieurs instrumens d'airain.

BALLET.

XII. ENTRÉE.

Les Peuples de Carie, Messieurs Boutteville, Faure, Magny, Lestang le cadet, Germain, Dumirail, Barazé, Favier le cadet.

Chœur de Peuples de Carie.

Diane, dissipez nos craintes;
Revenez briller dans les Cieux,
Revenez éclairer ces lieux.
Ecoutez nos cris & nos plaintes;
Rallumez vos clartez éteintes;
Revenez briller dans les Cieux,
Revenez éclairer ces lieux.

Un des Cariens. Monsieur de Puvigny.

De quel funeste mal sentez-vous les atteintes ?
Qui vous a pû troubler ? est-ce un charme odieux ?
    Qui par de fatales contraintes
Vous arrache du Ciel, & vous cache à nos yeux ?
Sommes-nous menacez par le couroux des Dieux ?

Le Chœur.

Diane dissipez nos craintes,
Revenez briller dans les Cieux
Revenez éclairer ces lieux.
Ecoutez nos cris & nos plaintes,
Rallumez vos clartez éteintes,
Revenés briller dans les Cieux
Revenez éclairer ces lieux.

Bacchus aprés avoir assujetti à son Empire la plus grande partie du Monde, & lors qu'il revient de la Conquête des Indes, dont il a soumis les Peuples à ses loix, est contraint de ceder au pouvoir de l'Amour, & ne peut s'empêcher d'aimer Ariadne au premier instant qu'il la voit. Les Indiens & les Indiennes qui ont suivi Bacchus admirent la puissance de l'Amour.

Un Indien de la suite de Bacchus, Monsieur Morel.

Bacchus revient vainqueur des Climats de l'Aurore,
Il traîne aprés son Char mille Peuples vaincus ;
Il méprisoit l'Amour, mais l'Amour est encore
Un Vainqueur plus puissant mille fois que Bacchus.

 Il aime enfin, sa fierté se desarme ;
 D'un seul regard Ariadne le charme ;
A ce superbe cœur l'Amour donne des fers.
Bacchus n'a triomphé du Monde qu'avec peine,
 Et qu'aprés cent travaux divers ;
  L'Amour sans effort enchaîne
  Le Vainqueur de l'Univers.

Deux Indiennes de la Suite de Bacchus, Mademoiselle Ferdinand la cadette, & Mademoiselle Rebel.

 Non, la plus fiere liberté
Contre l'Amour n'est pas en sureté
 Entre les bras de la Victoire.

BALLET.

L'éclat de mille Exploits d'éternelle memoire
    N'exempte pas des tourmens amoureux,
On n'est pas moins atteint d'un mal si dangereux
    Pour être au comble de la gloire;
    Non, la plus fiere liberté
    Contre l'Amour n'est pas en sureté
    Entre les bras de la Victoire.

Un Indien.

Tout ressent les feux de l'Amour
Sa flâme va plus loin que la clarté du jour.

Une Indienne.

Rien ne respire
Qui ne soupire.

Une autre Indienne.

Dans les plus froids climats
Est-il un cœur qui ne s'enflâme pas?

L'Indien.

Plus loin que le Soleil dans sa vaste carriere
    Ne porte la lumiere,
De l'amoureuse ardeur on ressent les appas.

Les deux Indiennes.

Tout l'Univers seroit sans Ame
S'il n'étoit penetré d'une si douce flâme.

L'Indien, les deux Indiennes, & le Chœur.

Tout ressent les feux de l'Amour
Sa flâme va plus loin que la clarté du jour.

XIII. ENTRE'E.

Ariadne, Madame la Princesse de Conty.

Bacchus, Monsieur le Comte de Brionne.

Les Indiens de la suite de Bacchus, & les Filles Grecques de la suite d'Ariadne, se réjouissent de voir Ariadne & Bacchus touchez d'une amour mutuelle.

XIV. ENTRE'E.

Indiens de la suite de Bacchus.

MONSEIGNEUR,

On le Sieur Lestang le cadet, M. le Comte de Fiesque, M. le Marquis de la Troche, M. de Mimurre, les Sieurs Pécourt & Favier l'aîné.

Filles Grecques de la suite d'Ariadne.

Madame la Duchesse de Sully, Madame la Duchesse de Mortemart, Madame la Marquise de Seignelay, Mademoiselle de l'Islebonne, Mademoiselle de Laval, Mademoiselle de Pienne.

BALLET.

*L'Indien, les deux Indiennes, & le Chœur,
chantent dans cette Entrée.*

Pourquoi tant se contraindre
Pour garder son cœur ?
Eh ! quel mal peut-on craindre
De l'Amour vainqueur ?

Une Indienne.

On se plaint sans raison d'être sensible ;
Tous les biens sans l'Amour sont des biens imparfaits,
On se lasse d'un cœur toujours paisible,
On s'ennuie à la fin d'une trop longue paix.

L'Indien, les deux Indiennes, & le Chœur.

Pourquoi tant se contraindre
Pour garder son cœur ?
Eh ! quel mal peut-on craindre
De l'Amour vainqueur ?

L'Indien, les deux Indiennes, & le Chœur.

Quelle heureuse foiblesse !
Quel heureux tourment !
Non, l'Amour ne nous blesse
Que d'un trait charmant.

Une Indienne.

Ses douleurs font verser de douces larmes ;
Il accroît les plaisirs par ses allarmes ;
Il nous cause des maux dont les Dieux sont jaloux :
Ah ! quel cœur peut tenir contre ses charmes !

L'Indien & les deux Indiennes.

Ah ! cedons, rendons-nous,
Rendons les armes :
Ah ! cedons à ses coups,
Il n'est rien de si doux.

L'Indien, les deux Indiennes & le Chœur.

Quelle heureuse foiblesse !
Quel heureux tourment !
Non, l'Amour ne nous blesse
Que d'un trait charmant.

Mercure chante les loüanges de l'Amour, & sollicite tout le Monde de se soûmettre volontairement à l'Empire d'un si puissant Vainqueur.

MERCURE.

D'une affreuse fureur Mars n'est plus animé,
    E... les Amours l'ont desarmé ;
Amphitrite à son tour brûle au milieu de l'onde ;
Au milieu des glaçons Borée est enflâmé ;
    Diane & Bacchus ont aimé ;
    L'Amour doit vaincre tout le Monde.
Que sert contre l'Amour de s'armer de fierté ?
Dans ses liens charmans il faut que tout s'engage ;
    Un si doux esclavage
    Vaut bien la liberté.
    Suivons l'Amour, portons sa chaîne,
    N'attendons pas qu'il nous entraîne ;
Tout reconnoît son pouvoir souverain,
    Epargnons-nous la peine
    D'y resister en vain.
    Suivons l'Amour, portons sa chaîne,
    N'attendons pas qu'il nous entraîne.

Le Chœur des Divinitez & Peuples placez autour du Theatre.

    Suivons l'Amour, portons sa chaîne,
    N'attendons pas qu'il nous entraîne ;
Tout reconnoît son pouvoir souverain,
    Epargnons-nous la peine
    D'y resister en vain.

BALLET.

Suivons l'Amour, portons sa chaîne,
N'attendons pas qu'il nous entraîne.

Apollon suivi d'une troupe de Bergers heroïques, s'empresse de paroître entre les Captifs qui doivent accompagner l'Amour triomphant.

XV. ENTRÉE.

Apollon. Le Sieur Lestang le cadet.

XVI. ENTRÉE.

Bergers heroïques qui suivent Apollon.

Bergers heroïques. Les Sieurs Bouteville, Faure, Barazé, & Germain.

Pan accompagné d'une troupe de Faunes, vient faire connoître qu'il se soumet avec plaisir à l'Empire de l'Amour.

XVII. ENTRÉE.

Pan. Le Sieur Lestang l'aîné.

XVIII. ENTRE'E.

Faunes qui accompagnent Pan.

Les Sieurs Pecourt, Dumirail, Favier l'aîné, Favier le cadet.

Le Zephire conduit Flore; & les Nymphes de Flore sont conduites par des Zephirs; ils viennent semer de fleurs le chemin du Dieu triomphant, & prennent part aux plaisirs de cette Fête. Une des Nymphes de Flore chante au milieu des dances des Zephirs, de Flore, & de ses Nymphes.

XIX. ENTRE'E.

LE ZEPHIRE.

MONSEIGNEUR,
ou Monsieur de Mimurre.

Zephirs, Monsieur le Prince de la Roche-sur-Yon, M. de Vermandois, M. le Marquis d'Alincourt, M. le Marquis de Moüy, M. le Marquis de Richelieu, M. le Comte d'Amilton.

FLORE.

MADAME LA DAUPHINE.

Nymphes de Flore. Madame la Duchesse de Sully, Madame la Duchesse de la Ferté, Madame la Princesse de Guimené, Madame la Marquise de Seignelay, Mademoiselle de Clisson, Mademoiselle de Broüilly.

Nymphe de Flore qui chante, Mademoiselle Rebel.

Que de fleurs vont éclorre!
Le Zephire aime Flore;

L'Amour

BALLET.

L'Amour vient rendre heureux
Les cœurs touchez de ses feux
Nos plus charmans Boccages
N'ont pas toûjours leurs feüillages,
Mais les Amans contens
Ont de beaux jours en tout temps.

Goûtez, Amans fidelles,
Des douceurs éternelles
Heureuses les amours
Qui peuvent durer toujours!
Nos plus charmans Boccages
N'ont pas toujours leurs feüillages,
Mais les Amans contens
Ont de beaux jours en tout temps.

L'Amour paroît, ce Dieu triomphant est porté par des Dieux & des Heros qu'il a soumis à ses loix. Il est élevé & assis sur une maniere de Trophée où sont attachées les armes dont les plus grands Dieux se servent. On y voit le Foudre de Jupiter, le Trident de Neptune, le Bouclier & l'Epée de Mars, l'Arc de Diane, les Fléches d'Apollon, le Thyrse de Bacchus, la Massuë d'Hercule, & le Caducée de Mercure. Ce petit Dieu s'aplaudit de la grandeur de sa puissance, & joüit de la gloire de triompher de tout le Monde.

L'AMOUR.

Tout ce que j'attaque se rend;
Tout cede à mon pouvoir extrême;
J'enchaîne quand je veux le plus fier Conquerant,
Et j'abaisse à mon gré la Majesté suprême.
Dans le Ciel, Jupiter même,
Suit mes loix en soupirant;
Plus un cœur est grand
Plus il faut qu'il aime.

La Jeunesse suit l'Amour, elle est accompagnée des Jeux; une partie des Zephirs & des Nymphes de Flore, dance avec la Jeunesse & les Jeux.

XX. ENTRÉE.

LA JEUNESSE.

MADEMOISELLE DE NANTES.

Les Jeux. Monsieur le Comte de Guiche, Les Sieurs Huet, Jobelet, Courcelles & Châlons.

Une Nymphe de la suite de la Jeunesse chante au milieu de cette Entrée.

Nymphe de la suite de la Jeunesse, Mademoiselle Rebel.

NE troublez pas nos Jeux, importune Raison ?
 Vous aurez votre tour, fiere Sagesse ?
Vos feveres conseils ne sont pas de saison,
 Reservez les chagrins pour la Vieillesse ?
Tous nos jours sont charmans, tout rit à nos desirs ;
 C'est le temps des plaisirs
 Que la Jeunesse.

Nous devons à l'Amour les plus beaux de nos ans,
 Il prépare nos cœurs à la tendresse ;
Il s'amuse avec nous à des Jeux innocens,
 Nous laissons les chagrins à la Vieillesse.
Tous nos jours sont charmans, tout rit à nos desirs ;
 C'est le temps des plaisirs
 Que la Jeunesse.

BALLET.

Le Ciel s'ouvre, il est illuminé d'une clarté brillante & extraordinaire, qui se répand sur le lieu qui sert de Scene à ce magnifique Spectacle. Jupiter est sur son Thrône, il est accompagné des plus considerables Divinitez de l'Univers, qui se sont assemblées dans le Ciel pour y celebrer cette grande Fête. Jupiter reconnoît l'Amour pour le plus puissant de tous les Dieux : Les Divinitez du Ciel, de la Terre, des Eaux, & des Enfers, unissent leur voix avec la voix des Hommes : Ces deux Chœurs réunis répétent les paroles de Jupiter, & dans le temps qu'ils chantent les loüanges du Dieu Triomphant, Apollon, & les Bergers heroïques, Pan, & les Faunes, les Zephirs, les Nymphes de Flore, & les Jeux, dansent ensemble. C'est par ces Chœurs de Musique & par cette danse generale que se termine la Fête du Triomphe de l'Amour.

Divinitez assemblées dans le Ciel.

Jupiter, Monsieur Gaye. *Junon*. Mademoiselle Bony. *Cybelle*, Mademoiselle Puvigny. *Neptune*. Monsieur Guillegaut. *Amphitrite*, Mademoiselle Rebel. *Pluton*, Monsieur Puvigny. *Proserpine*, Mademoiselle Piesche. *Ceres*, Mademoiselle Doremius. *Diane*, Mademoiselle Ferdinand la cadette. *Mars*, Monsieur Cleidiere. *Venus*, Mademoiselle Ferdinand l'aînée. *Mercure*, M. Arnoux, *Hercule*, M. Morel. *L'Hymenée*, M. Fernon le cadet. *Comus*, M. le Roy.

JUPITER & les CHOEURS.

Triomphez, triomphez Amour victorieux ;
Triomphez, triomphez des Mortels & des Dieux,

Vous imposés des loix à toute la Nature;
  Vous enflamés le sein des Mers;
  Vos feux percent la nuit obscure
  Du séjour profond des Enfers;
Votre chaîne s'étend aux deux bouts de la Terre;
  Vos traits s'élevent jusqu'aux Cieux;
Vos coups sont plus puissans que les coups du Ton-
  nerre;
Triomphés, triomphés Amour victorieux,
Triomphés, triomphés des Mortels & des Dieux.

VERS
POUR LA PERSONNE
ET LE PERSONNAGE
de ceux qui font du Ballet du
Triomphe de l'Amour.

Pour MADEMOISELLE,
Une des Graces.

Dans la noble fierté qui doit regner sans cesse
  Au cœur d'une Princesse,
L'on m'éleve; & déja le sang de mes Ayeux
  Respire dans mes yeux ;
Au dessus, à côté de ce qui m'environne
  Tout est Sceptre, & Couronne,
Et nul, à la reserve ou des Dieux, ou des Rois,
  N'est digne de mon choix.
Les Graces avec moi commencent de paroître,
  Avecque moi vont croître,
Et, si j'ose aux flatteurs ajoûter quelque foi,
  Embellir avec moi.

Pour Mademoiselle de Commercy, *une des Graces.*

  Vous êtes charmante & blonde,
  Vous possedés mille appas,
D'autres qui comme vous ont un rang dans le monde
  Parmi les Graces n'en ont pas.

Pour Mademoiselle de Pienne, *une des Graces.*

Non, les autres Beautez ne sont point comme vous,
  N'ont point je ne sai quoi de doux
  Qui trouble un cœur, & l'embarasse ;

En vous examinant voila ce qu'on foutient,
  C'est aux Graces qu'il appartient
  D'avoir bon air, & bonne grace.

Pour Madame la Princesse Mariamne, *Dryade.*

  Sous l'écorce où je me voi
  Je me console, & me croi
  Dans le fond de l'Allemagne,
  Où mon orgüeil m'accompagne,
  Où j'étale mes froideurs,
  De titres, & de grandeurs
  Fierement envelopée,
  De mon seul rang occupée,
  Et ne m'attachant qu'à lui,
  Non sans un pompeux ennui.

Pour des Filles de Madame la DAUPHINE
   Dryades.

  C'est notre fort d'être peu frequentées,
  Et l'on nous laisse où l'on nous a plantées
On n'ose qu'en passant nous dire un pauvre mot,
Attendons-nous quelqu'un, il nous arrive un sot.
Dafné fut plus heureuse, elle eût un cœur de marbre,
  Ou du moins elle s'offença,
Qu'un Amant la suivit, un Amant l'embrassa
  Toutesfois dés qu'elle fut Arbre,
Elle inclina sa tête & lui fit quelque accueil,
Nous l'avons dans la Fable assés souvent pû lire,
Ou du moins l'aurons-nous peut-être entendu dire
  A Madame de Monchevreüil.

Pour les Filles de Madame, *Dryades.*

  Quel dommage ! quelle pitié
  De nous voir secher sur le pié !
  Nos branches sont bien couvertes,

BALLET.

Ont de belles feüilles vertes,
Où le vent forme un doux bruit,
Ont des fleurs & point de fruit.
Qui n'en seroit indignée,
Et ne voudroit en ce cas
Que le Bucheron vint avecque sa cognée,
Si l'on pouvoit tomber sans faire du fracas?

Pour Mademoiselle de Châteautiers, *Nayade.*

Au sortir de la Mer Venus eût-elle osé
Prétendre d'égaler un teint si reposé,
Tel que jeunesse, & santé vous le donne?
A voir enfin comme votre personne
Respire un air poli, net, frais, délicieux,
Ou vous sortez des eaux, ou vous venez des Cieux.

Pour Mademoiselle de Poitier, *Nayade.*

Qui pourroit entrevoir vos membres délicats
Dans une eau claire & nette, & sur tout peu profonde
De sa bonne fortune, & d'eux feroit grand cas,
C'est un morceau friand, s'il en est dans le monde.

Pour Mademoiselle de Rambures, *Nayade.*

Nayade, je n'ai point l'honneur de vous connoître,
Il faudroit pour vous dire en effet d'où peut naître
En vous certaine langueur,
Vous avoir pas à pas suivie,
Avoir été dans votre cœur,
Où je ne serai de ma vie.

Pour les Plaisirs, Representez par Messieurs les Comtes de Brionne, Tonnerre, la Troche, Mimurre, & le Comte de Fiesque.

    Que de plaisirs differens
    Vont paroître sur les rangs!
    Celui-là dance à merveille,
    Ce que l'autre ne fait pas,
    Quoi qu'il forme de beaux pas,
    Et ne manque point d'oreille
    L'un est bien fait, grand & droit,
    L'autre a la taille si fine,
    Que s'il étoit mal-adroit,
    Il paieroit de bonne mine.
Celui-ci descendu de ce fameux Genois
Qui voulut opprimer la liberté pub'ique,
    Fait bien, mais lors qu'il s'applique
    Au soin d'exercer sa voix,
C'est-là sur tout qu'il charme, qu'il enchante,
Et les Rochers le suivent quand il chante.

Pour MONSEIGNEUR LE DAUPHIN, dansant parmi *les Plaisirs*.

La foule des plaisirs me suit, & m'environne,
Je me mêle avec eux, & j'y prens quelque part;
Mais j'aspire à me voir digne d'une Couronne
Où je ne puis jamais parvenir assés tard.

Le beau sexe voudroit occuper mon loisir,
Mais je vai suivre Mars, & ses durs exercices,
Et si l'Amour en moi rencontre son plaisir,
Je prétens que la Gloire y trouve ses délices.

Comme selon le goût de tout tant que nous sommes,
Les solides plaisirs sont toujours les meilleurs,
C'en est un de regner dans l'estime des hommes
Long-temps auparavant que de regner ailleurs.

BALLET.

Pour les Guerriers, Représentez par les Marquis d'Humietes, de la Roque, de Sainte Frique, & le Marquis de Nangis, les Comtes de Bouligneux cadet & de Roussillon, Monsieur d'Husse, & Monsieur de Francines.

Tous ces jeunes Guerriers vers la Gloire s'avancent,
Et seroient bien fâchés, si l'on ne croioit pas,
Qu'avecque tant d'adresse à conduire leurs pas,
Ils savent mieux encor se battre qu'ils ne dansent.

Pour M. le Prince de Commercy, *Guerrier*.

Dans le Rolle que vous faites
Vous joüez ce que vous êtes,
C'est une merveille enfin
Qu'un cœur fait comme le vôtre,
Mais s'en seroit bien une autre,
Etant à la gloire enclin,
Brave en un mot, fils de Maître,
Et du sang dont vous sortés,
Si vous alliez ne pas être
Ce que vous representez.

Pour M. le Marquis d'Humieres, *Guerrier*.

Que voulés-vous que fasse des Guerriers
Le cœur boüillant, quand les choses sont calmes ?
Et voulés-vous qu'ils cueillent des Lauriers
Où l'on ne voit que Mirthes, & que Palmes ?
D'une autre sorte, & par quelque détour.
Il faut vaincre, & tâcher d'user de la Victoire
C'est-à dire qu'il faut se prêter à l'Amour
En attendant qu'on se donne à la Gloire.

Pour M. le Marquis de Rhodes, *Guerrier*.

Brave, & déterminé, vaillant, & genereux,

Vos bonnes qualités à la Cour se répandent,
Vous êtes grand, bien fait, l'air sain, & vigoureux,
Noir, & tel que l'Amour, & Venus les demandent,
   Dans une grande action
   Homme d'expedition,
   De bravoure & de proüesses,
Personne n'en ignore, excepté vos Maîtresses.

Pour M. le Marquis de Nangis, *Guerrier.*

   D'audace plein,
   Sans être vain,
Je puis me distinguer en quelque part que j'aille,
   Et par ma taille
   Aider au gain
   D'une Bataille
   La Pique en main.

Pour l'Entrée des Amours.

  Tous ces jeunes Amours tentent
  A pousser leurs grands projets ;
  Et tous ces jeunes Objets,
  De pied ferme les attendent.

Pour Monsieur l'Admiral. *Amour.*

Ce tendre Amour de l'Amour même issu,
Et de ses mains par les Graces reçû,
Prépare aux cœurs une innocente guerre :
  Et plus fier encor qu'il n'est beau,
  Non content de briller sur terre,
Jusqu'au centre des mers va porter son flambeau.

Pour Monsieur le Marquis d'Alincourt.
Amour.

Ce Amour éveillé s'y prend tout de son mieux,
  Et des plus galands en tous lieux,

BALLET.

Imitant les manieres fines,
Couvre de grands projets sous de certaines mines :
Déja de quelques cœurs il exige un tribut.
Déja pour y faire des bréches.
Il aiguise ses traits, il prépare ses fléches,
Et déja même il a son but.

Pour Monsieur le Comte de Verue.
Amour.

Si ce n'est l'amour lui-même,
A sa mine on le croiroit,
La ressemblance est extrême,
Et Venus s'y méprendroit.

Pour Monsieur le Comte de Guiche.
Amour.

Vous brillerés bien-tôt comme un Soleil levant,
Et dans le monde en arrivant,
Aux plus fieres Beautés causerés mille allarmes ;
Mais quand vous vous croirés digne de tout charmer,
N'allez pas, s'il vous plaît, vous-même vous aimer,
Et ne vous blessez pas avec vos propres armes.

Pour Monsieur le Marquis d'Haraucourt de Longueval. *Amour.*

Vous qui representés l'Amour,
Et qui pourés aimer un jour,
Craignant qu'une Maîtresse à la fin ne vous quite,
Tenés-la de bien prés sans la quiter d'un pas
Et ne vous en reposez pas
Tout-à-fait sur votre merite.

Pour les Dieux Marins, representez par Monsieur le Prince de la Roche-sur-Yon, Monsieur le Comte de Brione, Messieurs de Moüy & de Mimurre.

Les froides Nymphes des eaux,

Trouvent ces Dieux marins beaux,
Ou pour mieux dire, estimables;
Dequoi ne viendroient-ils à bout?
En barbe bleuë ils sont aimables,
Et le sont encor plus n'en aiant point du tout.

Pour Madame la Princesse de Conty. *Nereïde.*

Elle est charmante, elle est divine,
Et brille de vives couleurs
Qu'on ne voit point briller ailleurs,
Pure & blanche comme l'hermine,
Elle efface toutes les fleurs,
Jusqu'aux Lys de son origine.

Pour Mademoiselle de Laval. *Nereïde.*

Ces Dieux Marins ont des charmes,
Qui sont de puissantes armes;
Mais je les conte pour rien:
Que le plus hardi m'assaille,
Je me défendrai si bien,
Que je ne prétens pas qu'il m'en coûte une écaille,
Que si l'un deux avoit tant de pouvoir,
Il ne viendroit jamais à le savoir,
J'aimerois mieux échoüer à la côte,
Que d'avoüer une pareille faute.

Pour Madame la Duchesse de Mortemart. *Nereïde.*

De tous ces Dieux Marins l'audace temeraire
S'efforceroit en vain de tâcher à me plaire;
Elle y réussiroit fort mal;
Et mon cœur ne s'émeut que quand d'une galere
Je découvre de loin la Poupe, ou le Fanal.

Pour Mademoiselle de Pienne. *Nereïde.*

Examinons bien la bande

BALLET.

De ces gens si dangereux,
Le seul que l'on apprehende
N'est pas peut-être avec eux.

Pour MADAME LA DAUPHINE.
Nymphe de Diane.

Charmante Nymphe de Diane,
Qui confond tout regard prophane,
Il n'est question sous vos Loix
Ni de fléches, ni de carquois,
Ni d'aller avec vos compagnes
Par les monts & par les campagnes ;
Il en faut user sobrement,
Car il importe extrêmement
Au bien d'un Empire si vaste
Que vous ne soiez point trop chaste,
Quoi chez vous où tout est si pur,
N'avez-vous pas un moien sûr,
Un des plus beaux moiens du monde
D'être honnête & d'être feconde ?
Avec bien moins on vient à bout
De se pouvoir passer de tout.
Demeurés donc comme vous êtes
Le modele des plus parfaites,
Fuiez le joug des passions,
Et gardez en vos actions
Cette conduite merveilleuse ;
Soiez exacte, scrupuleuse
Sur tout ce que l'honneur défend,
Mais donnés-nous un bel enfant.

Pour Madame la Duchesse de Sully.
Nymphe de Diane.

Nymphe toujours charmante, & d'une humeur tranquille,
Soit qu'il vous faille quelquefois

Quitter la Ville pour les bois,
Ou quitter les bois pour la Ville,
J'ai pourtant de la peine à me perſuader,
Vous qui parez les bals & les plus grandes Fêtes,
Que vous ſoiez bien propre à vous accommoder
D'un long commerce avec les bêtes.

Pour Madame la Princeſſe de Guimené. *Nymphe de Diane.*

La chaſte Diane en ſes bois,
Nous tient ſous de ſeveres loix,
Elle n'admet rien de prophane :
Qu'un mortel nous approche, & nous oſe toucher ?
Helas ! que diroit Diane,
Si Diane ſavoit que je viens d'accoucher !

Pour Madame de Grançey, *Nymphe de Diane.*

Vous avés tous les traits d'une beauté divine,
De beaux yeux, le poil noir, un teint vif & charmant,
Une taille ſur tout ſi legere & ſi fine,
Que l'on ne vous ſauroit attraper aiſément.

Pour Mademoiſelle de Gontaut, *Nymphe de Diane.*

Belle Nymphe, avec le carquois,
Vous avez une mine au deſſus du vulgaire ;
Mais il me ſemble que les bois
Tous ſeuls ne vous conviennent guére.

Pour Mademoiſelle de Biron. *Nymphe de Diane.*

Des hommes vous craignez l'abord,
Cependant je vous plaindrois fort,
Si je vous trouvois tête à tête
Dans un bois avecque une bête.

BALLET.

Pour Mesdemoiselles de Clisson & de Brouilly.
Nymphes de Diane.

Evitez bien ces gens qui font les doucereux ;
  Beaux ou laids, tous sont dangereux,
Et souvent on se perd quand on se les attire ;
  Défiez-vous également
  De tout ce qui s'apelle Amant,
  Soit le Berger, soit le Satire.

Pour Monsieur le Comte de Brionne,
representant Bacchus conquerant.

Ce Bachus équipé pour plus d'une conquête,
Au triomphe des cœurs & des Indes s'aprête :
Son vin est dangereux pour peu qu'on en ait pris,
Il en fera tâter à quantité de Dames,
Et par ce vin nouveau qui plaît à bien des femmes,
Donnera dans la tête à beaucoup de maris.

Pour MONSEIGNEUR LE DAUPHIN, *repre-*
sentant un Indien de la suite de Bachus.

Sur les pas du Vainqueur qui triomphe par tout,
Et qui plus loin que l'Inde établit sa puissance,
De quoi, jeune Heros, ne viendrés-vous à bout,
Et par votre courage, & par votre naissance.

Non, rien ne vous égale, il n'en est point de tels
A la suite du Dieu qui lance le tonnerre,
Aussi ne sauriés-vous pour le bien des mortels
Trop long-tems demeurer le second sur la terre.

Marchez aprés l'honneur de tous les Conquerans ;
On voit à sa clarté toute clarté s'éteindre,
Bien loin derriere lui surpassés les plus grands,
Il s'agit de le suivre, & non pas de l'atteindre.

Pour Madame la Princesse de Conty,
representant Ariane.

Ce n'est point Ariane aux solitaires bords,
Qui gémit & se plaint d'un amant infidelle,
Celle-ci ne connoît l'amour, ni ses remords,
Elle est jeune, elle est pure, elle est vive, elle est belle,
Et le monde, & la Cour ne sont faits que pour elle.

Bacchus est le premier de ceux qu'elle a vaincus,
Bacchus est trop heureux de l'avoir épousée,
Leur chaîne par le tems ne sauroit être usée,
Et l'on dira toujours Ariane & Bacchus,
Mais l'on ne dira point Ariane, & Thesée.

Grecques de la suite d'Ariane. Pour Mademoiselle de Lislebonne, *Grecque.*

Belle Grecque, suivez la charmante Princesse,
Où tant de vertu brille avec tant de jeunesse,
Madame votre Mere y consent-elle pas ?
Elle qui prend le soin d'éclairer tous vos pas.

Vous avez fait sous elle un digne aprentissage,
De tout ce qui peut rendre une Princesse sage,
Jamais les passions n'ont osé l'assaillir,
Mais à son gré la pente est bien douce à faillir.

Pour Madame la Duchesse de Sulli. *Grecque.*

J'excuse les soûpirs & les discretes flames,
Et femme je ressemble à la pluspart des femmes
A qui l'on fait plaisir d'encenser leurs appas;
Sur ce qui peut toucher la veritable gloire,
    J'y suis Grecque, & ne pense pas
    Qu'on m'en fasse aisément accroire.

BALLET.

Pour Madame la Duchesse de Mortemart.
Grecque.

Deux Epoux qui s'aiment fort
Sont séparez dés l'abord ;
Lui s'en va faisant sa plainte,
Elle beaucoup plus contrainte,
Sous les loix d'un dur devoir,
Pour le suivre, & pour le voir
Dans l'ennui qui la consomme
Auroit été jusqu'à Rome ;
Mais c'est bien pis aujourd'hui
Qu'elle est rejointe avec lui,
Cette jeune & fine Grecque
Iroit jusques à la Mecque.

Pour Madame de Segnelay, *Grecque.*

Grecque, ou non, suffit qu'en effet,
Vous avez un esprit bien fait
Que vous êtes bonne, & sincere,
Chose au monde fort necessaire,
Et que peu surement sur l'apparence on croit :
Car pour belle, cela se voit,
Et saute aux yeux sans qu'on le die :
Toûjours de tout païs les vertus ont été,
Mais sans vous j'aurois douté
Qu'il en vint tant du côté
De la Basse Normandie.

Pour Mademoiselle de Laval, *Grecque.*

Je suis fiere à peu prés comme si dans ma main
J'avois l'Empire Grec, & l'Empire Romain,
Aussi par-dessus tout qui se fait mieux connoître ?
A qui ne puis-je pas disputer le terrain ?
J'ai l'air grand, le cœur noble, & tout cela pour être
A la suite d'une autre, & pour grossir son train.

Pour Mademoiselle de Pienne, *Grecque.*

Au plus bel endroit de la Grece
Où d'une fort soigneuse adresse
Tant de Belles pour le besoin
D'un seul étroitement gardées,
Attendent d'être regardées,
Vous pourriés tenir votre coin.

Pour MONSEIGNEUR LE DAUPHIN, *Representant un Zephir.*

Vous vous joüez parmi les fleurs
Qui de mille, & mille couleurs
Pour vous plaire se sont parées !
Mais quoi que vous soiez si tranquile, & si doux,
Les Aquilons, & les Borées,
N'oseroient souffler devant vous.
Jupiter voit avec plaisir
En vous qui n'êtes qu'un Zephir
L'impatiente ardeur de vaincre & de combattre :
Et ce que sa foudre a laissé,
Où qu'elle a dédaigné d'abattre
Par vous sera bouleversé.

Pour M. le Prince de la Roche Sur-Yon. *Zephir.*

Zephir tant qu'il vous plaira,
Et soupire qui voudra
Bien long-temps aprés sa proie,
Mais je doute qu'on me voie
Comme ces autres Zephirs
Passer ma vie en soupirs.

Pour Monsieur l'Amiral, *Zephir.*

Ce tendre Zephir ne respire
Que d'être sur le moite empire,

En attendant qu'il se soit renforcé,
Il ne fait que friser la surface des ondes,
Mais il sera connu des Mers les plus profondes,
Et d'un terrible joug Neptune est menacé.

Pour M. le Marquis d'Alincourt, *Zephir.*

Tout est perdu, si vous savés
Le merite que vous avez,
Laissés au reste du monde
Cette science profonde
Soiez-vous dis-je moins savant,
De peur que le Zephir ne prenne trop de vent.

Pour M. le Marquis de Richelieu, *Zephir.*

Toujours ce Zephir
Plus gai que fidelle
Des fleurs à choisir
Prend la plus nouvelle,
Et de belle en belle
Vole son desir.

Pour Messieurs de Moüy & d'Amilton, *Zephirs.*

D'abord ne soufflez pas prés des jeunes Merveilles
Qui veulent que l'on soit tendre, & respectueux,
Pour peu que vos soupirs soient vains & fastueux,
Ils ne parviendront plus au cœur par les oreilles.

Pour MONSEIGNEUR LE DAUPHIN, *Zephir.*
Et pour MADAME LA DAUPHINE, *Flore,*
qui dancent ensemble.

Soiez tous deux amoureux & constans,
Soiez tous deux les Maîtres du Printemps.
Jeune Zephir, qui soupirés pour Flore,
Faites-nous part de quelque rejetton,

Hâtez ce tendre & ce premier bouton
Que de vous deux l'Amour doit faire éclore :
Ménagés des momens si doux,
Que les Jeux, les Ris, & les Graces
Ne se separent point de vous,
Et marchent toujours sur vos traces.

Soiez tous deux amoureux & constans,
Soiez tous deux les Maîtres du Printems.

Pour vos plaisirs, déja tout se prépare,
Et dans nos Bois qui redeviennent verds,
Tous les Oiseaux prennent des tons divers;
L'air se parfume, & la terre se pare
  Ainsi que vos pas, que vos cœurs
  Soient dans une juste cadance,
  Et que par vous après les fleurs
  Viennent les fruits en abondance.

Soiés tous deux amoureux, & constans,
Soiés tous deux les Maîtres du Printems.

Et dans vos yeux, & sur votre visage
Nous apparoît ce qui nous flatte tant,
Et du beau don que l'Univers attend
Nous voions luire un bienheureux presage.
  C'est pour avancer de tels fruits
  Que l'amour & les Destinées
  Composent de si douces nuits,
  Et font de si belles journées.
Soiés-tous deux amoureux, & constans,
Soiés-tous deux les Maîtres du Printems.

SUITE DE FLORE. Madame la Duchesse de Sully.

A la Déesse Flore il faut offrir nos cœurs,
Acquittons des devoirs pressans comme les nôtres,
Mettons-lui sur le front des Couronnes de fleurs,
  Elle n'en veut point d'autres.

BALLET.

Pour Madame la Duchesse de la Ferté.

Il n'est point de Beauté qui soit si naturelle,
Vous la voiez briller des plus vives couleurs;
Et lors que le Printemps aura perdu ses fleurs,
    On les peut retrouver chés elle.
Mais seroit-elle ainsi sous les armes pour rien ?
Il faut qu'elle ait au cœur quelque petite chose,
Si l'Amour vouloit il nous le diroit bien ;
    Mais le pauvre Enfant n'ose.

Pour Madame la Princesse de Guimené.

Votre bonne fortune a passé votre attente
D'avoir pû resister aux terribles douleurs
Qui des fruits de l'Hymen corrompent les douceurs,
    Mais votre beauté s'augmente,
Voila ce qui s'appelle un serpent sous des fleurs,
Et l'on n'est pas toujours également contente.

Pour Madame la Marquise de Segnelay.

Avec une moitié dignement assortie,
Je goûte un bonheur pur que je fais en partie,
    Ce ne sont que fleurs sous nos pas,
    Tout nous plaît, rien ne nous chagrine,
Ou si parmi ses fleurs se trouve quelque épine,
Elle pique si peu, que l'on ne s'en plaint pas.

Pour Mesdemoiselles de Loube & de Clisson.

Belles, vous possedez de si tendres apas,
Qu'il semble qu'eux & vous ne fassiez que d'éclore,
Il faut que vous soiez de la suite de Flore,
A voir toutes les fleurs qui naissent sur vos pas.

Pour les Songes, Representez par Monsieur le Marquis de Richelieu, Monsieur d'Humieres, M. de Mirepoix, M. le Comte Dautel, & M. de Francines.

Aux Belles avec adresse,
Inspirez de la tendresse
Et faites leur sentir ce que vous meritez :
Que dans vos yeux elles lisent,
Quelquefois les Songes disent
De solides veritez.
Si vous n'allez au cœur par votre passion,
Echauffez pour le moins l'imagination
Des Belles contre vous quelquefois en colere :
Elles vous recevront sans s'en appercevoir,
Et par tous les talens que vous avez pour plaire !
  SONGES, songez à vous pourvoir.

Pour Mademoiselle de Nantes, *Representant la Jeunesse.*

Que de naissantes fleurs ! ô que cette Princesse
  Represente bien la Jeunesse !
Et qu'elle aura de grace & de facilité
  A representer la Beauté !
Heureuse de pouvoir un jour être fidelle
  A tous les traits de son Modelle.

PERSE'E,

TRAGEDIE.

REPRESENTE'E

PAR L'ACADEMIE ROYALE de Musique, le 17. Avril 1682. & ensuite à Versailles au mois de Juin.

ACTEURS
DU PROLOGUE.

LA VERTU.
PHRONIME, *Suivant de la Vertu.*
MEGATHYME, *Autre Suivant de la Vertu.*
Troupe de Suivans de la Vertu.
Troupe de Suivantes de la Vertu.
L'INNOCENCE.
Les Plaisirs innocens.
La FORTUNE.
La MAGNIFICENCE.
L'ABONDANCE.
Troupe de Suivans de la Fortune.
Troupe de Suivantes de la Fortune.

PROLOGUE.

Le Theatre represente un Boccage.

PHRONIME & MEGATYME.

PHRONIME.

LA Vertu veut choisir ce lieu pour sa retraite;
C'est un heureux séjour, tout y plaît à mes
    yeux.
MEGATHYME.
La vertu fait trouver dans les plus tristes lieux
    Une felicité secrette.
PHRONIME.
Sans la vertu, sans son secours,
On n'a point de bien veritable.
    Elle est toujours aimable,
    Il faut l'aimer toujours.
MEGATHYME.
    Elle éternise la memoire
      D'un Heros qui la suit,
    La gloire où la vertu conduit
    Est la parfaite gloire.
PHRONIME & MEGATHYME.
    Suivons par tout ses pas.
    On ne peut la connoître
    Sans aimer ses appas.
    Le bonheur ne peut être
    Où la vertu n'est pas.

PROLOGUE.

La Vertu s'avance au milieu d'une Troupe de Suivans & de Suivantes. L'Innocence & les Plaisirs innocens accompagnent la Vertu.

PHRONIME, MEGATHYME, & le CHOEUR.

O ! Vertu charmante ?
Votre empire est doux.
Avec vous, tout nous contente
On n'est point heureux sans vous.
O ! Vertu charmante !
Votre empire est doux.

LA VERTU.

Ne vous abusez point par une vaine attente :
On n'a pas aisément les prix que je présente ;
Ils coûtent mille efforts, ils font mille jaloux.
L'inconstante Fortune à me nuire est constante ;
Lorsque l'on suit mes pas on s'expose à ses coups :
    On trouve en son fatal couroux
    Une Hydre toujours renaissante.

MEGATHYME.
Avec vous rien n'épouvente.

PHRONIME.
On n'est point heureux sans vous.

MEGATHYME, PHRONIME & le CHOEUR.

O ! Vertu charmante !
Votre empire est doux.

LA VERTU.
Fuions de la Grandeur la pompe embarassante.
La retraite a des biens dont la douceur enchante,
    Et qui sont reservez pour nous ;
Joüissons du bonheur d'une vie innocente.
    C'est le bien le plus grand de tous.

PROLOGUE.

MEGATHYME, PHRONIME, & le CHOEUR.

O ! Vertu charmante !
Votre empire est doux.
Avec vous, tout nous contente,
On n'est point heureux sans vous.
O ! vertu charmante !
Votre empire est doux.

L'Innocence, les Plaisirs innocens, & toute la suite de la vertu témoignent leur joie en dansant & en chantant.

PHRONIME, & MEGATHYME.

La Grandeur brillante
Qui fait tant de bruit,
N'a rien qui nous tente ;
Le repos la fuit,
Malheureux qui la suit.
Fortune volage !
Laissez-nous en paix ;
Vous ne donnez jamais
Qu'un pompeux esclavage :
Tous vos biens n'ont que de faux attraits.
Dans un doux azile
Nous bornons nos vœux ;
Notre sort est tranquile,
C'est un bien qui doit nous rendre hereux.

La Vertu couronne
Ses Amans constans :
Heureux qui lui donne
Ses soins, & son temps ;
Ses vœux seront contens.
Fortune volage !
Laissez-nous en paix !
Vous ne donnez jamais

Qu'un pompeux esclavage ;
Tous vos biens n'ont que de faux attraits.
Dans un doux azile
Nous bornons nos vœux !
Notre sort est tranquile,
C'est un bien qui doit nous rendre heureux.

Le lieu champêtre que la Vertu a choisi pour retraite, est tout à coup embelli d'ornemens magnifiques. On voit sortir de terre un Parterre de Fleurs, deux rangs de Statuës, des Berceaux dorez, & des Fontaines jallissantes.

LA VERTU.

Qui nous fait voir ici tant de magnificence ?
C'est la Fortune qui s'avance

On entend le bruit éclatant d'un grand nombre d'Instrumens. La Fortune s'aproche, l'Abondance & la Magnificence l'accompagnent, avec une suite richement parée. Tout se réjouit & tout danse autour de la Fortune.

LA VERTU.

Me cherchez-vous quand je vous fuis ?
Fortune, je sai trop que vous m'êtes contraire.
Non, ce n'est pas un soin qui vous soit ordinaire
D'embellir les l'eux où je suis.

LA FORTUNE.

Effaçons du passé la memoire importune,
J'ai toujours contre vous vainement combattu :
Un auguste Heros ordonne à la Fortune
D'être en paix avec la Vertu.

LA VERTU.

Ah ! je le reconnois sans peine,
C'est le Heros qui calme l'Univers.

PROLOGUE.
LA FORTUNE.

Lui seul, pour vous, pouvoit vaincre ma haine,
Il vous revere, & je le sers.

Je l'aime constamment, moi qui suis si legere.
Par tout, suivant ses vœux: avec ardeur je cours,
Vous paroissez toujours severe,
Et vous êtes toujours
Ses plus cheres amours.

LA VERTU.

Mes biens brillent moins que les vôtres ;
Vous trouvez tant de cœurs, qui n'adorent que vous:
Vous les enchantez presque tous.

LA FORTUNE.

Vous régnez sur un cœur qui vaut seul tous les autres.
Ah! s'il m'eût voulu suivre il eût tout surmonté,
Tout trembloit, tout cedoit à l'ardeur qui l'anime;
C'est vous, Vertu trop magnanime,
C'est vous qui l'avez arrêté.

LA VERTU.

Son grand cœur s'est mieux fait connoître,
Il a fait sur lui-même un effort genereux ;
Il veut rendre le Monde heureux ;
Il prefere au bonheur d'en devenir le Maître,
La gloire de montrer qu'il merite de l'être.

LA VERTU, & LA FORTUNE.

Sans cesse combattons à qui servira mieux,
Ce Heros glorieux.

La Vertu, la Fortune, & les Chœurs.

Les Dieux ne l'ont donné que pour le bien du Monde,
Que ses Travaux sont grands! Que ses Destins sont beaux!
Dans une paix profonde,
Il trouve une source feconde
De Triomphes nouveaux.
Les Dieux ne l'ont donné que pour le bien du Monde.

PROLOGUE.
LA FORTUNE.

Que jusques dans les Jeux tout nous parle de lui.
Les Dieux qui meditoient leur plus parfait Ouvrage
Autrefois dans Persée en tracerent l'image ;
J'obtiendrai qu'Apollon le ranime aujourd'hui.

LA VERTU, & LA FORTUNE.

Mille nouveaux Concerts doivent se faire entendre ;
Tout promet au merite un favorable sort.
  Quel bien ne doit-on pas attendre
   De notre heureux accord?

La suite de la Vertu, & la suite de la Fortune se réunissent, & témoignent leur joie par leurs Danses, & par leurs Chants.

Une Suivante de la Vertu, & une Suivante de la Fortune chantent ensemble.

  Quel heureux jour pour nous !
   Tout suit notre envie ;
  Quel heureux jour pour nous !
  Que notre sort est doux !
La Vertu voit en paix ceux qui l'ont suivie,
La Fortune pour eux perd son fatal couroux.
  Quel heureux jour pour nous !
   Tout suit notre envie ;
  Quel heureux jour pour nous !
  Que notre sort est doux.
Tous nos jours seront beaux, goûtons bien la vie.
Rien ne trouble nos vœux, le Ciel les comble tous.
  Quel heureux jour pour nous !
   Tout suit notre envie.
  Quel heureux jour pour nous !
  Que notre sort est doux !

PROLOGUE.

La Vertu, la Fortune, & les Chœurs.

Heureuſe intelligence,
Douce & charmante Paix,
Comblez notre eſperance,
Douce & charmante Paix
Puiſſiez-vous durer à jamais,

Fin du Prologue.

ACTEURS DE LA TRAGEDIE.

CEPHE'E, *Roi d'Ethiopie.*

CASSIOPE, *Reine, Epouse de Cephée.*

MEROPE, *Sœur de Cassiope.*

ANDROMEDE, *Fille unique de Cephée & de Cassiope.*

PHINE'E, *Frere de Cephée, à qui Andromede a été promise.*

Troupe de Suivans de Cephée.

Troupe de Suivans de Cassiope.

Troupes d'Ethiopiens & d'Ethiopiennes.

Quadrilles de jeunes Hommes, choisis pour disputer les prix des Jeux Junoniens.

Quadrille de jeunes Filles choisies pour les mêmes Jeux.

AMPHIMEDON.
CORITE'. } *Ethiopiens.*
PROTENOR.

PERSE'E, *Fils de Jupiter & de Danaé, Amant d'Andromede.*

MERCURE.
Troupe de Cyclopes.
Troupe de Nymphes Guerrieres de la suite de Pallas.
Troupe de Divinitez Infernales.

MEDUSE.
EURYALE. } *Les trois Gorgones.*
STENONE.

Troupe de Monstres formez du sang de Meduse.
IDAS, *un des Courtisans de Cephée.*
Troupe de Matelots.
Troupe de Matelottes.
Le Grand Prêtre du Dieu Hymenée.
Suite du Grand Prêtre.
Troupe de Courtisans de Cephée.
Troupe de Combattans du parti de Phinée.

F 6

Troupe de Combattans du parti de Cephée & de Persée.

VENUS.
L'AMOUR.
Troupe d'Amours.
L'Hymenée.
Les Graces.
Les Jeux.

PERSÉE,
TRAGEDIE.

ACTE I.

Le Theatre represente une Place publique magnifiquement ornée, & disposée pour y celebrer des Jeux à l'honneur de Junon.

SCENE PREMIERE.
CEPHE'E, CASSIOPE, MEROPE. Suite.

CEPHE'E.

E crains que Junon ne refuse
D'apaiser sa haine pour nous:
Je crains malgré nos vœux que l'affreuse
    Meduse
Ne revienne servir son funeste courroux.

L'Ethiopie, en vain, à mes loix est soûmise;
Quelle esperance m'est permise
Si le Ciel contre Nous veut toujours être armé ?
Que me sert toute ma puissance ?
Contre ce Monstre affreux mon peuple est sans défense;
Qui le voit, est soudain en rocher transformé;
Et si Junon que votre orgueil offence
N'arrête sa vengeance,
Je serai bien-tôt Roi d'un peuple inanimé.

CASSIOPE.

Heureuse épouse, heureuse Mere,
Trop vaine d'un sort glorieux,
Je n'ai pû m'empêcher d'exciter la colere
De l'épouse du Dieu de la Terre & des Cieux.
J'ai comparé ma gloire à sa gloire immortelle.
La Déesse punit ma fierté criminelle :
Mais j'espere flechir son couroux rigoureux.
J'ordonne les celebres Jeux,
Qu'à l'honneur de Junon en ces lieux on prépare;
Mon orgueil offensa cette Divinité;
Il faut que mon respect répare
Le crime de ma vanité.

CEPHE'E.

Je vais avec Persée, implorer l'assistance
Du Dieu dont il tient la naissance.
Il est fils du plus grand des Dieux,
Appaisez de Junon la colere fatale;
Ce seroit pour elle en ces lieux
Un objet odieux
Qu'un fils de sa Rivale.

CASSIOPE.

Par un cruel châtiment,
Les Dieux nous font voir leur haine;
On les irrite aisément,
On les appaise avec peine.

TRAGEDIE.
CEPHE'E.

Les Dieux punissent la fierté,
Il n'est point de grandeur que le Ciel irrité
N'abaisse quand il veut & ne réduise en poudre;
  Mais un prompt repentir
  Peut arrêter la foudre
  Toute prête à partir.

MEROPE.

Puissions-nous desarmer le Ciel qui nous menace.

CEPHEE, CASSIOPE, & MEROPE.

O Dieux! qui punissez l'audace!
Dieux! redoutables Ennemis!
Nous vous demandons grace,
Pardonnez à des cœurs soûmis.

SCENE II.
CASSIOPE, MEROPE.

CASSIOPE.

Phinée est destiné pour épouser ma fille.
  Vous savez mes desseins pour vous,
Ma Sœur, par votre himen, il m'auroit été doux
  D'unir Persée à ma famille.
Mais je le veux en vain, l'amour n'y consent pas;
Aux yeux de ce Heros ma fille a trop d'appas.

MEROPE

  Le Fi's de Jupiter l'adore;
  Croiez-vous que je sois encore
   A m'en apercevoir?
J'y prens trop d'interêt pour ne le pas savoir.

  Je goûtois une paix heureuse
Avant que ce Heros parut dans cette Cour;

PERSE'E,
Par une esperance trompeuse,
Falloit-il me livrer au pouvoir de l'Amour ?
CASSIOPE.
Cachez bien la foiblesse où votre cœur s'engage.
MEROPE.
Mon Vainqueur encore aujourd'hui
Ignore de mon cœur le funeste esclavage ;
Je mourrois de honte & de rage,
Si l'Ingrat connoissoit l'amour que j'ai pour lui.
CASSIOPE.
De chagrin, & de colere,
Votre cœur est déchiré ;
Vous perdez l'espoir de plaire ;
Peut-on trop tôt se défaire
D'un amour desesperé ?
Appellez le dépit : que votre amour lui cede ;
Sortez par son secours d'un tourment si fatal.
MEROPE.
Le triste secours qu'un remede
Plus cruel encor que le mal !
CASSIOPE.
Pour prendre soin des jeux, il faut que je vous quitte ;
Par mes conseils votre douleur s'irrite.
CASSIOPE & MEROPE.
Le tems seul peut guerir
Les maux que l'Amour fait souffrir.

SCENE III.

MEROPE *seule*.

AH ! je garderai bien mon cœur,
    Si je puis le reprendre.
Venez, juste dépit, venez, c'est trop attendre,
    Brisez des fers pleins de rigueur ;
    Hâtez-vous de me rendre
De mon premier repos la charmante douceur.
    Ah ! je garderai bien mon cœur,
    Si je puis le reprendre.
Helas ! mon cœur soupire ; & ce soupir trop tendre
Va, malgré mon dépit, rappeller ma langueur :
    L'Amour est toujours mon vainqueur,
    Et si je veux en vain m'en défendre,
    Ah ! j'ai trop engagé mon cœur,
    Je ne puis le reprendre.
    Andromede vient voir les jeux,
    Phinée avec elle s'avance ;
L'espoir de leur hymen flate encore mes vœux,
    Et c'est ma derniere esperance.

SCENE IV.

MEROPE, ANDROMEDE, PHINE'E.

ANDROMEDE & PHINE'E.

Croiez-moi, croiez-moi,
ANDROMEDE. ⎫ Cessez de craindre.
PHINE'E.   ⎬ Cessez de feindre.

ANDROMEDE.
Je veux vous aimer, je le doi.

PHINE'E.
Vous ne m'aimez pas, je le voi.
ANDROMEDE. ⎫ Cessez de craindre.
PHINE'E.   ⎬ Cessez de feindre.

ANDROMEDE & PHINE'E.
Croiez-moi. Croiez-moi.

MEROPE.
Vous êtes tous deux aimables,
Et vous vous aimez tous deux :
Quels differens sont capables
De rompre de si beaux nœuds ?
Que ne souffriront point les Amans miserables,
Si l'Amour a des maux pour les amans heureux ?

ANDROMEDE.
Sans raison son chagrin éclate.

PHINE'E.
Perdrai-je sans chagrin mon espoir le plus doux ?
Condamnez une ingrate.

TRAGEDIE.
ANDROMEDE.
Condamnez un Amant jaloux.
PHINE'E.
Persée a sçu lui plaire, & d'une vaine excuse
Elle veut éblouïr mon amour outragé.
  Elle m'aimoit, non, je m'abuse,
  Non, puis qu'elle a si tôt changé,
Jamais son cœur pour moi ne fut bien engagé.
ANDROMEDE
Le devoir sur mon cœur vous donne un juste empire,
Vous ne devés pas craindre un changement fatal :
Un Amant assuré du bonheur qu'il desire
Peut-il être jaloux d'un malheureux rival ?
PHINE'E
Non, je ne puis souffrir qu'il partage une chaîne
  Dont le poids me paroît charmant :
Quand vous l'accableriés du plus cruel tourment,
  Je serois jaloux de sa peine.
Mais il ne fait point voir de dépit éclatant ?
S'il est si malheureux, sa constance m'étonne ;
  L'Amour que l'espoir abandonne
  Est moins tranquile & moins constant.
ANDROMEDE
Quel plaisir prenés vous à vous troubler vous-même ?
Et dequoi votre amour peut-il être allarmé ?
Je fuis votre Rival avec un soin extrême :
  A-t'on accoûtumé
  De fuir ce que l'on aime ?
PHINE'E.
Vous suivez à regret la Gloire, & le devoir
En fuiant un Amant à vos yeux trop aimable,
  Vous l'avez trouvé redoutable,
  Puisque vous craignez de le voir.
ANDROMEDE.
Tout vous fait peur, tout vous irrite,
Vous m'aprerez à craindre un Heros glorieux.
  Je ne veux point voir son merite.
Votre importun soupçon veut-il m'ouvrir les yeux ;

ANDROMEDE.
Tout vous fait peur, tout vous irrite,
Vous m'aprenez à craindre un Heros glorieux.
Je ne veux point voir son merite,
Votre importun soupçon veut-il m'ouvrir les yeux.

PHINE'E.
Ah ! si vous le flatiez de la moindre esperance ;
Le Dieu qu'il vous fait croire auteur de sa naissance
Dût-il faire éclater son foudroyant couroux,
Ne le sauveroit pas de mon transport jaloux.

ANDROMEDE.
Juste Ciel !

PHINE'E.
Vous tremblez ? Persée a sçu vous plaire,
Si son péril peut vous troubler ?

ANDROMEDE.
Le Ciel n'est que trop en colere,
Et vous bravez un Dieu qui peut vous accabler,
C'est pour vous que je dois trembler.

PHINE'E.
Ne vous servez point d'artifice.

ANDROMEDE.
Ne me faites point d'injustice.
Je veux vous aimer, je le doi.

PHINE'E.
Vous ne m'aimez pas, je le voi.

ANDROMEDE & PHINE'E.
ANDROMEDE. ⎱ Cessez de craindre.
PHINE'E.   ⎰ Cessez de feindre.

ANDROMEDE & PHINE'E.
Croiez-moi, croiez-moi.

MEROPE.
Il craint autant qu'il aime,
Vous devez l'excuser.
L'amour extrême
Sert d'excuse lui-même
Aux craintes qu'il a sçu causer.

MEROPE, ANDROMEDE & PHINE'E.

Ah ! que l'amour cause d'allarmes !
Ah ! que l'amour auroit d'attraits,
    S'il ne troubloit jamais
    La douceur de ses charmes !
Ah ! que l'amour auroit d'attraits,
Si l'on aimoit toujours en paix !

ANDROMEDE.

Mon devoir est pour vous, mon devoir peut suffire
    A vous faire un tranquile espoir.

PHINE'E.

Ne ferez-vous jamais parler que le devoir ?
    L'amour n'a-t-il rien à me dire ?

ANDROMEDE.

Les jeux vont commencer plaçons-nous pour les voir.

SCENE V.

CASSIOPE, ANDROMEDE, MEROPE, PHINE'E, *Troupe de Suivants de Cassiope, qui portent les prix, Quadrilles de jeunes personnes choisies pour les jeux, Chœur de Spectateurs.*

CASSIOPE.

O Junon ! puissante Déesse !
    Qu'on ne peut assez reverer !
J'assemble en votre nom cette aimable jeunesse
Que le flambeau d'hymen doit bien tôt éclairer.
    Chacun va montrer son adresse
Pour disputer les prix que j'ai fait préparer.

Ne gardez pas pour nous une haine implacable:
Si l'orgueil me rendit coupable,
Je reconnois mon crime & veux le réparer;
Voiez d'un regard favorable
Les Jeux qu'en votre honneur nous allons celebrer.

Le Chœur.

Laiſſés calmer votre colere?
O Junon! exaucez nos vœux?
Si nous pouvions vous plaire,
Que nous ſerions heureux!

On commence les Jeux en diſputant le Prix de la Danſe.

SCENE VI.

AMPHIMEDON, CORITE, PROTENOR,
& les mêmes Acteurs de la Scene précedente.

AMPHIMEDOR.

Fuions, nos vœux ſont vains, & Junon les refuſe.
De nouveaux malheureux en Rochers convertis,
Ne nous ont que trop avertis
Qu'ils ont vû paroître Meduſe.

CORITE.
Meduſe revient dans ces lieux.

PROTENOR.
Gardons-nous de la voir, la mort eſt dans ſes yeux.

Tous ensemble en fuiant.

Fuions ce Monstre terrible,
Sauvons-nous, s'il est possible ;
Sauvons-nous, hâtons nos pas,
Fuions un affreux trépas.

Fin du premier Acte.

ACTE II.

Le Theatre change, & represente les Jardins du Palais de Cephée

SCENE PREMIERE.

CASSIOPE, MEROPE, PHINE'E.

Faut-il que contre nous tout le Ciel s'interesse ?
Dieux ! ne puis-je esperer de vous fléchir jamais ?

PHINE'E.
J'ai conduit ici la Princesse.

MEROPE.
Persée a ramené le Roi dans ce Palais.

PHINE'E.
Meduse se retire, elle nous laisse en paix.

CASSIOPE.
Elle peut revenir, elle peut nous surprendre,
  Junon s'obstine à se vanger ;
Contre elle aucun des Dieux n'a soin de nous défendre ;

Mon

TRAGEDIE.

Mon seul espoir est d'engager
Jupiter à nous proteger.

PHINE'E.

Je vous entends, je sai quelle est votre esperance.
Persée a beau vanter sa divine naissance,
Aprés votre promesse, aprés le choix du Roi,
Andromede doit être à moi.

CASSIOPE.

Le Ciel punit mon crime, il est inexorable,
J'ai besoin de secours dans un mortel effroi.

PHINE'E.

Ah ! si le Ciel est équitable,
Vous trouveroit-t-il moins coupable
Si vous m'aviez manqué de foi.

MEROPE.

Il est aimé de ce qu'il aime,
Vous avez aprouvé ses vœux ;
Briserez-vous des nœuds
Que vous avez formez vous-même ?
Que le desespoir est affreux
Pour un amour extrême
Qui s'étoit flâté d'être heureux !

PHINE'E & MEROPE.

Briserez-vous des nœuds
Que vous avez formez vous-même.

SCENE II.

CEPHE'E, PHINE'E, CASSIOPE, Suite.

PHINE'E.

Seigneur, vous m'avez destiné
A l'Himen fortuné
De l'aimable Andromede.

A l'amour de Persée on veut que je la cede ;
M'ôterez-vous un bien que vous m'avez donné.
CEPHE'E.
Au Fils de Jupiter on peut ceder sans honte.
PHINE'E
Et croiez-vous aussi la Fable qu'il raconte ?
Croiez vous qu'un Dieu souverain
Qui sur tout l'Univers preside,
Se laissa par l'amour changer en or liquide,
Pour entrer en secret dans une Tour d'airain ?
Par ce prodige imaginaire,
Persée est reveré du credule vulgaire ;
Il se dit Fils du Dieu dont le Ciel suit la loi,
Mais je ne prétens pas l'en croire sur sa foi.
CEPHE'E.
Votre incredulité n'aura donc plus d'excuse,
Mon frere, sa valeur va vous ouvrir les yeux ;
Reconnoissés le Fils du plus puissant des Dieux,
Il offre de couper la tête de Meduse.
MEROPE, CASSIOPE, & PHINE'E.
La Tête de Meduse ! ô Cieux !
CEPHE'E.
Ma fille est le prix qu'il demande.
CASSIOPE & CEPHE'E.
Quel prix peut trop paier cet effort glorieux.
PHINE'E.
Le succés n'est pas sur, souffrez que je l'attende;
Souffrez que cependant mon amour se défende
D'abandonner un bien si précieux ;
Persée encor n'est pas victorieux.

SCENE III.

CEPHE'E, CASSIOPE, MEROPE.

CEPHE'E.

L'Espoir dans nos cœurs doit renaître.
Dieux que Junon engage à servir son couroux,
    Dieux irritez, apaisez-vous ?
La vengeance du Ciel n'a que trop sçu paroître,
Le Fils de Jupiter veut combattre pour nous,
O Ciel ! favorisez le Fils de votre Maître.

Ils repetent ensemble les deux derniers Vers.

SCENE IV.

MEROPE seule.

Helas ! il va périr ! dois-je en trembler ? pourquoi
Pour l'Amant d'Andromede ai-je pris tant d'ef-
    froi ?
   Faut-il que mon dépit s'oublie ?
   Quel interêt ai-je à sa vie ?
Il vivroit pour une autre, il est perdu pour moi.
Cependant quand je songe à son péril extrême,
Quand je le voi chercher un horrible trépas,
   Sans songer qu'il ne m'aime pas,
   Je sens seulement que je l'aime.

SCENE V.

ANDROMEDE, MEROPE.

ANDROMEDE rêvant.

INfortunez, qu'un Monstre affreux
A changez en rochers par ses regards terribles,
Vous ne ressentez plus vos destins rigoureux,
Et vos cœurs endurcis sont pour jamais paisibles :
    Helas ! les cœurs sensibles
    Sont mille fois plus malheureux.

MEROPE à part.

Andromede semble interdite,
Elle vient rêver en ces lieux ;
Ah ! je reconnoi dans ses yeux
Le même trouble qui m'agite.

ANDROMEDE rêvant.

Il ne m'aime que trop, & tout me sollicite
    De l'aimer à mon tour :
C'est du plus grand des Dieux qu'il a reçu le jour,
Dans nos périls mortels l'amour le précipite,
Le moien de tenir contre tant de mérite ?
    Et contre tant d'amour ?

MEROPE.

Ah ! vous aimez Persée, il cause vos allarmes ;
    N'en desavoüez point vos larmes,
Vos tendres sentimens se sont trop exprimez.
    Vous l'aimez.

ANDROMEDE.

    Vous l'aimez.
L'espoir de son Hymen avoit charmé votre ame,
Et je sai les projets que vous aviez formez :
Je voi que le dépit n'éteint pas votre flame,

Persée est en péril, & vous vous allarmez,
Vous l'aimez.
MEROPE.
Vous l'aimez.
ANDROMEDE & MEROPE.
Ah ! qu'un tendre cœur est à plaindre
D'être réduit à feindre !
Quel tourment ne fait point souffrir
Un malheureux amour que l'on ne peut éteindre,
Et que l'on n'ose découvrir ?
Ah ! qu'un tendre cœur est à plaindre
D'être réduit à feindre !
MEROPE.
Il est vrai, le dépit veut en vain m'animer,
Je sens que la pitié desarme ma colere ;
Persée est un ingrat qui ne me peut aimer,
Il n'a pas laissé de me plaire.
Il vous a trop aimée ! helas !
Comment ne l'aimeriez-vous pas ?
ANDROMEDE.
L'amour qu'il a pour moi l'engage
A chercher à se perdre avec empressement ;
Ne me reprochez point ce funeste avantage,
Je le paierai cherement.
MEROPE.
Unissons nos regrets, le même amour nous lie ;
Qu'importe à qui de nous Persée offre ses vœux ?
Nous l'allons perdre toutes deux,
Son péril nous réconcilie.
ANDROMEDE & MEROPE.
Ce Heros s'expose pour nous :
Sa perte est infaillible !
Ha ! qu'il vive, s'il est possible,
Quand il vivroit pour vous.

G 3

ANDROMEDE.
Il faut que mon amour se cache & se trahisse...
O Ciel ! il va partir ! il me cherche en ces lieux.
MEROPE.
Je veux m'épargner le supplice
D'être témoin de vos adieux.

SCENE VI.

PERSE'E, ANDROMEDE.

PERSE'E.

BElle Princesse, enfin, vous souffrez ma presence.
ANDROMEDE.
Seigneur, on me l'ordonne, & je suis mon devoir.
PERSE'E.
Vous voulez me faire sçavoir
Que je ne doi ce bien qu'à votre obéissance.
N'importe, rien ne peut ébranler ma constance :
J'ai sçu jusqu'à ce jour vous aimer sans espoir ;
Je vais avec plaisir prendre votre défense,
Quand je n'aurois pour récompense
Que la seule douceur que je sens à vous voir.

ANDROMEDE.
Non, ne vous flâtez pas, je veux ne vous rien taire ;
Vous m'aimez vainement, Phinée a sçu me plaire :
Il est choisi pour être mon époux ;
Nos deux cœurs sont unis, quel prix esperez-vous ?
D'une entreprise dangereuse ?
Quand vous seriez vainqueur, votre ame est genereuse,
Et vous ne voudrez pas rompre des nœuds si doux ?

TRAGEDIE.
PERSE'E.
Je serai malheureux, desesperé, jaloux,
Mais je mourrai content si vous vivez heureuse.
ANDROMEDE.
O Dieux !
PERSE'E.
De mes regards vos beaux yeux sont blessez,
Vous souffrez à me voir, mon amour vous outrage :
Je vais chercher Meduse, & je vous aime assez,
Pour ne vous pas contraindre à souffrir davantage.
ANDROMEDE.
Quoi, pour jamais vous me quittez ?
Persée, arrêtez, arrêtez.
PERSE'E.
Qu'entens-je ! ô Cieux ! belle Princesse!
Que voi-je ! vous versez des pleurs !
ANDROMEDE.
Ah ! par l'excés de mes douleurs,
Connoissez, s'il se peut, l'excés de ma tendresse,
Voiez à quoi j'avois recours
Pour vous ôter l'ardeur qui vous fait entreprendre
Un combat funeste à vos jours ?
Helas ! que n'ai-je pû me rendre
Indigne de votre secours !
Que n'êtes-vous moins magnanime !
Meduse d'un regard porte un trépas certain.
PERSE'E.
Vous pourriez être sa victime.
ANDROMEDE.
Tout l'effort des Mortels contre elle seroit vain.
PERSE'E.
Le Fils de Jupiter, lors que l'amour l'anime,
Doit aller au-delà de tout l'effort humain.
ANDROMEDE.
Par les fraieurs d'un amour tendre
Ne serez-vous point desarmé ?
PERSE'E.
J'ignorois votre amour, & j'allois vous défendre :

PERSE'E,
Puis-je à vous secourir être moins animé ;
Quand je sçai que je suis aimé ?
ANDROMEDE.
Quoi, vous partez ?
PERSE'E.
L'amour m'appelle.
ANDROMEDE.
Vous méprisez mes pleurs ! mes cris sont superflus ?
PERSE'E.
Vous me verrez comblé d'une gloire immortelle....
ANDROMEDE.
Helas ! nous ne vous verrons plus !
PERSE'E & ANDROMEDE.
Ah ! votre péril est extrême !
Je voi votre danger, je ne voi pas le mien.
Dieux ! sauvés ce que j'aime ?
Et pour moi-même
Je ne demande rien.
Dieux ! sauvés ce que j'aime ?

SCENE VII.

MERCURE, PERSE'E.

MERCURE, *sortant des Enfers.*

Persée, où courés-vous ? qu'allés-vous entreprendre ?

PERSE'E.

Un peuple infortuné m'engage à le défendre,
C'est à la gloire que je cours.
Si je meurs, mon trépas sera digne d'envie,
Je laisse le soin de mes jours

TRAGEDIE.

Au Dieu qui m'a donné la vie.
MERCURE.
Ce Dieu juste & puissant favorise vos vœux,
  Et c'est par ma voix qu'il s'explique ;
Il reconnoît son sang à l'effort genereux
Que vous allez tenter d'une ardeur heroïque
  Pour secourir des malheureux,
  Mais ce n'est point en temeraire
Qu'il faut dans le péril précipiter vos pas :
L'assistance des Dieux vous sera necessaire,
Ils veulent vous l'offrir ne la négligez pas.
  Je viens d'aprendre à toute la nature,
  Que Jupiter s'interesse en vos jours ;
La jalouse Junon vainement en murmure,
Et tout, jusqu'aux Enfers, vous promet du secours.

SCENE VIII.

MERCURE, PERSE'E, *Troupe des Cyclopes.*

Des Cyclopes viennent en dansant donner à Persée de la part de Vulcain une épée, & des Talonnieres aîlées semblables à celles de Mercure.

Un des Cyclopes.

C'Est pour vous que Vulcain de ses mains immortelles,
A forgé cette épée & préparé ces aîles.

PERSE'E,

Hâtés-vous de vous signaler
Par une celebre victoire,
Chacun doit aller à la gloire,
Mais un Heros y doit voler.

SCENE IX.

MERCURE, PERSE'E, *Troupe de Cyclopes, troupe de Nymphes Guerrieres.*

Une des Nymphes Guerrieres presente à Persée de la part de Pallas un Bouclier de Diamant, elle chante en lui faisant ce present, & les autres Nymphes Guerrieres dansent.

Une Nymphe Guerriere.

LE plus vaillant Guerrier s'abuse
D'oser tout esperer de l'effort de son bras.
  Si vous voulés vaincre Meduse,
Portés le Bouclier de la sage Pallas.
  Que la Valeur & la prudence
  Quand elles sont d'intelligence,
  Achevent d'exploits glorieux !
  Le Monstre le plus furieux
  Leur fait vainement résistance :
La paix ne peut regner que par leur assistance,
  L'Univers leur doit son bonheur.
Rien ne peut mieux donner un immortel honneur
  Que la valeur & la prudence,
  Quand elles sont d'intelligence.

SCENE X.

MERCURE, PERSE'E, *Troupe de Cyclopes, Troupe de Nymphes Guerrieres, Troupe de Divinitez infernales.*

Les Divinitez infernales sortent des Enfers, & apportent le Casque de Pluton qu'elles presentent à Persée. Une de ces Divinitez chante, & les autres dansent.

Une Divinité infernale.

CE Casque vous est presenté
Au nom du Souverain de l'Empire des Ombres,
Au milieu du péril pour votre sureté,
Il répandra sur vous l'épaisse obscurité
 Qui regne en nos Demeures sombres.
Ce Don mysterieux doit aprendre aux humains
Comme on peut s'assurer d'un succés favorable,
 Il faut cacher de grands desseins
 Sous un secret impenetrable.

Mercure, & les Chœurs des Cyclopes, des Nymphes Guerrieres, & des Divinitez Infernales.

Que l'Enfer, la Terre, & les Cieux,
Que tout l'Univers favorise
Votre genereuse entreprise.
Que l'Enfer, la Terre, & les Cieux,
Que tout l'Univers favorise
Le Fils du plus puissant des Dieux.

MERCURE.
Votre conduite à mes soins est commise,
L'impatience éclate daus vos yeux.
La gloire qui vous est promise
Ne peut plus souffrir de remise ;
Suivés-moi, partons de ces lieux.

Mercure & Persée volent, & les Chœurs chantent.

Que l'Enfer, la Terre, & les Cieux,
Que tout l'Univers favorise
Le Fils du plus puissant des Dieux.

Fin du second Acte.

ACTE III.

Le Theatre change, & represente l'Antre des Gorgones.

SCENE PREMIERE.

MEDUSE, EURIALE, STENONE.

MEDUSE.

J'Ai perdu la beauté qui me rendit si vaine:
    Je n'ai plus ces cheveux si beaux
    Dont autrefois le Dieu des Eaux
Sentit lier son cœur d'une si douce chaîne.
    Pallas la barbare Pallas
    Fut jalouse de mes appas,
Et me rendit affreuse autant que j'étois belle:
Mais l'excés étonnant de la difformité
    Dont me punit sa cruauté,
    Fera connoître en dépit d'elle
    Quel fut l'excés de ma beauté.

Je ne puis trop montrer sa vengeance cruelle:
Ma Tête est fiere encor d'avoir pour ornement
  Des Serpens dont le sifflement
  Excite une fraieur mortelle.

Je porte l'épouvante & la mort en tous lieux;
Tout se change en rocher à mon aspect horrible:
Les traits que Jupiter lance du haut des Cieux
  N'ont rien de si terrible
  Qu'un regard de mes yeux.

Les plus grands Dieux du Ciel, de la Terre, & de
  l'Onde,
Du soin de se venger se reposent sur moi:
Si je pers la douceur d'être l'amour du monde,
J'ai le plaisir nouveau d'en devenir l'effroi.

MEDUSE, EURIALE & STENONE.

  O ! le doux emploi pour la rage !
  De causer un affreux ravage !
   Heureuse la Fureur
  Qui remplit l'Univers d'horteur !

Les trois Gorgones entendent un doux concert.

MEDUSE, EURIALE & STENONE.

Dans ce triste séjour qui peut nous faire entendre
  Le doux bruit qui nous vient surprendre !
  Jamais ici Mortel avec impunité
  N. porta sa vuë indiscrete
  Quels concerts ! quelle nouveauté !
  Qui peut chercher l'horreur secrete
  De notre fatale retraite ?

C'est Mercure qui vient dans cet Antre écarté.

SCENE II.

MERCURE, MEDUSE, EURIALE, & STENONE.

MEDUSE.

Mon terrible secours vous est-il necessaire ?
De superbes Mortels osent-t'ils vous déplaire ?
Faut-t'il vous en venger ? faut-il armer contre eux
Le funeste courroux de mes Serpens affreux ?
 Où faut-il que ma fureur vole ?
Vous n'avez qu'à nommer malheureux
 Que vous voulez que je desole.
MERCURE.
 C'est toujours mon plus cher desir
De voir tout l'Univers dans une paix profonde.
Ne vous lassés-vous point du barbare plaisir
 De troubler le repos du monde ?
MEDUSE.
Puis-je causer jamais des malheurs assez grands,
Au gré de la fureur qui de mon cœur s'empare ?
 C'est des Dieux cruels que j'aprens
 A devenir barbare.

MERCURE.

 Il est vrai qu'un fatal courroux
 A trop éclaté contre vous ;
 Vous n'avez eu que trop de charmes,
  Sans Pallas, sans ses rigueurs,
  Vous n'auriez troublé les cœurs
  Que par de douces allarmes.

PERSE'E,
MEDUSE.
Que sert-t'il de m'entretenir
D'un bien trop tôt passé qui ne peut revenir ?
Je n'en ressens que trop la perte irreparable ;
Ah ! quand on se trouve effroiable.
Que c'est un cruel souvenir
De songer que l'on fût aimable !
MERCURE.
Je ne puis dans votre malheur
Vous offrir qu'un sommeil paisible.
MEDUSE.
Avec une vive douleur
Le repos est incompatible.
MERCURE.
O ! tranquile sommeil, que vous êtes charmant !
Que vous faites sentir un doux enchantement
Dans la plus triste solitude !
Votre divin pouvoir calme l'inquietude :
Vous savés adoucir le plus cruel tourment.
O tranquile sommeil, que vous êtes charmant !
MERCURE *parlant aux Gorgones*.
Joüissés du repos dans ce lieu solitaire.

Les Gorgones.

Non, ce n'est que pour la colere
Que nos cœurs malheureux sont faits ;
Non, le repos ne peut nous plaire,
Nous y renonçons pour jamais.
Non, ce n'est que pour la colere
Que nos cœurs malheureux sont faits.

MERCURE *touchant les trois Gorgones de son Caducée*
Il faut ceder, il faut vous rendre
Au charme qui va vous surprendre.

Les trois Gorgones.

Il faut nous rendre malgré nous,
Au charme d'un sommeil trop doux.

Les trois Gorgones s'endorment.

SCENE III.

PERSE'E, MERCURE, LES GORGONES
endormies.

MERCURE.

PErsée, aprochés-vous, Meduse est endormie,
    Avancez sans bruit, surprenez
    Une si terrible Ennemie.
Si vous osez la voir, c'est fait de votre vie.
PERSE'E.
Je suivrai les conseils que vous m'avés donnés.
MERCURE.
Je vous laisse au milieu d'un peril redoutable,
    Je ne puis plus rien pour vos jours,
    Cherchés votre dernier secours
    Dans un courage inébranlable.
PERSE'E.
    Un prix qui me doit charmer
    M'est offert par la Victoire:
    Quel peril peut m'allarmer ?
      L'Amour & la Gloire
    S'unissent pour m'animer.

Mercure se retire, Persée tenant son Bouclier devant ses yeux, aproche de Meduse, il lui coupe la tête; & la cache dans une Escharpe pour l'emporter avec lui.

SCENE IV.

PERSÉE, LES GORGONES.

PERSÉE.

LE Monde est délivré d'un Monstre si terrible,
Le Ciel s'est servi de mon bras....

Euriale & Stenone s'éveillent au bruit de la voix de Persée, & courent à l'endroit où elles l'ont entendu parler.

Tu fais perir Meduse ? Ah ! Traître, tu mourras.
Qu'il meure d'un trépas horrible.

Les deux Gorgones veulent attaquer Persée, mais la vertu secrete du casque qu'il porte les empêche de le voir.

Mais qui peut le rendre invisible ?
Meduse après sa mort trouble encore l'Univers.
C'est son sang qui produit tant de Monstres divers.

Chrysaor, Pegase, & plusieurs autres Monstres de figure bizarre & terrible, se forment du sang de Meduse. Chrysaor & Pegase volent, quelques-uns des autres Monstres s'élevent aussi dans l'air, quelques autres rampent, les autres courent, & tous cherchent Persée qui est caché à leurs yeux par la vertu du casque de Pluton qu'il a sur la tête.

TRAGEDIE.
EURIALE & STENONE.
Monstres, cherchés votre victime.
Vengez le sang qui vous anime.
Servez nos fureurs ; armez-vous.
Vengeons Meduse, vengeons-nous.

SCENE V.

MERCURE, PERSE'E, EURIALE, & STENONE.

MERCURE.

PErsée, allez, volez, où l'Amour vous appelle.
Gorgones, desormais vous serez sans pouvoir :
Ce lieu n'est pas pour vous un séjour assez noir
 Venez dans la nuit éternelle.

Persée vole, & emporte la tête de Meduse. Les Monstres qui s'efforcent de le suivre, tombent avec Euriale & Stenone dans les Enfers, où Mercure les contraint de descendre.

EURIALE & STENONE *s'abîmant.*
Des Gouffres profonds sont ouverts :
Ah ! nous tombons dans les Enfers.

Fin du troisième Acte.

ACTE IV.

Le Theatre change, & represente la Mer, & un rivage bordé de Rochers.

SCENE PREMIERE.

TROUPE D'ETHIOPIENS, PHINE'E & MEROPE.

Troupe d'Ethiopiens.

Courons, courons tous admirer,
Le Vainqueur de Meduse.

PHINE'E.

Persée est de retour, chacun court l'honorer ;
Et le bonheur public va me desesperer.
Non, non, il n'est plus temps qu'un vain espoir m'abuse,

Seconde troupe d'Ethiopiens.

Courons, courons tous admirer
Le Vainqueur de Meduse.

MEROPE.

Allons en secret soupirer :
Non, je ne puis plus me montrer
Triste comme je suis, interdite & confuse.

Troisiéme troupe d'Ethiopiens.

Courons, courons tous admirer
Le Vainqueur de Meduse.

SCENE II.

PHINE'E & MEROPE.

PHINE'E.

Nous reſſentons mêmes douleurs,
Fuions une foule importune ;
D'une plainte commune
Déplorons nos communs malheurs.

MEROPE.

Que l'Amour a pour moi de chagrins & d'allarmes !
Que Perſée à mon cœur coûte de déplaiſirs !
Son départ, ſes dangers m'ont fait verſer des larmes,
Et ſon heureux retour m'arrache des ſoupirs.
Perſée eſt revenu, mais c'eſt pour Andromede.
Pour m'offrir à ſes yeux, l'ardeur qui me poſſede
    M'a fait empreſſer vainement ;
    Il n'a rien vû que ce qu'il aime,
      Il n'a pas daigné même
    S'apercevoir de mon empreſſement,
    Et tous les ſoins de mon amour extrême
N'ont pas été païés d'un regard ſeulement.

PHINE'E.

Que le Ciel pour Perſée eſt prodigue en miracles !
    Qui n'eût pas cru qu'un Monſtre furieux
M'auroit débaraſſé d'un Rival odieux ?
    Cependant malgré mille obſtacles,
    Mon Rival eſt victorieux.
    Il s'eſt fait des routes nouvelles,
Il a volé pour hâter ſon retour ;
    Et Mercure & l'Amour
Ont pris ſoin à l'envi de lui prêter des ailes,
    Le Peuple croit lui tout devoir ;

PERSE'E,

On entend de son nom, retentir ce rivage.
Le Roi s'est empressé d'honorer son courage,
Chacun jusqu'en ces lieux l'est venu recevoir.
Qu'Andromede a paru contente de le voir !
Quel triomphe pour lui ! quel charmant avantage !
   Et pour moi quelle rage !
   Et quel horrible desespoir !

La Mer s'irrite, les flots s'élevent, & s'étendent sur le rivage.

PHINE'E & MEROPE.

Les Vents impetueux s'échapent de la chaîne
  Qui les forçoit d'être en repos.
   Une tempête soudaine
   Soûleve les flots.

  Mer vaste, mer profonde,
Dont les flots sont émûs par les vents en courroux,
  Les cœurs amoureux & jaloux
  Sont plus agitez que votre onde,
  Les cœurs amoureux & jaloux
  Sont cent fois plus troublez que vous.

SCENE III.

IDAS, *Troupe d'Ethiopiens,* **PHINE'E, & MEROPE.**

IDAS, & *les Ethiopiens.*

O Ciel inexorable !
O malheur déplorable !

PHINE'E & MEROPE *à part.*

Qui pourroit traverser ces trop heureux Amans !

TRAGEDIE.

En parlant aux Ethiopiens.

D'où naissent vos gémissemens ?

IDAS.

L'implacable Junon cause notre infortune,
Elle arme contre nous l'Empire de Neptune ;
Un Monstre en doit sortir qui viendra devorer
    L'innocente Andromede ;
Et Thetis & ses Sœurs viennent de déclarer
    Qu'il n'est plus permis d'esperer
De voir finir nos maux sans ce cruel remede.
Les Tritons ont saisi la Princesse à nos yeux :
    Et le pouvoir des Dieux
    Nous a rendus tous immobiles.
C'est sur ces bords qu'au Monstre on la doit exposer ;
Pour son secours, Persée en vain veut tout oser,
    Ses efforts seront inutiles.
Il faut ceder aux Dieux, il faut ceder au sort
    Dont Andromede est poursuivie.
Croioit-on voir finir une si belle vie
    Par une si terrible mort ?

Les Ethiopiens se placent sur les rochers qui bordent le rivage.

IDAS, & les Ethiopiens.

O sort inexorable !
O malheur déplorable !
Princesse infortunée, helas !
Vous méritiez un sort plus favorable :
    Vous ne méritiez pas
    Un si cruel trépas.
    O sort inexorable !
    O malheur déplorable !

PHINE'E.

Les Dieux ont soin de nous venger ;
Le plaisir que je sens avec peine se cache.

MEROPE
Verrés-vous sans douleur, Andromede en danger?
PHINE'E
Est-ce à moi que la mort l'arrache?
C'eſt à Perſée à s'affliger.
L'Amour meurt dans mon cœur, la rage lui ſuccede
J'aime mieux voir un Monſtre affreux
Devorer l'ingrate Andromede,
Que la voir dans les bras de mon Rival heureux.
Attendons que ſon ſort finiſſe,
Obſervons tout d'un lieu plus écarté.

SCENE IV.

CEPHE'E, CASSIOPE, *troupe d'Ethiopiens placez ſur les Rochers.*

CEPHE'E & CASSIOPE *ſur le Rivage.*
AH! quel effroiable ſuplice!
Dieux! ô Dieux! quelle cruauté!
CEPHE'E.
Je pers ma fille, helas! le Ciel propice
Me la donna pour ma felicité:
Aujourd'hui le Ciel irrité
Veut qu'un Monſtre me la raviſſe.
Ciel! que j'ai toujours reſpecté,
Ne m'avés-vous long-tems conſervé la clarté,
Que pour me faire voir cet affreux ſacrifice?
CEPHE'E & CASSIOPE.
Ah! quel effroiable ſuplice!
Dieux! ô Dieux! quelle cruauté!
CASSIOPE.
C'eſt ma funeſte vanité,

C'eſt mon crime, grands Dieux! qu'il faut que l'on
 puniſſe,
　　Ma fille n'en eſt pas complice,
Et vos foudres vengeurs contre elle ont éclaté!
Dieux! pouvés-vous vouloir qu'Andromede periſſe?
　　Sa jeuneſſe, ni ſa beauté,
　　N'ont-elles rien qui vous fléchiſſe?
La Vertu, l'Innocence, a-t'elle merité
　　Les rigueurs de votre juſtice?
　　CEPHE'E & CASSIOPE.
　　Ah! quel effroiable ſuplice!
　　Dieux! ô Dieux! quelle cruauté!

Les Tritons & les Nereïdes paroiſſent dans la Mer. Les Tritons environnent Andromede, & l'attachent à un Rocher.

SCENE V.

Troupe de Nereïdes, Troupe de Tritons.

ANDROMEDE, CEPHE'E, CASSIOPE,
　Troupe d'Ethiopiens.

CEPHE'E.

Que j'expie en mourant un ſi funeſte crime.

CASSIOPE.

Que par pitié j'obtienne une mort legitime.
Cruels, n'attachez pas ma fille à ce Rocher,
　　C'eſt moi qu'il y faut attacher.

PERSE'E,
CEPHE'E, CASSIOPE, & le Chœur des Ethiopiens.

Divinitez des flots, quel couroux vous anime
    Contre une innocente victime ?
C'est notre unique espoir, faut-il nous l'arracher ?
Nos vœux, nos pleurs, nos cris, rien ne vous peut toucher.

ANDROMEDE.

Dieux ! qui me destinez une mort si cruelle,
    Helas ! pourquoi me flatiés-vous
    De l'espoir d'un destin si doux ?
Vous dont je tiens la vie, & vous peuple fidelle,
Joüissez par ma mort d'une paix éternelle :
Je vais fléchir les Dieux irritez contre nous ;
    Et si ma Mere est criminelle,
C'est moi qui dois calmer le celeste couroux
    Par le sang que j'ai reçu d'elle ;
Heureuse de périr pour le salut de tous !
Un souvenir charmant qu'en mourant je rapelle,
Les appas, les douceurs d'une amour mutuelle,
Sont de mon sort fatal les plus terribles coups ;
Le fils de Jupiter eut été mon époux,
    Ah ! que ma vie eut été belle !
Dieux ! qui me destinez une mort si cruelle,
    Helas ! pourquoi me flatiez-vous,
    De l'espoir d'un destin si doux.

Un Triton.

    Tremblés, superbe Reine ;
    Tremblés, Mortels audacieux ;
    Que votre orgueil aprenne
Combien votre grandeur est vaine ;
    Tremblés, Mortels audacieux ;
    Redoutés le couroux des Dieux.

CASSIOPE.
Ah ! quelle vengeance inhumaine !
CEPHE'E.
Andromede ?

TRAGEDIE. 171
CASSIOPE.
Ma Fille ?
ANDROMEDE.
O Cieux !
CASSIOPE.
Que les Dieux font cruels ! qu'ils font ingenieux
A faire reffentir leur haine !
CEPHE'E.
Andromede ?
CASSIOPE.
Ma Fille ?
ANDROMEDE.
O Cieux !
Le Monftre paroît.
CEPHE'E, CASSIOPE, *& les Ethiopiens.*
Le Monftre aproche de ces lieux,
Ah ! quelle vengeance inhumaine !
Les Nereïdes & les Tritons.
Tremblés, Mortels audacieux,
Redoutez le couroux des Dieux.
ANDROMEDE.
Je ne voi point Perfée, & je flatois ma peine
Du trifte efpoir de mourir à fes yeux.
CEPHE'E, CASSIOPE, *& les Ethiopiens.*
Voiez voler ce Heros glorieux.

SCENE VI.

PERSE'E *en l'air, & les mêmes Acteurs fur le Rivage, fur les Rochers, & dans la Mer.*

ANDROMEDE.
S'expofer pour moi, c'eft en vain qu'il s'obftine.
Perfée vole & combat le Monftre.

H 2

Les Nereïdes & les Tritons.

Temeraire Persée arrêtés, respectez
La vengeance divine.

CEPHE'E, CASSIOPE, *& les Ethiopiens.*

Magnanime Heros, combattés, remportés
Le prix que l'Amour vous destine.

Les Nereïdes & les Tritons.

Le Fils de Jupiter brave notre couroux.

Tous ensemble.

Le Monstre expire sous ses coups.

THETIS *&* **TRITON.**

Junon a vainement cherché notre assistance;
Nous nous vantions en vain d'achever sa vengeance;
Et Persée a pour lui des Dieux plus forts que nous.

Les Nereïdes & les Tritons.

Descendons sous les ondes:
Notre honte se doit cacher;
Allons chercher
Des Retraites profondes.
Descendons sous les ondes.

La Mer s'apaise, les flots s'abaissent, & se retirent.

SCENE VII.

PERSE'E, ANDROMEDE, CEPHE'E, CASSIOPE, & *les Ethiopiens.*

ANDROMEDE, CASSIOPE, & CEPHE'E.

Le Monstre est mort, Persée en est vainqueur,
Persée est invincible.

Les Ethiopiens repetent ces deux Vers pendant que Persée délie Andromede.

Le Monstre est mort, Persée en est vainqueur,
Persée est invincible.

CEPHE'E & CASSIOPE.

Quand l'Amour anime un grand cœur
Il ne trouve rien d'impossible.

PERSE'E & ANDROMEDE.

Ah ! que votre danger me paroissoit terrible !

Les Ethiopiens.

Le Monstre est mort, Persée en est vainqueur,
Persée est invincible.

Les Ethiopiens descendent des Rochers, & témoignent leur joie en chantant & en dançant. Des Matelots & des Matelottes se mêlent dans la réjoüissance publique. Un des Ethiopiens chante au milieu des Matelots qui dansent.

PERSÉE,

Un des Ethiopiens.

Notre espoir alloit faire naufrage,
Nous goûtons enfin un heureux fort.
Quel bonheur d'échaper à l'orage !
Quel plaisir d'en retracer l'image
Quand on est au Port !

CEPHÉE.

Honorons à jamais le glorieux Heros,
Qui nous donne un heureux repos.
Sa Valeur à son gré fait voler la Victoire :
Tour à tour la Terre & les Flots
Sont le Theatre de sa gloire.
Honorons à jamais le glorieux Heros,
Qui nous donne un heureux repos.

Andromede, Cassiope & les Ethiopiens, repetent les Vers que Cephée a chantez, & les Matelots & les Matelottes dancent en réjouïssance de la délivrance d'Andromede.

Un des Ethiopiens.

Que n'aimés-vous
Cœurs insensibles ?
Que n'aimés-vous ?
Rien n'est si doux.
Non, ne vous vantés pas d'être invincibles ;
Les Dieux, les plus grands Dieux ont aimé tous.

Le Chœur.

Que n'aimés-vous
Cœurs insensibles ?
Que n'aimés-vous ?
Rien n'est si doux.

Un des Ethiopiens.

L'Amour n'a plus de traits terribles
Pour un cœur qui cede à ses coups;

Le Chœur.

Que n'aimés-vous
Cœurs insensibles ?
Que n'aimés-vous ?
Rien n'est si doux.

Un des Ethiopiens.

Pour un Amant
Tendre & fidelle,
Pour un Amant,
Tout est charmant.
L'espoir nourrit ses feux, sa chaîne est belle,
Il se fait un plaisir de son tourment.

Le Chœur.

Pour un Amant
Tendre & fidelle,
Pour un Amant,
Tout est charmant.

Un des Ethiopiens.

Heureux un cœur qu'Amour appelle !
Malheureux, s'il tarde un moment !

Le Chœur.

Pour un Amant
Tendre & fidelle,
Pour un Amant,
Tout est charmant.

Fin du quatriéme Acte.

ACTE V.

Le Theatre change, & repreſente le lieu préparé pour les Nôces de Perſée & d'Andromede.

SCENE PREMIERE.

MEROPE ſeule.

O Mort ! venez finir mon deſtin déplorable.
Ma Rivale joüit d'un ſort trop favorable,
Et je ſouffrirois trop ſi je ne mourois pas.
Son bonheur m'a rendu le jour inſuportable,
  La nuit affreuſe du trépas
  Me paroît moins épouventable.
O Mort ! venés finir mon deſtin déplorable.
  Helas ! funeſte Mort, helas !
Pour les cœurs fortunés vous êtes effroiable,
  Mais vos horreurs ont des appas
Pour un cœur que l'Amour a rendu miſerable,
O Mort ! venez finir mon deſtin déplorable.

SCENE II.

PHINE'E, MEROPE.

PHINE'E.

CE n'eſt point à des pleurs qu'il faut avoir recours,
Junon veut qu'aujourd'hui je me vange avec elle.
Iris, de ſon vouloir l'Interprete fi*d*elle,
Vient par ſon ordre exprés de m'offrir ſon ſecours.

MEROPE.

Du ſecours de Junon que faut-il qu'on eſpere ?
Perſée a triomphé deux fois de ſon couroux.

PHINE'E.

Que ne pourra point ſa colere
Unie à mon tranſport jaloux ?
Heureux qui peut goûter une douce vengeance !
C'eſt l'unique eſperance
Des malheureux Amans.
Pour ſervir ma fureur, on s'arme en d'ligence.
Mon Rival n'aura pas mon bien pour récompenſe ;
S'il triomphe de moi, c'eſt pour peu de momens ;
C'eſt en vain qu'Andromede a trahi ma conſtance ;
L'Amour eſt avec eux en vain d'intelligence,
Je briſerai ſes nœuds charmans.
L'Hymen me livrera l'Ingrate qui m'offenſe ;
Elle a vû ma douleur avec indifference ;
Je veux être inſenſible à ſes gemiſſemens,
Et ſi je ne puis voir ſon cœur en ma puiſſance,
Je joüirai de ſes tourmens.
Heureux qui peut goûter une douce vengeance !
C'eſt l'unique eſperance
Des malheureux Amans.

H ſ

PERSÉE,

Il faut nous éloigner du peuple qui s'avance,
Ce superbe appareil, ces riches ornemens,
Tout ici de ma rage accroît la violence;
Allons hâter l'éclat de nos ressentimens.

MEROPE & PHINÉE.

Heureux qui peut goûter une douce vengeance.
C'est l'unique esperance
Des malheureux amans.

SCENE III.

Le Grand Prêtre du Dieu hymenée, Suite du Grand Prêtre, Cephée, Cassiope, Persée, Andromede, Troupe de Courtisans de Cephée, magnifiquement parez pour assister aux nôces de Persée & d'Andromede.

Le Grand Prêtre.

Himen! ô doux Hymen! sois propice à nos vœux;
Viens unir ces Amans fidelles,
Viens les rendre à jamais heureux.
Pren soin de conserver leurs ardeurs mutuelles,
Allume en leur faveur les plus beaux de tes feux:
Que leurs cœurs soient comblés de douceurs éternelles;
Qu'ils soient toujours contens, & toujours amoureux.
Charmant Hymen! que tes chaînes sont belles
Lorsque l'Amour en a formé les nœuds!
Himen! ô doux Hymen! sois propice à nos vœux;
Viens unir ces Amans fidelles,
Viens les rendre à jamais heureux.

Le Chœur répéte ces trois derniers Vers.

Les Ceremonies du Mariage de Persée & d'Andromede, que le Grand Prêtre de l'Himenée & sa Suite veulent commencer, sont interrompuës par Merope.

SCENE IV.

MEROPE, *& les mêmes Acteurs de la Scene précedente.*

MEROPE.

PErsée, il n'est plus temps de garder le silence ;
J'avois cru vouloir votre mort.
Mais mon cœur avec vous est trop d'intelligence,
Et prête à me venger, je ressens un transport
Cent fois plus pressant & plus fort
Que le transport de la vengeance.
Votre Rival aproche, il en veut à vos jours,
Mille Ennemis vous environnent,
Evités leur fureur, servés-vous du secours
Que les Dieux propices vous donnent ;
Volez, & sauvés-vous par le milieu des airs,
Vous ne trouverés plus d'autres chemins ouverts.

PERSE'E.
Armons-nous, punissons l'audace des Rebelles.

MEROPE.
Sauvés-vous, profités de mes avis fidelles.
C'est à fuïr seulement que vous devez songer.

PERSE'E.
Si les Dieux m'ont prêté des aîles,
Ce n'est pas pour fuïr le danger.

SCENE V.

PHINE'E, *Suite de* PHINE'E, *& les mêmes Acteurs de la Scene precedente.*

PHINE'E *& sa suite.*

Persée ; il faut perir, meurs, & laisse Andromede
  Au pouvoir d'un heureux Rival.

CEPHE'E, PERSE'E, *& leur suite.*

Perfides, recevez le châtiment fatal
  De la fureur qui vous possede.

Tous les Combattans.

Cedez, cedez à notre effort ;
Vous n'éviterez pas la mort ;

Persée, Cephée & leur suite, poursuivent Phinée & sa suite.

CASSIOPE *&* ANDROMEDE.

Quelles horreurs ! quelles allarmes !
Dieux ! soiez touchez de nos larmes.

Tous les Combattans.

Cedez, cedez à notre effort.
Vous n'éviterez pas la mort,

SCENE VI.

CEPHE'E', CASSIOPE, ANDROMEDE.

CEPHE'E *parlant à Cassiope.*

Le soin de vous défendre en ces lieux me rapelle.
  Craignez tout d'un Peuple rebelle ;
  Quel sang n'ose-t'il point verser !
Un trait, que sur Persée on a voulu lancer,
A frapé votre Sœur d'une atteinte mortelle.
  Junon, implacable pour nous,
Anime les Mutins de son fatal couroux.
  Leur rage croît, leur nombre augmente ;
Persée en vain toujours combat avec chaleur,
  Que servent les efforts qu'il tente,
Le nombre tôt ou tard accable la Valeur.

SCENE VII.

PHINE'E, sa Suite, PERSE'E, sa Suite, & les mêmes Acteurs de la Scene précedente.

PHINE'E & sa Suite.

Qu'il n'échape pas, qu'il perisse
Cet Etranger audacieux
Qui prétend regner en ces lieux.

CEPHE'E, CASSIOPE, & ANDROMEDE.
Ciel ! ô Ciel ! soiez-nous propice !

PHINE'E & sa Suite.
Qu'il n'échape pas, qu'il perisse.

CEPHE'E, CASSIOPE, & ANDROMEDE.
Défendés nous, ô justes Dieux ?

PERSE'E *parlant à ceux de son parti.*
Ne craignez rien, fermés les yeux
Je vais punir leur injustice.

PERSE'E, Perifie, Phinée & sa Suite, en leur montrant la tête de Meduse.

PERSE'E.
Voiés leur funeste suplice.

CEPHE'E, CASSIOPE & ANDROMEDE.
Quel prodige ! quel changement !

PERSE'E.
La tête de Meduse a fait leur châtiment.
Cessons de redouter la Fortune cruelle ;

TRAGEDIE.

Le Ciel nous promet d'heureux jours.
Venus vient à notre secours,
Elle améne l'Amour, & l'Hymen avec elle.

Le Palais de Venus décend.

SCENE DERNIERE.

Venus, l'Amour, l'Hymenée, les Graces, les Amours & les Jeux. Cephée, Cassiope, Persée, Andromede, Troupe de Courtisans de Cephée, Troupe d'Ethiopiens & d'Ethiopiennes.

VENUS.

Mortels, vivez en paix vos malheurs sont finis
Jupiter vous protege en faveur de son Fils,
A ce Dieu si puissant tous les Dieux veulent plaire
Et Junon même enfin apaise sa colere.
Cassiope, Cephée, & vous heureux Epoux,
  Prenés place au Ciel avec nous.
  Les souverains destins ordonnent
Que des Feux éclatans toujours vous environnent.

Cephée, Cassiope, Persée & Andromede, sont élevez dans le Ciel, & des Etoiles brillantes les environnent.

Venus, l'Amour, l'Hymenée, & les Chœurs.

Heros victorieux, Andromede est à vous.

Votre valeur, & l'Hymen vous la donnent.
La G'oire & l'Amour vous couronnent.
Fût-il jamais un Triomphe plus doux !
Heros victorieux, Andromede est à vous.

Les Courtisans de Cephée, les Ethiopiens & les Ethiopiennes, témoignent leur joie par leurs danses.

Fin du cinquiéme & dernier Acte.

PHAETON,

TRAGEDIE

EN MUSIQUE.

REPRESENTE'E

Devant le Roi au mois de Janvier 1683.
& ensuite par l'Academie de Musique,
le 27. Avril suivant.

ACTEURS DU PROLOGUE.

ASTRE'E, *Déesse, Fille de Jupiter & de Thémis.*

Troupe de Compagnes d'Astrée.

SATURNE, *Dieu qui regnoit durant l'Age d'or.*

Troupe de Suivans de Saturne.

LE RETOUR DE L'AGE D'OR.

PROLOGUE.

Le Theatre represente les Jardins du Palais de la Déesse Astrée.

Astrée est au milieu de ses Compagnes, qui en dansant & en chantant tâchent de divertir cette Déesse.

Troupe de Compagnes d'Astrée.

Cherchons la Paix dans cet azile,
Les Jeux suivront toujours nos pas.
Quand on le veut, il est facile
De s'assurer un repos plein d'appas :
Mais les plaisirs d'un sort tranquille
Ne cherchent point qui ne les cherche pas.

PROLOGUE.

N'aions jamais rien d'inutile;
Fuions le bruit & l'embaras
Quand on le veut, il est facile
De s'assurer un repos plein d'appas;
Mais les plaisirs d'un sort tranquile
Ne cherchent point qui ne les cherche pas.

ASTRE'E.

Dans cette paisible Retraite,
Tout rit, tout répond à mes vœux;
Mais ma felicité ne peut être parfaite,
Que le Ciel n'ait rendu tous les Mortels heureux.

Quoique leur fureur inhumaine
De leur Séjour ait osé me bannir:
J'ai regret de les voir punir;
Je n'ai quitté la Terre qu'avec peine.
J'espere y voir encor le Siecle fortuné
Qu'à l'Univers naissant les Dieux avoient donné.
Le Sort veut que bien-tôt ce beau tems recommence.

La douceur de l'esperance
Doit flâter nos desirs.
Charmons notre impatience
Par d'innocens plaisirs.

Les Compagnes d'Astrée dansent & chantent.

Troupe de Compagnes d'Astrée.

Dans ces lieux, tout rit sans cesse;
L'amour veut rire avec nous.

C'est un jeu quand il nous blesse,
Nous ne sentons que ses traits les plus doux.

Qu'il est doux d'aimer sans peines!
Quel plaisir d'aimer en paix!
L'amour fait ici des chaînes
Qui charment trop pour les briser jamais.

PROLOGUE.

Saturne vient trouver Astrée, pour l'inviter à retourner avec lui sur la terre. Ce Dieu a les mêmes Suivans qui l'accompagnoient au tems de l'Age d'or ; Les uns dansent & les autres chantent ; & Saturne même chante avec eux.

SATURNE & ses Suivans.

Que les Mortels se réjoüissent.
Que les plaintes finissent.
O ! l'heureux Tems !
Où tous les cœurs seront contens.

SATURNE.

Un Heros qui mérite une gloire immortelle,
Au séjour des Humains aujourd'hui nous rapelle,
Le Siecle qui du Monde a fait les plus beaux jours
Doit sous son regne heureux recommencer son cours.
Il calme l'Univers, le Ciel le favorise ;
  Son auguste Sang s'éternise.
Il voit combler ses vœux par un Heros naissant :
Tout doit être sensible au plaisir qu'il ressent.
  Les Muses vont lui faire entendre
  Mille nouveaux concerts.
De sa grandeur il se plaît à descendre.
Il sait mêler les Jeux à cent travaux divers.
Rien ne peut nous troubler, la Discorde est aux fers.

L'Envie en vain frémit de voir les biens qu'il cause ;
  Une heureuse paix est la loi
  Que ce Vainqueur impose.
Son Tonnerre inspire l'effroi
Dans le tems même qu'il repose.

ASTRE'E.

Suivons ce Heros, suivés-nous,
 Jeux innocens, rassemblés-vous,

PROLOGUE.

Regnez dans une paix profonde.
Rapellés l'heureux temps de l'enfance du Monde.
Jeux innocens, rassemblés-vous,
Reprenez pour jamais vos charmes les plus doux.

La suite de Saturne & celle d'Astrée chantent & dancent ensemble.

Les Chœurs.

Jeux innocens rassemblés-vous ;
Reprenez pour jamais vos charmes les plus doux.
Plaisirs, venés sans crainte,
Venés vous rassembler :
Le soin & la contrainte
Ne viendront plus vous troubler.
Le plus grands des Heros
Vous reçoit dans son Empire.
Que tout l'Univers admire
L'Auteur d'un si doux repos.

Il faut que tout fleurisse.
Mortels, vivés heureux.
La Paix & la Justice
Vont regner avec les Jeux.
Le plus grand des Heros
Les reçoit dans son Empire :
Que tout l'Univers admire
L'Auteur d'un si doux repos.

SATURNE, ASTRE'E, & les Chœurs.

On a vû ce Heros terrible dans la Guerre :
Il fait par sa vertu le bonheur de la Terre.
Sa Victoire l'a desarmé :
Il fait son bonheur d'être aimé.

Fin du Prologue.

ACTEURS DE LA TRAGEDIE.

LIBYE, *Fille de Merops Roi d'Egypte.*
THEONE, *Fille de Protée.*
PHAETON, *Fils du Soleil & de Clymene.*
CLYMENE, *Fille de l'Ocean & de Thetys.*
PROTE'E, *Dieu Marin, Conducteur des Troupeaux de Neptune.*
Troupe de Suivans de Protée.
TRITON, *Dieu Marin, Frere de Clymene,*
Troupe de Suivans de Triton.
EPAPHUS, *Fils de Jupiter & de la Déesse Isis.*
MEROPS, *Roi d'Egypte, qui a épousé Clymene aprés la mort d'une premiere Epouse, dont il a eû Libye.*
Troupe d'Egyptiens & d'Egyptiennes.

Un ROI Ethyopien, tributaire de Merops.
Troupe d'Ethyopiens & d'Ethyopiennes.
Un ROI Indien, tributaire de Merops.
Troupe d'Indiens & d'Indiennes.
Troupe de Prêtresses de la Déesse Isis.
Troupe de jeunes Personnes choisies pour porter des offrandes au Temple d'Isis.
Des Furies, & des Fantômes terribles.
LES VENTS.
LE SOLEIL.
Les Heures du jour.
Les Saisons de l'année.
Quatre Quadrilles, dont chacune accompagne une des quatre Saisons.
Troupe de Pasteurs Egyptiens.
Troupe de Bergeres Egyptiennes.
LA DEESSE DE LA TERRE.
JUPITER.

PHAETON,
TRAGEDIE.

ACTE I.

Le Theatre represente un Jardin sur le devant, une Grotte dans le milieu, & la Mer dans l'éloignement.

SCENE PREMIERE.

LIBIE seule.

Eureuse une ame indifferente!
Le tranquile bonheur dont j'étois si contente
Ne me sera-t-il point rendu ?
Dans ces beaux lieux tout est paisible;
Helas ! que ne m'est-il possible
D'y trouver le repos que mon cœur a perdu !

Tome II.   I

SCENE II.
THEONE, LIBIE.

THEONE.

Je ne vous croiois pas dans un lieu solitaire.
Une pompeuse Cour ne songe qu'à vous plaire,
  Et vous venez rêver ici.
LIBIE.
  Vous y venez rêver aussi.
THEONE.
J'aime, c'est mon destin d'aimer toute ma vie.
Votre cœur fuit l'amour, & croit s'en garentir :
  Il faut aimer pour ressentir
  Le charme de la rêverie.
LIBIE.
Le Roi doit aujourd'hui me choisir un époux :
  Ai-je moins à rêver que vous ?
THEONE.
M'est-il permis d'entrer dans votre confidence ?
LIBIE.
La sincere amitié doit bannir d'entre nous
  Le mistere & la défiance.
THEONE.
Pourquoi chercher des lieux où regne le silence ?
  Est-il un spectacle plus doux
Que de voir mille Amans empressez & jaloux
  Dont votre Hymen fait l'esperance !
Je commence à douter que vous les voiez tous
  Avec la même indifference.
LIBIE.
Je suis fille d'un Roi qui commande à des Rois ;
  Aprés lui, j'aurai sous mes loix

Les païs où le Nil répand son eau féconde.
Un grand destin m'est préparé,
Mais le premier Trône du monde
N'est pas contre l'Amour un azile assuré.
THEONE.
Le Fils de Jupiter vous aime.
LIBIE.
Je ne serois qu'à lui, si j'étois à moi-même.
Mon cœur s'est trop pressé de choisir un Vainqueur,
Et mon timide amour craint un devoir severe :
Que deviendrai-je, ô Ciel ! si le choix de mon pere
Ne suit pas le choix de mon cœur.
Vous ressentés l'amour sans éprouver ses peines ;
Le Fils du Dieu brillant qui donne la clarté
Tout fier qu'il est, porte vos chaines ;
Vous aimez Phaëton avec tranquilité.
THEONE.
Hélas ! un tendre cœur est toûjours agité.
La Mer est quelquefois dans une paix profonde,
On peut aprés l'orage y joüir d'un beau jour.
Le calme regne plus dans l'Empire de l'Onde,
Que dans l'Empire de l'Amour.
LIBIE & THEONE.
Ah ! qu'il est difficile
De bien aimer
Sans s'allarmer !
Ah ! qu'il est difficile
Que l'Amour soit tranquile.
THEONE.
Phaëton est pour moi peu sensible aujourd'hui.
Que je crains ...
LIBIE.
Je vous laisse éclaircir avec lui.

SCENE III.

PHAETON, THEONE.

THEONE.

VOus passez sans me voir ! craignés-vous ma presence ?

PHAETON.

Je vous aime, Theone, & ce soupçon m'offense.

THEONE.

Que ma vûë aujourd'hui vous cause d'embaras !
Avoüez qu'en ces lieux vous ne me cherchiez pas.

PHAETON.

Je cherchois la Reine ma Mere.
Ce soin pourroit-il vous déplaire ?
Devés-vous me le reprocher ?

THEONE

C'est toujours ne me pas chercher.
Je m'apperçoi sans cesse,
Que quelque soin vous presse,
Et par malheur je m'aperçoi
Que ce soin n'est jamais pour moi.

PHAETON.

Une autre amour à votre espoir fatale
N'a pas causé mes nouveaux soins ;
Je n'aime point ailleurs les Dieux m'en sont témoins.

THEONE.

Vous changés, cependant, ma peine est sans égale ;
Peut-être souffrirois je moins,
Si je pouvois haïr une Rivale.
Protée à qui je dois le jour
Du plus sombre avenir perce la nuit obscure.
Il m'a prédit cent fois le tourment que j'endure.

Vous ne me parlés plus ni d'himen, ni d'amour.
De tant de vains sermens vous perdés la memoire.
PHAETON.
Non, je vous aimerai toujours.
THEONE.
Ingrat, le moien de vous croire ?
Vos regards inquiets démentent vos discours.

Avec trop peu de soin votre froideur se cache :
Le bonheur de ma vie à votre cœur s'attache,
Vous me laissez trop voir qu'il cherche à m'échaper ;
Ah ! du moins, ingrat, que vous êtes,
Puisque vous me voulez tromper,
Trompez-moi mieux que vous ne faites.
PHAETON.
Je ne sai plus comment pouvoir calmer
Mille fraieurs qui viennent vous surprendre.
Mon cœur vous aime autant qu'il peut aimer,
S'il n'est pas assez tendre,
C'est à l'amour qu'il s'en faut prendre.
THEONE.
Quand vous commenciez d'être amant
Vous me cherchiez avec empressement,
Vous ne me quittiez point sans une peine extrême.
Le souvenir fatal d'un amour si charmant
Ne sert qu'à faire mon tourment ;
Vous ne savez que trop comme il faut que l'on aime ;
Ah ! deviés-vous m'aimer si tendrement,
Si vous ne vouliés pas m'aimer toujours de même.
PHAETON.
La Reine tourne ici ses pas.
THEONE.
Suivés la Reine, allez, ne vous contraignés pas.

SCENE IV.

CLIMENE, PHAETON.

CLIMENE.

Vous paroiſſez chagrin, mon Fils, ne puis-je ap-
  prendre
  D'où vient le trouble où je vous voi ?
PHAETON.
  Le Roi va faire choix d'un gendre ;
L'époux de la Princeſſe un jour doit être Roi.
Le ſuperbe Epaphus à cet honneur aſpire.
Ah ! faudra-t-il le voir Maître de cet Empire ?
  Faudra-t-il nous voir ſous ſa loi ?
Quelle honte pour vous ! quelle rage pour moi !
  Le Roi fera tout pour vous plaire....
CLIMENE.
  Mais quel autre choix doit-il faire ?
Le Fils de Jupiter eſt-il à dédaigner ?
PHAETON.
Quoi, votre Fils, le Fils du Dieu qui nous éclaire
  Eſt-il indigne de regner ?
CLIMENE.
Votre gloire, mon Fils, eſt mon unique envie.
Aprés l'amour du Dieu dont vous tenez la vie
Juſqu'à l'himen d'un Roi j'eûs peine à m'abaiſſer ;
Mais pour vous mettre au Trône il faloit m'y placer.
Le Roi veut vous offrir ſa Fille & la Couronne,
  Je ſçai que vous aimez Theone,
  Et c'eſt cet amour que je crains.
Profités du bonheur que je mets en vos mains,
  Meritès la Grandeur ſuprême.
Vaincre un amour charmant, eſt un effort extrême ;

Mais qui veut s'élever au-dessus des Humains,
    Doit être maître de lui-même.
Il ne tiendra qu'à vous de regner en ces lieux.
PHAETON.
    J'entens mon Destin qui m'appelle,
Je brûle de monter dans un rang glorieux:
    Si Theone me paroît belle,
La Couronne est encor plus charmante à mes yeux.
CLIMENE.
J'aime ces sentimens d'une ame noble & fiere,
Ils sont dignes du Fils du Dieu de la lumiere.

D'une amoureuse ardeur un grand cœur peut brûler,
C'est un amusement qu'il faut qu'on lui pardonne;
Mais il faut que l'Amour soit prêt à s'immoler
    Si-tôt que la Gloire l'ordonne.

    Tout est favorable à mes vœux,
  Et cependant ma joie est inquiete.
    Mille presages malheureux
  Troublent mon cœur d'une crainte secrete.
C'est ici que Protée amene les Troupeaux
    Du Dieu de l'Empire des Eaux.
    Il se plaît sous ce frais ombrage.
L'avenir est pour lui sans ombre & sans nuage:
Je veux sur votre sort le contraindre à parler,
Empêchez qu'en ces lieux on me vienne troubler.

SCENE V.

Protée sort de la mer, il conduit les troupeaux de Neptune, & il est accompagné d'une Troupe de Dieux Marins.

PROTE'E, Suivans de Protée.

PROTE'E.

Heureux, qui peut voir du rivage
Le terrible Occean par les vents agité !
Heureux, qui dans le port peut plaindre en sureté
Ceux qui sont dans l'horreur d'un dangereux orage !
    Plaignons les malheureux Amans,
    Evitons leurs cruels tourmens.
Gardons-nous de souffrir que l'amour nous engage
    Dans ses trompeurs enchantemens :
    Gardons-nous des embarquemens
Où le repos du cœur fait un fatal naufrage.
    Plaignons les malheureux Amans,
    Evitons leurs cruels tourmens.

Prenés soin sur ces bords des Troupeaux de Neptune
Je veux fuïr du Soleil la chaleur importune.
Ici, l'ombre des bois, le murmure des flots,
Tout invite à goûter la douceur du repos.

Protée s'endort dans la grotte, & ses Suivans s'écartent sur le rivage, où ils vont prendre soin des Troupeaux de Neptune.

SCENE VI.

CLIMENE, PROTE'E *endormi.*
CLIMENE.

VOus avec qui le sang me lie,
    Triton, secondés mon envie ;
Donnés-moi le secours que vous m'avés promis,
Des decrets du Destin Protée a connoissance,
    Faites-lui rompre le silence,
Qu'il s'obstine à garder sur le sort de mon fils.

Climene se retire.

SCENE VII.

TRITON, *Suivans de Triton,* **PROTE'E.**

Triton sort de la mer accompagné d'une Troupe de Dieux Marins, dont une partie fait un concert d'instrumens, & l'autre partie danse. Ils éveillent Protée, & l'invitent à prendre part à leurs divertissemens. Triton chante au milieu de ses Suivans.

TRITON.

QUe Protée avec nous partage
    La douceur de nos chants nouveaux.
C'est de tous les Pasteurs, le Pasteur le plus sage.
        Paissez heureux Troupeaux
            Du Dieu des Eaux,
        Paissez en paix sur ce rivage.
    Que Protée avec nous partage
    La douceur de nos chants nouveaux.

PHAETON,

Chantons sous cet ombrage :
Répondés-nous charmans oiseaux :
Joignés à nos concerts votre plus doux ramage.
Que Protée avec nous partage
La douceur de nos chants nouveaux.

Les Suivans de Triton continuent leurs concerts d'instru-mens, & leurs danses. Et Triton y joint une chanson qu'il chante en s'adressant à Protée.

TRITON.

Le plaisir est necessaire :
La Sagesse austere
Peut empêcher d'y courir :
Mais le plus severe
Ne refuse guere
Le plaisir qui vient s'offrir.

Les Suivans de Triton environnent Protée en dançant.

PROTE'E.

Vos jeux ont des appas ; je les quitte avec peine :
Mais mon Troupeau s'éloigne de ces lieux.

TRITON.

Du sort de Phaëton éclaircissez Climene ;
De grace, contentés son desir curieux.

PROTE'E.

Ne me pressez point d'en trop dire.
Le Sort dans l'avenir permet que j'ose lire,
Mais sous un silence discret,
Le Sort veut qu'avec soin je garde son secret.

Protée disparoît, & se transforme successivement en Lion, en Arbre, en Monstre Marin, en Fontaine, & en Flame. Mais sous ces formes differentes, il est suivi & environné par les Suivans de Triton.

TRITON.

C'est un secret qu'il faut qu'on vous arrache.
Vous vous transformez vainement.

Nous vous suivrons avec empressement.
　Sous quelque forme qui vous cache,
　Non, ne croiez pas nous tromper,
　N'esperés pas nous échaper.
Non, de ces changemens l'étonnant artifice
　N'aura rien qui nous éblouïsse.
　Non, ne croiez pas nous tromper ;
　N'esperés pas nous échaper.

SCENE VIII.

TRITON, CLIMENE, Suivans de Triton, PROTE'E.

TRITON.

IL reviendra bien-tôt dans sa forme ordinaire.
Ma Sœur, venez l'entendre, il cede à notre effort,
Il va de votre fils vous déclarer le sort.

Protée après plusieurs transformations reprend enfin sa forme naturelle.

PROTE'E.

Puisque vous m'y forcez, il faut ne vous rien taire.
Le sort de Phaëton se découvre à mes yeux.
　　Dieux ! je frémis ! que voi-je ! ô Dieux !
Tremblés pour votre Fils, ambitieuse Mere.
　　Où vas tu jeune Temeraire ?
Tu dois trouver la mort dans la gloire où tu cours,
　　En vain le Dieu qui nous éclaire
En pâlissant pour toi se déclare ton pere ;
　　Il doit servir à terminer tes jours.
　　Tu vas tomber, n'attens plus de secours,
　　Le Ciel fait tonner sa colere.
Tremblés pour votre Fils, ambitieuse Mere,

PHAETON,
TRITON.
Quel Oracle !
CLIMENE.
Quelle terreur ?
TRITON, & CLIMENE.
Ah ! je me sens saisir d'horreur !

Fin du premier Acte.

ACTE II.

Le Theatre change, & represente un endroit du Palais du Roi d'Egypte, orné & préparé pour une grande ceremonie.

SCENE PREMIERE.
CLIMENE, PHAETON.
CLIMENE.

PRotée en a trop dit, je frémis du danger
  Qu'il prévoit & qu'il vous annonce.
PHAETON.
A l'himen de sa fille, il me veut engager,
  Son interêt a dicté sa réponse.
CLIMENE.
Je voi que j'ai trop entrepris.
PHAETON.
Quoi, ma grandeur, n'est pas vôtre plus chere envie ?
CLIMENE.
Il vous en coûteroit la vie,
Je ne veux point pour vous de grandeur à ce prix,
PHAETON.
Protée a-t-il le droit suprême
De donner des Arrêts ou de vie ou de mort ?
  Est-ce à lui de regler mon sort ?
Un cœur comme le mien fait son destin lui-même.

Croiez-en mon courage, il doit vous rassurer.
CLIMENE.
Vous êtes digne de l'Empire,
Mais si votre grand cœur me force à l'admirer,
C'est en tremblant que je l'admire.
Vivez, & bornez vos desirs
Aux tranquiles plaisirs
D'une amour mutuelle:
Aimez, contentés-vous
De regner sur un cœur fidelle,
Il n'est point d'empire plus doux.
PHAETON.
Vous m'en desavoüeriez si je pouvois vous croire,
Je veux me faire un nom d'éternelle memoire,
J'ai déja trop langui dans un honteux repos :
La plus forte amour d'un Heros
Doit être l'amour de la Gloire.
CLIMENE.
Vous êtes menacé du celeste courroux,
Et j'entens la foudre qui gronde.
PHAETON.
Elevés votre Fils au premier rang du Monde,
Laissés tonner les Dieux jaloux.
CLIMENE.
Une secrete voix qui dans mon cœur murmure,
Me dit que le trépas au trône vous attend ;
Puis-je n'écouter point la voix de la Nature ?
PHAETON.
Le Fils du Dieu du Jour doit être plus content
D'un trépas éclattant,
Que d'une vie obscure.
CLIMENE.
J'espere que l'amour pourra vous arrêter ;
Theone vient, je me retire.
PHAETON.
Non, non, je ne puis vous quiter
Que vous ne m'assuriez du bonheur où j'aspire

TRAGEDIE.

SCENE II.
THEONE *seule*.

Il me fuit, l'Inconstant ! il m'ôte tout espoir.
O Ciel ! tant de froideur succede à tant de flame !
Ah ! que n'a-t-il toûjours évité de me voir !
Qu'il auroit épargné de tourmens à mon ame !
Sur la foi des sermens dont il flatoit mes vœux,
    J'esperois un destin heureux ;
Je croiois toûjours nos cœurs d'intelligence ;
   Je m'assurois que jamais l'inconstance
     Ne briseroit de si beaux nœuds ;
      Ah ! qu'il est dangereux
   De s'engager sur la vaine assurance
     Des sermens amoureux !
L'Infidelle attendoit pour éteindre ses feux
Qu'il m'en eut fait sentir toute la violence.
Que le charme fatal d'une douce esperance
Expose un cœur credule à des maux rigoureux !
      Ah ! qu'il est dangereux
   De s'engager sur la vaine assurance
     Des sermens amoureux !

SCENE III.
LIBIE, THEONE.
LIBIE.

Que l'incertitude
Est un rigoureux tourment !
Non, on n'a point en aimant,

De peine plus rude
Que l'incertitude.
Je sens croître à tout moment
Mon inquietude.
Que l'incertitude
Est un rigoureux tourment!

THEONE.
Que ma disgrace, helas! n'est-elle encore douteuse!
Vous esperez de voir vos desirs satisfaits:
Vous pouvés être heureuse,
Et je ne le serai jamais.
Dans mes malheurs, que faut-il que j'espere!
J'aime un Ingrat qui trahit nos amours:
Et je sens malgré ma colere
Que tout ingrat qu'il est, je l'aimerai toujours.

LIBYE.
Mon sort étoit digne d'envie,
Avant que par l'Amour mon cœur fût tourmenté.

THEONE.
Nous ne savons le prix de notre liberté,
Qu'aprés qu'elle nous est ravie.

LIBYE & THEONE.
Amour, cruel vainqueur,
Ah! pourquoi troublois-tu le repos de ma vie!
Amour, cruel vainqueur,
Ah! pourquoi troublois-tu le repos de mon cœur.

LIBYE.
J'attens le choix du Roi,

THEONE.
Je vais cacher mes larmes.

LIBYE.
Mon cœur est agité de mortelles allarmes;
Le Roi déja peut-être a nommé mon Epoux...
Vous me laissez?

THEONE.
Je laisse Epaphus avec vous,

SCENE IV.

EPAPHUS, LIBYE.

EPAPHUS.
Quel malheur !
LIBYE.
Dieux ! quelle tristesse !
EPAPHUS.
Quel malheur ! quel supplice ! helas !
LIBYE.
Que vous allarmez ma tendresse !
EPAPHUS.
Je vous pers, charmante Princesse,
Quel malheur ! quel supplice ! helas !
De perdre un bien si plein d'appas.
C'est en vain que pour moi votre cœur s'interesse :
Le Roi m'a prononcé l'Arrêt de mon trépas ;
Votre Epoux est choisi, je ne le serai pas ;
Je vous pers, charmante Princesse,
Quel malheur ! quel suplice ! helas !
De perdre un bien si plein d'appas.
Se peut-il qu'une loi si dure
Ne vous arrache aucun murmure ?
Un doux espoir m'a-t'il trompé ?
Belle Princesse, est-il possible
Que votre cœur soit insensible
Au coup mortel qui m'a frapé ?
LIBYE.
Votre douleur n'a point à craindre
De blesser du devoir les droits trop absolus ;
Votre amour malheureux se plaint sans se contraindre;
Mais l'amour qui se plaint le plus
N'est pas toujours le plus à plaindre.

PHAETON,

EPAPHUS.
Divinités dont j'ai reçu le jour,
Voiez mon desespoir, & vengés mon amour.
Contre un Roi si cruel armez votre colere......

LIBIE
Ah! tout cruel qu'il est, songés qu'il est mon Pere;
N'attirés point sur lui le celeste couroux.

EPAPHUS.
Vous ne demandez point qui sera votre époux ?

LIBIE
Helas! pour m'accabler c'est assez de connoître
Que je ne serai pas à qui je voudrois être.

EPAPHUS.
Phaëton est choisi...

LIBIE.
    Trop rigoureuse loi!
Ah! qu'il m'en coûtera de larmes!

EPAPHUS.
Que le bien qu'il m'ôte a de charmes!
Il n'en connoîtra pas le prix si bien que moi.

LIBIE.
Funeste choix!

EPAPHUS
    Douleur mortelle!

LIBIE.
Jour infortuné!

EPAPHUS.
Jour affreux!

LIBIE & EPAPHUS.
O sort trop malheureux
    D'un amour si fidelle!

EPAPHUS.
Votre cœur peut-il suivre une loi si cruelle ?

LIBIE.
Mon cœur tremble, soupire, & se sent déchirer,
Mais il doit obéïr, en dût-il expirer.

EPAPHUS & LIBIE.
Faut-il que le devoir barbare

TRAGEDIE. 211

Pour jamais nous sépare ?
EPAPHUS.
Je vous perdrai dans un moment :
L'amour, le tendre amour, gémira vainement ;
Vous l'abandonnerés.
LIBIE
Que ne puis-je le suivre !
EPAPHUS.
Faut-il que ce que j'aime à mon Rival se livre ?
LIBIE.
Plaignés-moi de souffrir un si cruel tourment.
EPAPHUS.
Vous vivrés pour un autre Amant,
Et sans vous je ne saurois vivre.
LIBIE, & EPAPHUS.
Que mon sort seroit doux
Si je vivois pour vous !

Epaphus se retire.

SCENE V.

LIBIE, MEROPS, CLIMENE, PHAETON, *Un Roi Ethiopien. Un Roi Indien. Troupe d'Egiptiens & d'Egiptiennes. Troupe d'Ethiopiens & d'Ethiopiennes. Troupe d'Indiens & d'Indiennes.*

MEROPS.

Rois, qui pour Souverain, devés me reconnoître :
Et vous, peuples divers, dont les Dieux m'ont fait maître :
Soiez attentifs à ma voix
Dans ma vieillesse languissante,
Le Sceptre que je tiens pese à ma main tremblante,
Je ne puis sans secours en soûtenir le poids.

Pour le Fils du Soleil mon choix se détermine:
C'est Phaëton que je destine
A tenir aprés moi l'Egypte sous ses loix,
J'accorde à ce Heros ma Fille qu'il demande.

    Que de tous côtez on entende
Le nom de Phaëton retentir mille fois.
    Est-t-il pour nous une gloire plus grande?
Le sang des Dieux s'unit au sang des Rois.

Merops, Climene, Phaëton & Libie, se placent sur un trône, & les peuples témoignent leur joie par des danses, où ils mêlent des acclamations en faveur de Phaëton.

Le Chœur.

    Que de tous côtez on entende
Le nom de Phaëton retentir mille fois.
    Est-il pour nous une gloire plus grande?
Le sang des Dieux s'unit au sang des Rois.

Fin du second Acte.

ACTE III.

Le Theatre change, & represente le Temple d'Isis.

SCENE PREMIERE.

THEONE, PHAETON, Suivans de Phaëton.

THEONE.

Ah ! Phaëton, est-il possible
Que vous soiez sensible
Pour un autre que moi !
Ah ! Phaëton, est-il possible
Que vous m'aiez manqué de foi ?
Tout m'annonce un malheur dont je frémis d'effroi :
Si vous me trahissez ma mort est infaillible :
Nous devions vivre heureux sous une même loi ;
Avec ce que l'on aime, un sort doux & paisible
Vaut bien le sort du plus grand Roi.
Ah ! Phaëton, est-il possible
Que vous soiez sensible
Pour une autre que moi !
Ah ! Phaëton, est-il possible
Que vous m'aiez manqué de foi ?

PHAETON.

Pour regir l'Univers les Destins m'ont fait naître ;
Si l'Amour m'en rendoit le maître,
Que mon bonheur seroit charmant !

PHAETON,

Pour être heureux parfaitement
Ce seroit avec vous que je le voudrois être.

THEONE.

L'himen de la Princesse a pour vous des appas,
Vous l'aimez, votre cœur m'oublie.

PHAETON.

Non, la seule Grandeur avec elle me lie,
Et l'amour ne s'en mêle pas.

THEONE.

Quoi, malgré ma douleur mortelle,
Au mépris de mes pleurs, votre cœur infidelle
Rompt des nœuds qui devoient à jamais nous unir ?
La Couronne vous parut-t'elle
Cent fois encor plus belle,
Quel bien peut être doux quand il faut l'obtenir
Par une trahison cruelle ?

PHAETON.

Aux loix de mon destin j'ai regret d'obéïr,
Je suis touché de votre peine.

THEONE.

Helas ! vous me plaignés, & vous m'allez trahir ;
Vous m'offrez une pitié vaine.

PHAETON.

Punissés-moi par votre haine.

THEONE.

Ai-je un cœur fait pour vous haïr ?

PHAETON.

Je suis indigne de vous plaire,
Je mérite votre colere,
Je ne mérite pas les pleurs que vous versez.

THEONE.

Perfide, il est donc vrai que vous me trahissez ?
Témoin de ma constance,
Et de son changement :
Ciel, qui vois la cruelle offense
Que me fait ce parjure Amant,
O Ciel ! j'implore ta vengeance.

Que la Foi méprisée arme les justes Dieux :
Que l'amour soit vengé ; qu'il allume la foudre :
Que ce superbe ambitieux
Tombe avec sa grandeur & soit réduit en poudre....
Que dis-je, malheureuse ! hélas !
Ce perfide m'est cher encore,
Et je mourrois de son trépas :
Justice du Ciel que j'implore,
Dieux vengeurs ne m'exaucez pas.

Vous voiez ma foiblesse extrême,
Ingrat, vous triomphez de mon juste courroux.
Non, si je me venge de vous,
Ce ne sera que sur moi-même.

SCENE II.

PHAETON, *Suivans de Phaëton.*

PHAETON.

Suivés-la, ma presence irrite ses douleurs.
Je plains ses malheurs,
Je m'attendris par ses larmes :
Ah ! que de beaux yeux en pleurs,
Ont de puissans charmes !
Je n'avois jamais vû l'éclat du sort des Rois
Quand je m'engageai sous ses loix ;
Rien n'étoit à mes yeux si beau qu'un amour tendre,
La Grandeur m'apelle aujourd'hui,
L'amour me parle en vain, je ne puis plus l'entendre,
La fiere ambition parle plus haut que lui.

L'Egypte adore Isis ; la coûtume m'engage

A rendre un solemnel hommage
A son divin pouvoir,
Acquittons-nous de ce devoir.

SCENE III.

EPAPHUS, PHAETON, *Suivans de Phaëton.*

EPAPHUS.

Songez-vous qu'Isis est ma Mere ?
Jusqu'au Temple où l'on la revere,
Venez-vous insulter à son Fils malheureux ?
PHAETON.
Par nos offrandes, par nos vœux,
Nous allons calmer sa colere.
EPAPHUS.
Vous m'ôtez un bien qui m'est dû ;
Croiez-vous qu'à vos vœux le juste Ciel réponde ?
PHAETON.
Peut-t-il à mes desirs avoir mieux répondu ?
Je deviens le maître du monde.
Quel sort est plus beau que le mien ?
Est-t-il une gloire plus grande ?
Non, que les Dieux ne m'ôtent rien,
C'est tout ce que je leur demande.
EPAPHUS.
Votre orgueil pourroit s'abuser :
Un Rival tel que moi n'est pas à mépriser.
PHAETON.
Tout suit mes desirs, tout me céde,
Que peut votre vain desespoir ?
Il ne sert qu'à me faire voir

TRAGEDIE.

Le prix du bien que je possede ;
Plus mon Rival est jaloux,
Et plus mon bonheur est doux.

EPAPHUS.

Craignez le Dieu dont je tiens la naissance ;
Craignés son foudroiant couroux.

PHAETON.

Je me flatte de l'esperance
Que tous les Dieux ne seront pas pour vous.
Mon Pere est le Dieu favorable
Qui répand le jour en tous lieux :
Tout s'anime par lui, sans lui rien n'est aimable ;
Sans son divin éclat, une nuit effroiable
Couvriroit à jamais nos yeux.
Non, rien n'est comparable
Au destin glorieux
Du plus brillant des Dieux.

EPAPHUS.

Mon Pere est le Dieu redoutable
Qui regit la Terre & les Cieux :
Il peut, quand il lui plaît, d'un coup inévitable,
Renverser les audacieux.
Non, rien n'est comparable
Au destin glorieux
Du plus puissant des Dieux.

Phaëton & Epaphus repetent ensemble les trois derniers vers qu'ils ont chantez.

PHAETON & EPAPHUS.

Non, rien n'est comparable
Au destin glorieux.

PHAETON... } Du plus { brillant } des Dieux.
EPAPHUS... }   { puissant }

EPAPHUS.

Jupiter pour son Fils m'a daigné reconnoître :
On peut douter encor qu'un Dieu vous ait fait naître.

PHAETON.

C'est le Soleil, vous le savez.

Tome II.

EPAPHUS.
Votre Mere le dit, est-ce assez pour le croire?
PHAETON.
Osés-vous attaquer ma gloire?
EPAPHUS.
Défendez-là, si vous pouvez.
PHAETON.
Vos yeux sont fermés par l'Envie,
Malgré-vous ils seront ouverts:
J'espere que le Dieu qui m'a donné la vie
M'avoüera pour son Fils aux yeux de l'Univers.

SCENE IV.

PHAETON, EPAPHUS, MEROPS, CLYMENE, LIBYE. *Les deux Rois tributaires de Merops. Troupes de Peuples differens. Troupes de jeunes Egyptiens, & de jeunes Egyptiennes, qu'on a pris soin de choisir & de parer magnifiquement pour porter de riches Offrandes. Troupe de Prêtresses de la Déesse Isis.*

Les jeunes Egyptiens & les jeunes Egyptiennes qui portent les Offrandes, approchent du Temple d'Isis en dançant.

MEROPS.
O Vous, pour qui l'Amour des plus beaux de ses nœuds
Sçût enchanter le Dieu qui lance le Tonnerre:
Isis, aimés toujours ce séjour bienheureux.
Le Ciel y fit cesser votre sort rigoureux,
Lorsque Junon par tout vous déclaroit la guerre.

TRAGEDIE.

Aprouvés nos desseins, favorisez nos vœux :
Etendez cet Empire aux deux bouts de la Terre.

MEROPS & CLYMENE.

Nous reverons
Votre puissance ;
Nous implorons
Votre assistance :
Isis, nous esperons en vous,
Isis exaucés-nous.

Le Chœur des Peuples repete ces six derniers derniers vers.

Le Chœur des Prêtresses d'Isis.

Recevez, ô grande Déesse,
Les vœux qu'on vous adresse.

Le Chœur des Peuples & le Chœur des Prêtresses repetent alternativement les Vers qu'ils ont chantez.

Le Chœur des Peuples.

Nous reverons
Votre puissance ;
Nous implorons
Votre assistance :
Isis, nous esperons en vous,
Isis exaucés-nous.

Le Chœur des Prêtresses d'Isis.

Recevez, ô grande Déesse,
Les vœux qu'on vous adresse.

EPAPHUS.

Vous qui servés Isis, avés vous la foiblesse
D'être ébloüis de la richesse
Des Offrandes qu'on vous fait voir ?
Et vous, Divinité, dont je tiens la naissance,
Consentés-vous à recevoir
Des dons de la main qui m'offense ?

On entend du bruit dans le Temple, & l'on en voit les Portes se fermer d'elles-mêmes.

MEROPS.
Dieux! le Temple se ferme!
PHAETON.
Allons, il faut l'ouvrir.
Les Dieux veulent souvent qu'on ose les contraindre
A recevoir les vœux que l'on doit leur offrir.
CLIMENE.
Ha! mon Fils, arrêtez.
PHAETON.
Suivés-moi sans rien craindre.
EPAPHUS.
Vangez-vous, ô! puissante Isis,
Vengez-vous, vengez vôtre Fils.

SCENE V.

Les Portes du Temple s'ouvrent, & ce lieu qui avoit paru magnifique, n'est plus qu'un gouffre effroiable qui vomit des flames, & d'où sortent des Furies & des Fantômes terribles, qui renversent & brisent les offrandes, & qui menacent & écartent l'Assemblée. Phaëton s'obstine à demeurer, & Climene ne peut quitter son Fils.

SCENE VI.

CLIMENE, PHAETON.

CLIMENE.

LE Ciel trouble votre bonheur;
Un peril mortel vous menace.
PHAETON.
L'Envie ose attaquer ma gloire & votre honneur,
C'est l'unique peril dont mon cœur s'embarasse.
Partagez un affront, dont le seul souvenir
Me fait rougir de honte, & frémir de colere,
  Epaphus ose soutenir
  Que le Soleil n'est pas mon Pere.
CLIMENE.
O Dieux!
PHAETON.
  C'est de vous que j'attens
  Des témoignages éclatans
  De la grandeur de ma naissance.
Je sens qu'elle est divine, & j'ai dû m'en vanter;
Mais c'est peu que mon cœur m'en donne l'assurance,
Il faut forcer l'Envie à n'en pouvoir douter.
Prenez-en soin, au nom du tendre amour de Mere
Qui s'est en ma faveur signalé tant de fois;
  Au nom de ce qui peut vous plaire;
  Au nom du Dieu qui nous éclaire,
De ce Dieu que l'Amour sçut ranger sous vos loix.
CLIMENE.
Mon Fils, n'en doutez point, vous confondrez l'Envie,
C'est du Pere du Jour que vous tenez la vie,
Vous pouvez vous vanter d'un sort si glorieux.

PHAETON,

Vous êtes son Fils, je le jure,
Par ce Dieu qui nous voit, qui nous entend des Cieux,
Et par la splendeur vive & pure
Dont il sait obscurcir l'éclat des plus grands Dieux.
Si je soûtiens une imposture,
Puisse-t'il pour jamais refuser à mes yeux
La lumiere qu'il donne à toute la nature.

Des Vents sortent d'un nuage, & viennent prendre Phaëton pour le conduire au Palais du Soleil.

Ce Dieu semble aprouver le serment que je fais :
Il y joindra son témoignage.
C'est lui qui fait sortir ces vents de ce nuage
Pour vous conduire à son Palais.

PHAETON.

Ma gloire éclatera de l'un à l'autre Pole ;
L'envieux Epaphus se verra démentir,
Je ne puis assez tôt partir.

CLIMENE.

Allez, mon Fils, allez.

PHAETON.

Je vole.

Les Vents enlevent Phaëton, & le conduisent au Palais du Soleil.

Fin du troisiéme Acte.

TRAGEDIE. 223

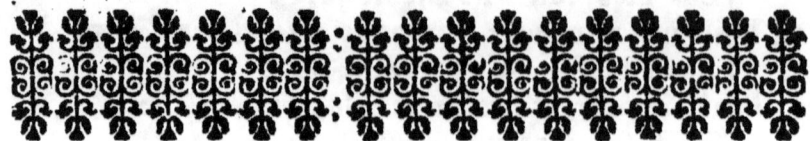

ACTE IV.

Le Theatre change, & represente le Palais du Soleil.

SCENE PREMIERE.

Le Soleil, les Heures du Jour, le Printems, l'Eté, l'Automne, l'Hyver, Suite des quatre Saisons.

Le Chœur des Heures.

Sans le Dieu qui nous éclaire,
Tout languit, rien ne peut plaire.
Chantons, ne cessons jamais
De publier ses bienfaits.

Une des Heures.

O ! Dieu de la Clarté, vous reglez la mesure
Des jours, des saisons, & des ans :
C'est vous qui produisez dans les fertiles champs,
Les Fruits, les Fleurs, & la Verdure ;
Et toute la Nature
N'est riche que de vos presens.

K 4

Les Chœurs des Heures, & le Chœur des Saisons.

Sans le Dieu qui nous éclaire
Tout languit, rien ne peut plaire;
Chantons, ne cessons jamais
De publier ses bienfaits.

L'AUTOMNE.

C'est par vous, ô Soleil, que le Ciel s'illumine;
Et sans votre splendeur divine,
La Terre n'auroit point de Climats fortunez.
La Nuit, l'Horreur, & l'Epouvente,
S'emparent du sejour que vous abandonnez:
Tout brille, tout rit, tout enchante,
Dans les lieux où vous revenez.

Les Chœurs des Heures, & des Saisons.

Sans le Dieu qui nous éclaire,
Tout languit, rien ne peut plaire;
Chantons, ne cessons jamais
De publier ses bienfaits.

LE SOLEIL.

Redoublez la réjoüissance,
Que vous me faites voir.
Phaëton vient ici, c'est mon Fils, qui s'avance,
Prenez soin de le recevoir.

SCENE II.

LE SOLEIL, PHAETON, LES HEURES DU JOUR, LES QUATRE SAISONS, SUITE DES QUATRE SAISONS.

Le Printems & sa suite dansent, & les autres Saisons chantent avec les Heures, pour témoigner qu'ils se réjoüissent de l'arrivée du Fils du Soleil dans le Palais de son Pere.

Une des Heures & les Chœurs qui lui répondent.

Dans ce Palais
Bravez l'Envie
Dans ce Palais
Vivez en paix.
Soïez content, tout vous y convie;
Goûtez toujours les biens les plus parfaits,
L'honneur qui suit une illustre vie
Est un bonheur qui ne finit jamais.
Ne tardez pas,
La Gloire est belle,
Ne tardez pas,
Suivez ses pas.
Vous la cherchez, sa voix vous appelle,
Vous êtes fait pour aimer ses appas,
L'Amour constant que l'on a pour elle
Porte un grand Nom au-delà du trépas.

Les Chœurs.

Dans cette demeure charmante,

PHAETON,
Venez joüir d'une gloire éclatante;
Jeune Heros, tout répond à vos vœux,
Venez joüir d'un fort heureux.

LE SOLEIL.

Approchez, Phaëton, que rien ne vous étonne.
J'adoucis en ces lieux l'éclat qui m'environne.
Vous soupirez? mon Fils, qui vous peut inspirer
Tant de trouble & tant de tristesse?
Le Sang qui pour vous m'interesse
Vous permet de tout esperer.

PHAETON.

Ame de l'Univers, source vive & feconde
De tous les biens du monde.
Pere du Jour, s'il m'est permis
D'oser vous appeller mon Pere,
Ne me refusez pas le secours que j'espere
Contre mes jaloux Ennemis.
Le reproche honteux d'une naissance obscure
M'a fait une cruelle injure;
Au nom de l'amour paternel
Imposez à l'Envie un silence éternel.

LE SOLEIL.

L'Envie accuse à tort Climene.
Vous n'êtes point trompé, j'aprouverai sans peine
Le grand nom que vous avés pris;
Ma tendresse pour vous ne craint pas de paroître,
Phaëton, vous êtes mon Fils
Et vous êtes digne de l'être
Quel gage voulés-vous du sang qui vous fit naître?
Quoi que vous puissiez demander,
Je promets de vous l'accorder.
C'est toi que j'en atteste
Fleuve noir, & funeste,
Que l'éternelle nuit doit cacher à mes yeux;
J'en jure par l'horreur de tes Eaux effroiables
Styx, ô Styx! dont le nom atteste par les Dieux
Rend leurs sermens inviolables.
Tous mes Tresors vous sont ouverts,

Tout est permis à votre noble audace.

PHAETON.

Sur votre Char, en votre place,
Permettez-moi d'éclairer l'Univers.

LE SOLEIL.

Ah ! mon Fils, qu'osez-vous prétendre ?

PHAETON.

Si je suis votre Fils, puis-je trop entreprendre ?

LE SOLEIL.

Malgré mon sang, la loi du sort
Vous assujettit à la mort.
Vos desirs vont plus loin que la puissance humaine,
C'est trop pour un Mortel de tenter un effort
Où les forces d'un Dieu ne suffisent qu'à peine.

PHAETON.

La Mort ne m'étonne pas
Quand elle me paroît belle ;
Je suis content du trépas
S'il rend ma gloire immortelle.

LE SOLEIL.

J'ai fait un indiscret serment.
Voiez mon triste cœur saisi d'étonnement ;
De l'amour paternel, faut-il un autre gage ?
Helas ma crainte en dit assez,
Un Dieu tremble pour vous, mon Fils, reconnoissez
Votre Pere à ce témoignage.

PHAETON.

Je doi par un courage incapable d'effroi
Meriter les fraieurs que vous avés pour moi.

LE SOLEIL.

Déja la Nuit descend & fait place à l'Aurore,
Il faut bien-tôt faire briller mes feux.
Abandonnez un dessein dangereux,
Evités votre perte, il en est temps encore.

PHAETON.

Mon dessein sera beau, dûssai-je y succomber,
Quelle gloire si je l'acheve !
Il est beau qu'un Mortel jusqu'aux Cieux s'éleve,

PHAETON,

Il est beau même d'en tomber.

LE SOLEIL.

Puis que je l'ai juré, je dois vous satisfaire.
Fortune, s'il se peut, prens soin d'un Temeraire ;
 Mon Fils veut se perdre aujourd'hui,
 Conserve ses jours malgré lui.

Les Chœurs.

Allés répandre la lumiere.
 Puisse un heureux destin
 Vous conduire à la fin
De votre brillante Carriere,
Allez répandre la lumiere.

Fin du quatriéme Acte.

ACTE V.

Le Theatre change, & represente une Campagne agreable; la nuit se dissipe insensiblement, & cede au jour qui commence à paroître; Phaëton assis sur le Char du Soleil, s'éleve sur l'horison.

SCENE PREMIERE.

CLIMENE, & un des deux Rois tributaires de Merops.

Assembles-vous Habitans de ces lieux.
  Le sommeil qui ferme vos yeux
Vous retient trop long-tems dans une paix profonde :
Mon Fils fait voir qu'il est du sang des Dieux,
Sur le Char de son Pere il brille dans les Cieux,
  Que votre zele me seconde.
Celebrez avec moi son destin glorieux.
  Que l'on chante, que tout réponde,
    C'est un Soleil nouveau
  Qui donne la lumiere au Monde,
    C'est un Soleil nouveau
  Qui donne un jour si beau.
    CLIMENE, & le Roi tributaire de Merops.
    C'est un Soleil nouveau
  Qui donne la lumiere au Monde,

PHAETON
C'eſt un Soleil nouveau
Qui donne un jour ſi beau.

Climene tranſportée de joie, court de tous côtez publier la gloire de ſon Fils, les Peuples d'Egypte qui entendent ſa voix, s'empreſſent de la ſuivre.

SCENE II.

EPAPHUS, *troupe de Peuples qui ſuivent Climene.*

EPAPHUS.

Dieu qui vous déclarez mon Pere,
Maître des Dieux, c'eſt en vous que j'eſpere ;
M'abandonnerez-vous au deſeſpoir fatal
  De voir triompher mon Rival ?
  On ſuit les tranſports de ſa Mere ;
  On me mépriſe, on le revere ;
Tout ſert à ſon bonheur, tout irrite mon mal.
  Il obtient ce qui m'a ſçu plaire,
  Il monte au Ciel, il nous éclaire,
Il me voit accablé d'un tourment ſans égal.
Dieu qui vous declarez mon Pere,
Maître des Dieux, c'eſt en vous que j'eſpere ;
M'abandonnerez-vous au deſeſpoir fatal
  De voir triompher mon Rival ?

SCENE III.

EPAPHUS, LIBYE.

LIBYE.

O Rigoureux martire
De n'oser découvrir de mortelles douleurs!
Mon destin paroît beau, tout le monde l'admire,
Cependant, je soupire,
Je pleure mes malheurs;
Du severe devoir le tirannique empire
Me contraint à cacher mes soupirs & mes pleurs.
O! rigoureux martire
De n'oser découvrir de mortelles douleurs.

LIBYE *apercevant Epaphus.*

Dieux! Epaphus!……

EPAPHUS.

Belle Princesse…

LIBYE.

N'augmentez pas le desordre où je suis.

EPAPHUS.

Vous me fuiez?

LIBYE.

Quelle foiblesse!
Je le devrois; mais je ne puis.
Helas! en nous voyant, nous redoublons nos peines.

EPAPHUS.

Que dans mes maux il m'est doux de vous voir!

LIBYE.

Je suis à Phaëton par des loix souveraines.

EPAPHUS.

Vous n'êtes pas encore en son pouvoir.
Mon Pere est Souverain du Ciel & de la Terre,

Esperons au secours qu'il peut nous reserver.
>Plus mon Rival s'empresse à s'élever
>Plus son orgueil l'approche du Tonnerre.
LIBYE.
Je n'ose plus songer qu'à suivre mon devoir,
>L'esperance nous est ravie.
EPAPHUS.
>Ah ! si vous m'ôtez tout espoir,
>Vous m'ôterez la vie.
J'ose attendre du Sort quelque heureux changement,
L'Amour doit esperer jusqu'au dernier moment.
LIBYE.
>Notre disgrace est certaine,
>Vous esperez vainement.
EPAPHUS.
>L'esperance la plus vaine
>Flatte un malheureux Amant.
LIBYE & EPAPHUS,
>Helas ! une chaîne si belle
>Devoit être éternelle !
>Helas ! de si tendres amours
>Devoient durer toujours !

SCENE IV.

MEROPS, CLIMENE, *les deux Rois tributaires de Merops: troupes de divers Peuples: troupes de Pasteurs Egyptiens, & de Bergeres Egyptiennes.*

Merops & Climene invitent leur Suite à se réjoüir de la gloire du Heros qui doit être un jour Roi d'Egypte. Les Pasteurs Egyptiens, & les Bergeres Egyptiennes dansent, & les autres Peuples chantent.

MEROPS & CLIMENE.

Que l'on chante, que tout réponde,
 C'est un Soleil nouveau
Qui donne la lumiere au Monde;
 C'est un Soleil nouveau
Qui donne un jour si beau.

Le Chœur.

Que l'on chante, que tout réponde,
 C'est un Soleil nouveau
Qui donne la lumiere au Monde;
 C'est un Soleil nouveau
Qui donne un jour si beau.

MEROPS & CLIMENE.

Jamais le celeste Flambeau
Ne sortit si brillant de l'Onde,
 C'est un Soleil nouveau
Qui donne la lumiere au Monde;

C'est un Soleil nouveau
Qui donne un jour si beau.
Le Chœur.
Que l'on chante, que tout réponde,
C'est un Soleil nouveau
Qui donne la lumiere au Monde;
C'est un Soleil nouveau
Qui donne un jour si beau.

Les Pasteurs Egyptiens, & les Bergeres Egyptiennes témoignent leur joie en dansant, & une de ces Bergeres chante.

Une Bergere Egyptienne.

Ce beau jour ne permet qu'à l'Aurore
De s'occuper à répandre des pleurs.
Que d'éclat ! que de vives couleurs !
Mille Fleurs vont éclorre;
Tout charme nos cœurs ;
Il naîtra plus encore
D'Amours, que de Fleurs.
L'Amour plaît, je consens qu'il m'enchante
Lors qu'il suivra les Ris & les Jeux:
Mais s'il me tourmente
Je romprai ses nœuds.
Un Amant qui toujours soupire
Doit allarmer.
Ce n'est que pour rire
Qu'on doit former
Le dessein d'aimer.
Jeunes cœurs qui cherchez à vous rendre,
N'aimez pas tant :
Un amour trop tendre
N'est jamais content.

Puisqu'il faut qu'une chaîne nous lie,
Ne faut-il pas choisir un nœud charmant ?
Moquons-nous de souffrir constamment ;

TRAGEDIE.

On doit rendre la vie
Plus douce en aimant,
Ce n'est qu'une folie
D'aimer son tourment.
L'Amour plaît, je consens qu'il m'enchante
Lorsqu'il suivra les ris & les jeux;
Mais s'il me tourmente
Je romprai ses nœuds.
Un Amant qui toujours soupire
Doit allarmer.
Ce n'est que pour rire
Qu'on doit former
Le dessein d'aimer.
Jeunes cœurs qui cherchez à vous rendre,
N'aimez pas tant;
Un amour trop tendre
N'est jamais content.

SCENE V.

THEONE, MEROPS, CLIMENE, *les deux Rois tributaires de Merops. Troupes de divers Peuples. Troupes de Pasteurs Egyptiens, & de Bergeres Egyptiennes.*

THEONE.

Changez ces doux Concerts en des plaintes funebres.
L'instant fatal arrive où d'épaisses tenebres
Couvriront pour jamais le Soleil qui nous luit;
Phaëton va tomber dans l'éternelle Nuit.
Mon Pere m'en assûre, & la pitié rapelle.

Un trop fidelle amour pour un Amant sans foi :
Helas ! je ne voi plus sa trahison cruelle,
Son funeste peril est tout ce que je voi.
CLIMENE.
Une effroiable flâme
Se répand dans les airs.
THEONE.
Que la crainte trouble mon ame !
Phaëton, tu te pers.
Tu vas embraser l'Univers.
Le Chœur.
Dieux ! quel feu vient par tout s'étendre !
Dieux ! tout va se réduire en cendre !
Quelle ardeur penetre en tous lieux !
Où fuirons-nous ! ô justes Dieux !

SCENE · VI.

LA DE'ESSE DE LA TERRE, THEONE, MEROPS, CLIMENE, *les deux Rois tributaires de Merops : troupes de divers Peuples : troupes de Pasteurs Egyptiens, & de Bergeres Egyptiennes.*

LA DE'ESSE DE LA TERRE.

C'Est votre secours que j'implore,
Jupiter, sauvés-moi du feu qui me devore.
Ai-je pû meriter un si cruel tourment ?
Ah ! s'il faut qu'un embrasement
A la fin me reduise en poudre,
Que je ne brûle au moins que du feu de la foudre :
Grand Dieu, ne me refusez pas
La gloire de perir d'un coup de votre bras.

Roi des Dieux, armés-vous, il n'est plus temps
 d'attendre,
  Tout l'Empire qui suit vos loix
Bien-tôt ne sera plus qu'un vain monceau de cendre.
Les Fleuves vont tarir ; les Villes, & les Bois,
Les Monts les plus glacez, tout s'embrase à la fois,
  Les Cieux ne peuvent s'en défendre....
  Ah ! je sens suffoquer ma voix
   Avec peine je respire,
   Au milieu de tant de feux.
   Il faut que je me retire
   Dans mes Antres les plus creux.

SCENE VII.

PHAETON, MEROPS, CLIMENE, LIBYE, THEONE, *les deux Rois tributaires de Merops : troupes de divers Peuples : troupes de Pasteurs Egyptiens, & de Bergeres Egyptiennes.*

Phaëton paroît en desordre sur le Char du Soleil,
 qu'il ne peut plus conduire.

Le Chœur.

O Dieu qui lancez le Tonnerre,
Hâtés-vous de sauver la Terre :
 Nous brûlons, nous allons perir ;
Venez, ô ! Jupiter, venez nous secourir.

SCENE DERNIERE.

JUPITER, PHAETON, MEROPS, CLIMENE, LIBYE, THEONE, *les deux Rois tributaires de Merops : troupes de divers Peuples : troupes de Pasteurs Egyptiens, & de Bergeres Egyptiennes.*

JUPITER.

AU bien de l'Univers ta perte est necessaire ;
    Sers d'exemple aux audacieux :
Tombe avec ton orgüeil, trebuche, temeraire,
Laisse en paix la Terre, & les Cieux.

Jupiter foudroie Phaëton, & le fait trebucher.

CLIMENE & THEONE.

O sort fatal !

MEROPS, LIBYE, & LE CHOEUR.

O chûte affreuse !
O temerité malheureuse !

Fin du cinquiéme & dernier Acte.

AMADIS,
TRAGEDIE
EN MUSIQUE.
REPRESENTE'E
PAR L'ACADEMIE ROYALE
de Musique, le 15. Janvier 1684.

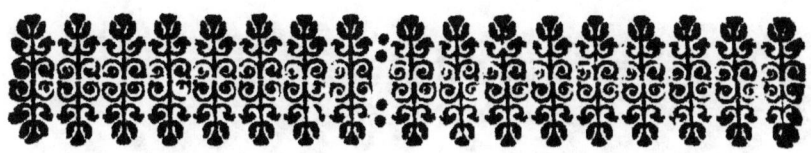

ACTEURS
DU
PROLOGUE.

ALQUIF, *celebre Enchanteur, Epoux d'Urgande.*

URGANDE, *celebre Enchanteresse, Epouse d'Alquif.*

Suivants d'Alquif.

Suivantes d'Urgande.

PROLOGUE.

LE Theatre represente les lieux qu'Alquif & Urgande ont choisis pour y demeurer enchantez & assoupis avec leur suite.

Un Eclair & un coup de Tonnerre commencent à dissiper l'assoupissement d'Alquif, d'Urgande & de leur Suite.

ALQUIF & URGANDE *sous un riche pavillon.*

AH ! j'entens un bruit qui nous presse
  De nous rassembler tous :
    Le charme cesse,
    Eveillons-nous.

Les Suivans d'Alquif, & les Suivantes d'Urgande s'éveillent, & repetent ces deux Vers.
    Le charme cesse
    Eveillons-nous.

ALQUIF & URGANDE.

Esprits empressés à nous plaire,
Vous qui veilliez ici pour notre sûreté,
Votre soin n'est plus necessaire
Vous pouvés desormais partir en liberté.

Que le Ciel annonce à la Terre

Tome II.   L

PROLOGUE.

La fin de cet enchantement,
Brillans Eclairs, bruiant Tonnerre,
Marquez avec éclat ce bienheureux moment.

Le Chœur répéte ces quatre derniers Vers.

Les Statuës qui soûtiennent le pavillon, l'emportent en volant au bruit du tonnerre, & à la lueur des éclairs.

Les Suivans d'Alquif & les Suivantes d'Urgande se réjoüissent de n'être plus enchantez, & témoignent leur joie en dansant & en chantant.

Une des Suivantes d'Urgande.

Les plaisirs nous suivront desormais,
Nous allons voir nos desirs satisfaits.
Vivons sans allarmes,
Vivons tous en paix.
Revenez, reprenez tous vos charmes,
Jeux innocens, revenez pour jamais.
Il est tems que l'Aurore vermeille
Cede au Soleil qui marche sur ses pas ;
Tout brille ici bas.
Il est tems que chacun se réveille ;
L'Amour ne dort pas,
Tout sent ses appas.
L'aimable zéphire
Pour Flore soûpire ;
Dans un si beau jour
Tout parle d'amour.

URGANDE.

Lorsqu'Amadis périt, une douleur profonde
Nous fit retirer dans ces lieux.
Un charme assoupissant devoit fermer nos yeux
Jusqu'au tems fortuné que le destin du monde
Dépendroit d'un Heros encor plus glorieux.

ALQUIF.

Ce Heros triomphant veut que tout soit tranquile;

PROLOGUE.

En vain mille Envieux s'arment de toutes parts,
D'un mot, d'un seul de ses regards,
Il sçait rendre à son gré leur fureur inutile.

ALQUIF & URGANDE.
C'est à lui d'enseigner
Aux Maîtres de la Terre
Le grand art de la Guerre,
C'est à lui d'enseigner
Le grand art de régner.

URGANDE.
Retirons Amadis de la Nuit éternelle.
Le Ciel nous le permet, un Sort nouveau l'appelle
Où son Sang regnoit autrefois.

ALQUIF.
Nous ne saurions choisir de demeure plus belle.
Allons être témoins de la gloire immortelle
D'un Roi l'étonnement des Rois,
Et des plus grands Heros le plus parfait Modelle.

URGANDE & ALQUIF.
Tout l'Univers admire ses Exploits,
Allons vivre heureux sous ses Loix.

Le Chœur répéte ces deux derniers Vers.

La Suite d'Alquif & d'Urgande témoigne leur joie en dansant & en chantant.

Une des Suivantes d'Urgande, & le Chœur.
Suivons l'amour, c'est lui qui nous meine,
Tout doit sentir son aimable ardeur.
Un peu d'amour nous fait moins de peine
Que l'embarras de garder notre cœur.

Malgré nos soins, l'Amour nous enchaîne;
On ne peut fuir ce charmant Vainqueur.
Un peu d'amour nous fait moins de peine
Que l'embarras de garder notre cœur.

ALQUIF & URGANDE.
Volez, tendres Amours, Amadis va revivre.

PROLOGUE.

Son grand cœur est fait pour vous suivre,
Volez, volez, aimables jeux,
Conduisez Amadis en des climats heureux.

Le Chœur répéte ces deux derniers Vers.

Les Amours & les Jeux volent.

Fin du Prologue.

ACTEURS DE LA TRAGEDIE.

AMADIS, *Fils du Roi Perion de Gaule.*

ORIANE, *Fille de Lisnart, Roi de la Grande Bretagne.*

FLORESTAN, *Fils naturel du Roi Perion de Gaule.*

CORISANDE, *Souveraine de Gravesande.*

Troupe de Chevaliers combattans dans des Jeux à l'honneur d'Oriane.

ARCALAUS, *Chevalier Enchanteur, Frere d'Arcabonne, & d'Ardan Canile.*

ARCABONNE, *Enchanteresse, Sœur d'Archalaus, & d'Arlan Canile.*

Troupe de Suivans, & de Soldats d'Archalaus.

Troupe de Démons, sous la figure de Mon-

*s*tres terribles, de Nymphes agreables, de Bergers & de Bergeres.
Troupe de Captifs.
Troupe de Captives.
Troupe de Geoliers.
Démons volans qui conduisent Arcabonne.
L'ombre d'Ardan Canile.
URGANDE, celebre Enchanteresse, amie d'Amadis.
Troupe de Suivantes d'Urgande.
Troupe de Démons infernaux.
Troupe de Démons de l'Air.
Troupe de Heros & d'Heroïnes, enchantez dans la Chambre défenduë du Palais d'Apollidon.

AMADIS,
TRAGEDIE.

ACTE I.

Le Theatre represente le Palais du Roi Lisuart, pere d'Oriane.

SCENE PREMIERE.

AMADIS, FLORESTAN.

FLORESTAN.

Je reviens dans ces lieux pour y voir ce
    que j'aime :
Chaque moment est cher pour moi :
Mais au sang qui nous joint je sai ce que je
    doi ;
Je ne puis vous laisser sans une peine extrême
Dans la douleur où je vous voi.

Le grand cœur d'Amadis doit être inébranlable ;
Quel malheur peut troubler un Heros indomptable,
Vainqueur des fiers Tirans, & des Monstres affreux.....
AMADIS.
J'aime, helas ! c'est assez pour être malheureux.
FLORESTAN
Sans cesse vous volez de victoire en victoire,
Votre grand Nom s'étend aussi loin que le jour ;
    Si vous vous plaignés de l'Amour,
    Consolés-vous avec la Gloire.
AMADIS.
    Ah ! que l'amour paroît charmant !
Mais, helas ! il n'est point de plus cruel tourment.
Que je trouvois d'appas dans ma naissante flame !
Que j'aimois à former un tendre engagement !
    Je paierai bien cherement
Les trompeuses douceurs qui séduisoient mon ame.
    Ah que l'amour paroît charmant !
Mais helas ! il n'est point de plus cruel tourment.
    J'ai choisi la Gloire pour guide,
J'ai prétendu marcher sur les traces d'Alcide ;
    Heureux ! si j'avois évité
Le charme trop fatal dont il fut enchanté !
    Son cœur n'eut que trop de tendresse,
    Je suis tombé dans son malheur ;
    J'ai mal imité sa valeur,
    J'imite trop bien sa foiblesse.
J'aime Oriane, helas ! je l'aime sans espoir.
FLORESTAN.
Elle dépend d'un pere, elle suit son devoir.
AMADIS.
Oriane m'aimoit, je l'aimois sans allarmes.
FLORESTAN.
Que vous peut-elle offrir que d'inutiles larmes ?
L'Empereur des Romains sur son Trône l'attent.
AMADIS.
Je pourrois l'obtenir par la force des armes
    Si son amour étoit constant ;

Et je croiois son cœur à l'épreuve des charmes
Tu trône le plus éclatant.

Fût-il jamais Amant plus fidelle & plus tendre,
Fût-il jamais Amant plus malheureux que moi ?
La Beauté dont je suis la loi
Me bannit pour jamais sans me vouloir entendre;
Helas ! est-ce le prix que je devois attendre
De mon amour & de ma foi.
Fût-il jamais Amant plus fidelle & plus tendre,
Fût-il jamais Amant plus malheureux que moi ?
FLORESTAN.
Quand on est aimé comme on aime,
C'est une trahison que de se dégager,
Mais c'est une foiblesse extrême
D'aimer une inconstante & de ne pas changer.
Vous serez plus heureux dans une amour nouvelle.
AMADIS.
Oriane ingrate, & cruelle,
M'accable de mortels ennuis :
Mais j'ai juré de conserver pour elle
Une amour éternelle ;
Tout infortuné que je suis,
J'aime mieux être encor malheureux qu'infidelle.
C'est trop vous arrêter, allez, suivez l'Amour.
Corisande en ces lieux attend votre retour.
FLORESTAN.
Vous puis-je abandonner à votre inquietude ?
AMADIS.
Un amour malheureux cherche la solitude.

SCENE II.

CORISANDE, FLORESTAN.

CORISANDE.

Florestan !
FLORESTAN.
Corisande !
FLORESTAN & CORISANDE.
O bienheureux moment
Qui finis mon cruel tourment !
Aprés la rigueur extrême
D'un fatal éloignement ;
Que c'est un plaisir charmant
De revoir ce que l'on aime !
FLORESTAN.
Il faut unir votre cœur & le mien
D'un éternel lien.
CORISANDE.
Venez regner aux lieux où je commande.
FLORESTAN.
Aimons-nous, belle Corisande,
Et contons la grandeur pour rien.
FLORESTAN & CORISANDE.
Vous êtes le seul bien
Que mon amour demande.
CORISANDE.
Que ne puis-je arrêter l'ardeur
Qui vous porte à chercher les perils de la guerre !
Que ne vous puis-je offrir l'Empire de la Terre
Avec l'Empire de mon cœur.
FLORESTAN.
Trop heureux que l'amour avec moi vous engage ;

TRAGEDIE.

Trop heureux de porter vos fers,
J'estime plus cent fois un si doux esclavage
Que l'Empire de l'Univers.

CORISANDE.

Si votre cœur eut été bien sensible
Au tendre amour qui me tient sous sa loi,
Vous eut-il été possible
De vous éloigner de moi ?

FLORESTAN.

Fils d'un Roi dont le nom par tout s'est fait connoître,
Et frere d'Amadis le plus grand des Heros ;
Pouvois-je demeurer dans un honteux repos ?
Aurois-je démenti le sang qui m'a fait naître ?
Pour mériter de plaire aux yeux qui m'ont charmé
J'ai cherché tout l'éclat que donne la victoire :
Si j'avois moins aimé la gloire
Vous ne m'auriez pas tant aimé.

CORISANDE.

La loi que fait l'amour doit être enfin suivie,
Quand on a satisfait la Gloire & le devoir.

FLORESTAN & CORISANDE.

C'est ma plus chere envie
De vous aimer toute ma vie ?
C'est mon plus doux espoir,
De vous aimer & de vous voir.

SCENE III.

ORIANE, FLORESTAN, CORISANDE.

CORISANDE.

Je revoi Florestan, je le revoi fidelle.
ORIANE.
Ah! qu'il est beau d'aimer d'une amour éternelle!
FLORESTAN.
C'est en vain qu'Amadis vous aime constamment,
Et vous l'avez banni par une loi cruelle.
ORIANE.
Non, ne défendez point un si volage Amant.
Sa premiere amour est finie;
Il adore Briolanie.
Le Confident de sa nouvelle ardeur
N'a que trop bien sçu m'en instruire :
Il n'est plus permis à mon cœur
De se laisser seduire.
FLORESTAN.
Se peut-il qu'Amadis vous ait manqué de foi ?
ORIANE.
Ma Rivale n'est que trop belle.
CORISANDE.
Etes-vous moins aimable qu'elle ?
ORIANE.
Elle a l'avantage sur moi
D'être une Conquête nouvelle.
FLORESTAN.
Amadis est saisi d'un mortel desespoir.
ORIANE.
Non, non, ce n'est qu'un artifice

Dont il couvre son injustice,
Il sera trop content de ne me jamais voir.

CORISANDE.

L'Injustice seroit étrange
De vouloir ajoûter la feinte au changement :
Au moins, un grand cœur, quand il change,
Doit changer sans déguisement.

ORIANE.

L'Ingrat, un peu plus tard auroit changé son crime,
Je vais devenir la victime
Du devoir qui regle mon sort.
L'Inconstant n'a-t'il pû se faire un peu d'effort ?
De lui-même bien-tôt son cœur alloit dépendre :
Eh ! que n'attendoit-t'il mon hymen, ou ma mort,
Il ne devoit plus guere attendre.

FLORESTAN.

Amadis punit les ingrats,
L'Innocence opprimée a recours à son bras,
La Justice trop foible à son secours l'appelle;
Jamais tant de vertu n'a si bien merité
Une gloire immortelle :
Un Heros ennemi de l'infidelité
Peut-il être Amant infidelle ?

ORIANE.

L'éclat de tant de gloire avoit jusqu'à ce jour
Ebloüi mon ame credule.
Ah ! les plus grands Heros ne font pas grand scrupule
D'une infidelité d'amour.
Pourquoi me plaindre d'une offense
Qui met mon cœur en mon pouvoir ?
Que je profite mal d'une heureuse inconstance
Qui m'aide à suivre mon devoir !
Juste dépit, brisez ma chaîne.
J'allois finir mes tristes jours,
Plûtôt que de trahir de si belles amours ;
Amadis les trahit sans peine.

AMADIS,

Juste dépit, brisez ma chaîne.
C'est à vous seul que j'ai recours.
Helas ! vous m'agittez d'une colere vaine.
Que je me sens tremblante, inquiete, incertaine !
Que je suis foible encore avec vôtre secours,
Juste dépit, brisez ma chaîne.

FLORESTAN & CORISANDE.

Non ; on ne sort pas aisément.
D'un amoureux engagement.

ORIANE.

Malheureux qui s'engage
Avec un cœur volage !

ORIANE, FLORESTAN & CORISANDE.

Trop heureux qui peut s'engager
Pour ne jamais changer.

CORISANDE.

Deux Partis vont ici disputer la victoire.
Ces Jeux guerriers se font à vôtre gloire.

ORIANE.

Que j'ai de peine à cacher mes enuuis !
Ne m'abandonnez pas dans le trouble où je suis,

TRAGEDIE.

SCENE IV.

Troupe de Combattans de deux differens Partis.

ORIANE, FLORESTAN, CORISANDE.

Les deux Partis font divers combats & les victorieux portent les armes qu'ils ont gagnées aux pieds d'Oriane.

CHOEUR.

BElle Princesse que vos charmes,
  Ont enchanté de cœurs !
Vous forcez les plus fiers vainqueurs
 A vous rendre les armes.
Les plus grands Rois de l'Univers
Font gloire de porter vos fers.

Fin du premier Acte.

ACTE II.

Le Theatre change, & represente une Forêt dont les arbres sont chargez de trophées, on y voit un pont, & un pavillon au bout.

SCENE PREMIERE.

ARCABONNE seule.

Amour, que veux-tu de moi ?
Mon cœur n'est pas fait pour toi.
Non, ne t'oppose point au penchant qui m'entraîne,
Je suis accoutumée à ressentir la haine,
Je ne veux inspirer que l'horreur & l'effroi.
 Amour, que veux-tu de moi ?
 Mon ame auroit trop de peine
 A suivre une douce loi,
 C'est mon sort d'être inhumaine.
 Amour, que veux-tu de moi ?
 Mon cœur n'est pas fait pour toi.

SCENE II.

ARCALAUS, ARCABONNE.

ARCALAUS.

MA Sœur, qui peut causer votre sombre tristesse ?
Le silence des bois sert à l'entretenir.
ARCABONNE.
Il faut avoüer ma foiblesse
Pour commencer à m'en punir.
Un Heros, contre un Monstre, un jour prit ma défense ;
J'étois morte sans son secours.
Il ne voulut pour récompense
Que le plaisir secret d'avoir sauvé mes jours.
Je n'ai point sçu quel Heros m'a servie ;
Je m'informai de son nom vainement :
Mais son casque tomba, je le vis un moment ;
Ce moment fut fatal au reste de ma vie.

Cet inconnu si genereux
Ne me parut que trop aimable ;
Il m'en revient sans cesse une image agreable
Qui me plaît plus que je ne veux.

J'ai honte de mon trouble extrême ;
Je suis par tout l'amour, je sens par tout ses traits ;
Je cherche en vain les paisibles Forêts ;
Helas ! jusqu'au silence même,
Tout me parle de ce que j'aime.
ARCALAUS.
L'amour, n'est qu'une vaine erreur,
On n'en est point surpris quand on veut s'en défendre.

Est-ce à vous d'avoir un cœur tendre?
Vôtre cœur tout entier n'est dû qu'à la fureur.
ARCABONNE.
Non, je ne connoi plus mon cœur.
L'amour qu'il a bravé le reduit à se rendre:
Tout barbare qu'il est, il se laisse surprendre
D'une douce langueur.
Non, je ne connoi plus mon cœur.
ARCALAUS.
Délivrez-vous de l'esclavage
Où l'amour vous engage.
Vous qui sçavez commander aux enfers,
Ne sçauriez-vous briser vos fers?
ARCABONNE.
Vous m'avez enseigné la science terrible
Des noirs enchantemens qui font pâlir le jour;
Enseignez-moi s'il est possible
Le secret d'éviter les charmes de l'amour.
ARCALAUS.
Songez que notre sang nous demande vengeance.
Amadis l'a versé: sa valeur nous offense:
Le superbe Amadis a terminé le sort
Du redoutable Ardan nôtre malheureux Frere.
ARCABONNE.
Que le nom d'Amadis m'inspire de colere!
Quand pourrai-je goûter le plaisir de sa mort?
ARCALAUS.
Que j'aime à voir en vous ce genereux transport!
ARCALAUS & ARCABONNE.
Irritons nôtre barbarie;
Ecoutons nôtre sang qui crie,
Perisse l'ennemi qui nous ose outrager.
Ah! qu'il est doux de se vanger!
ARCABONNE.
L'espoir de la vengeance aujourd'hui me console
De tout ce que l'amour m'a causé de tourmens.
Hâtez-vous de livrer à mes ressentimens.
L'ennemi qu'il faut que j'immole,

TRAGEDIE. 259
ARCALAUS.
Laissez-moi l'engager dans mes enchantemens.

Arcabonne se retire, Archalaus demeure dans la Forêt, & apperçoit Amadis qui s'avance.

SCENE III.

ARCALAUS *seul.*

Dans un piege fatal son mauvais sort l'ameine.
Esprits malheureux, & jaloux,
Qui ne pouvez souffrir la vertu qu'avec peine ;
Vous, dont la fureur inhumaine
Dans les maux qu'elle fait trouve un plaisir si doux ;
Demons, préparez-vous
A seconder ma haine ;
Demons, préparez-vous
A servir mon courroux.

Arcalaus se retire dans le Pavillon qui est au bout du Pont.

SCENE IV.

AMADIS *seul.*

Bois épais, redouble ton ombre :
Tu ne sçaurois être assez sombre ;
Tu ne peux trop cacher mon malheureux amour.
Je sens un desespoir dont l'horreur est extréme,
Je ne doi plus voir ce que j'aime,
Je ne veux plus souffrir le jour.

SCENE V.
CORISANDE, AMADIS.
CORISANDE.

O Fortune cruelle !
Tu prens plaisir à me troubler,
Tu me flatois pour m'accabler
D'une peine mortelle,
O Fortune cruelle !

AMADIS.
Ciel ! par un prompt trépas finissés ma douleur.
CORISANDE.
Ciel ! par un prompt secours finissez mon malheur.
AMADIS & CORISANDE *sans se voir.*
Helas ! quels soûpirs me répondent ?
Helas ! quels soûpirs, quels regrets,
Avec mes plaintes se confondent ?
Helas ! quels soûpirs, quels regrets,
Me répondent dans ces Forêts ?
CORISANDE.
Que voi-je ? Amadis.
AMADIS.
     Qui m'apelle ?
CORISANDE.
Par quel sort puis-je ici vous voir ?
AMADIS.
Vous voiez un Amant fidelle
Réduit au dernier desespoir.
CORISANDE.
Protegés la vertu que l'injustice opprime.
Secourés Florestan ; même sang vous anime ;
Il étoit comme vous l'appui des malheureux ;

Je n'ai pû retenir son cœur trop genereux,
Aux pleurs d'une Inconnuë il s'est laissé seduire.
La perfide a sçu le conduire
Dans des enchantemens affreux.
AMADIS.
Pour l'aller secourir quel chemin faut-il prendre ?
CORISANDE.
A d'horribles dangers vous devez vous attendre.
AMADIS.
J'ai vû le danger sans effroi
Lorsque mes jours heureux étoient dignes d'envie ;
Puis-je craindre la Mort dans un temps où la Vie
N'est plus qu'un supplice pour moi ?
CORISANDE.
Florestan est tombé dans un triste esclavage
En voulant passer dans ses lieux.
AMADIS.
Allons.

SCENE VI.

ARCALAUS, SUIVANS D'ARCALAUS AMADIS, CORISANDE.

ARCALAUS *empêchant Amadis de passer sur le Pont.*

Arrête, audacieux.
Arrête, j'entreprens de garder ce Passage.
Voi ces marques de mes Exploits,
Voi combien de Guerriers m'ont cedé la Victoire.
Joins un nouveau Trophée à ceux que dans ces
Bois

AMADIS,
J'ai fait élever à ma gloire.
AMADIS.
Cesse de m'arrêter, ne force point mon bras
A tourner sur toi ma vengeance.
ARCALAUS.
Si tu cherches ton Frere, il est en ma puissance.
CORISANDE.
Rendez-moi Florestan.
ARCALAUS.
Allez, suivez ses pas,
Suivez vôtre Amant au trépas.

Les Suivans d'Arcalaus amenent Corisande.

Amadis, Amadis, nôtre unique esperance,
Ah ! ne nous abandonnez pas.
AMADIS.
Perfide, il faut que je punisse
Ta barbare injustice.

Amadis combat contre Archalaus.

ARCHALAUS.
Esprits infernaux il est temps
De me donner le secours que j'attens.

SCENE VII.

Plusieurs Démons sous la figure de Monstres terribles, s'efforcent en vain d'étonner & d'arrêter Amadis. D'autres Démons sous la forme de Nymphes, de Bergers & de Bergeres, prennent la place des Monstres, & enchantent Amadis.

AMADIS, Troupe de Nymphes, de Bergers, & de Bergeres.

LE CHOEUR.
NOn, non, pour être invincible,
On n'en est pas moins sensible,
Quel Vainqueur a resisté
Au charme de la Beauté ?

DEUX BERGERS.
Aimez, soûpirez, Cœurs fidelles ;
　L'Amour dans ces Bois
Prend des forces nouvelles.
　Heureux mille fois
Ceux qu'il tient sous ses loix.
　Il fait disparaître
　L'horreur des Deserts,
Tout le suit, c'est le maître
　De tout l'Univers,
Quel Empire doit être
　Plus doux que ses fers ?

Deux Nymphes & le Chœur.
Vous ne devez plus attendre
Rien qui trouble nos desirs,

AMADIS,

Cedez aux Plaisirs
Qui viennent vous surprendre.
Cedez, il est temps de vous rendre,
Cedez, rendez-vous
Aux charmes les plus doux ;
L'Amour est pour nous.
C'est en vain que l'on veut s'en défendre,
Cedez, il est temps de vous rendre,
Cedez, rendés-vous
Aux charmes les plus doux.
C'est l'Amour qui doit prétendre
De savoir vous desarmer,
L'Amour doit former
Les chaînes d'un cœur tendre.
Cedez, il est temps de vous rendre,
Cedez, rendez-vous
Aux charmes les plus doux,
L'Amour est pour nous.
C'est en vain que l'on veut s'en défendre, &c.

Amadis enchanté, croit voir Oriane.
AMADIS.
Est-ce vous, Oriane ? ô Ciel ! est il possible ?
Votre cœur contre moi n'est-il plus irrité ?
L'éclat de vos beaux yeux dans ce Bois écarté
Chasse ce que l'Enfer a formé de terrible.
Que vivre loin de vous est un supplice horrible !
Quel plaisir de vous voir ! que j'en suis enchanté !
Disposez de ma vie & de ma liberté.

Amadis met son épée aux pieds de la Nymphe qu'il prend pour Oriane, & la suit avec empressement.
Le Chœur.
Non, non, pour être invincible
On n'en est pas moins sensible,
Quel Vainqueur a resisté
Au charme de la Beauté ?

Fin du second Acte.

ACTE

ACTE III.

Le Theatre change, & represente un vieux Palais ruiné, on y voit le tombeau d'Ardan Canile, & plusieurs differens cachots.

SCENE PREMIERE.

FLORESTAN, *enchaîné, & enfermé dans un cachot.* CORISANDE *enchaînée, & enfermée dans un autre cachot.*

Troupe de Captifs enfermez, troupe de Captives enfermées, troupe de Geoliers.

Le Chœur des Captifs & des Captives.

Ciel! finissez nos peines.
Chœur de Geoliers.
Vos clameurs seront vaines.

Chœur de Captifs & de Captives.

Ciel! ô Ciel! quel supplice! helas!

Chœur de Geoliers.
Le Ciel ne vous écoute pas.

Un Captif & une Captive.

Souffrirons-nous toûjours ces rigueurs inhumaines?
Un des Geoliers.
Vous ne sortirez de vos chaînes
Que par le secours du trépas.
FLORESTAN.
Que devient ce bonheur si rare
Dont l'amour nous avoit flattez?
CORISANDE.
Sont-ce là les liens que l'Himen nous prépare?

FLORETAN.

Je ne sens que le poids des fers que vous portés.

FLORESTAN & CORISANDE.

Que devient ce bonheur si rare
Dont l'amour nous avoit flattez?
Un des Captifs.
O Mort! que vous êtes lente!
O mort! ô funeste mort
Répondez à mon attente;
O mort! ô funeste mort
Terminez mon triste sort.
Un autre Captif.
La mort toûjours cruelle
Aime à trancher des jours heureux;
Et n'entend point les vœux
D'un Infortuné qui l'appelle.
Un des Geoliers.
Tel s'empresse d'appeller
La mort quand elle est absente;
Qui commence de trembler
Si-tôt qu'elle se présente.

TRAGEDIE.

Le Chœur des Captifs & des Captives.
O mort ! que vous êtes lente,
O mort ! ô funeste mort,
Répondez à mon attente,
O mort ! ô funeste mort
Terminez mon triste sort.

SCENE II.

ARCABONNE, *& les mêmes Acteurs de la Scene précedente.*

Arcabonne conduite & portée en l'air par des Démons, descend dans le Palais ruiné.

ARCABONNE.

IL est tems de finir vôtre plainte importune ;
Sortez, traînez ici vos fers.

Les Geoliers ouvrent les Cachots, & les Captifs en sortent.
Les Captifs.
Contentez-vous des maux que nous avons soufferts ;
Faites cesser nôtre infortune.
ARCABONNE.
Vous allez cesser de souffrir,
Malheureux, vous allez mourir.

Bien-tôt l'ennemi qui m'outrage
Sera remis en mon pouvoir :
Et plus je suis prés de le voir,
Plus je sens augmenter ma rage.
Le sang, où l'amitié vous unit avec lui,
Vous perirez tous aujourd'hui.

AMADIS,

Les Captifs.
La mort est plus digne d'envie
Qu'une si déplorable vie.

ARCABONNE, & les Geoliers.
Vous allez cesser de souffrir,
Malheureux, vous allez mourir.

CORISANDE.
Florestan !

FLORESTAN.
Corisande !

FLORESTAN & CORISANDE.
Quel sort pour nos tendres amours.

CORISANDE.
Faut-il que vôtre sang à mes yeux se répande ?

FLORESTAN
Faut-il voir ce que j'aime expirer sans secours ?

CORISANDE.
Que le juste Ciel vous deffende.
C'est l'unique faveur qu'en mourant je demande.

FLORESAN.
Non, non, le coup fatal qui doit trancher mes jours
N'est pas celui que j'aprehende.

CORISANDE.
Florestan !

FLORESTAN.
Corisande ?

FLORESTAN & CORISANDE.
Quel sort pour nos tendres amours

Ils parlent à Arcabonne.
Cruelle, que vôtre colere
Se contente de m'immoler.

ARCABONNE.
Non, trop de sang ne peut couler
Pour venger le sang de mon frere.

Consolez-vous dans vos tourmens
La mort n'est pas un mal si cruel qu'il le semble.

TRAGEDIE.

C'est unir deux amans
Que de les immoler ensemble.

CORISANDE.

Puisque le Ciel ne permet pas
Que je vive avec vous dans un bonheur extrême,
Avec vous la mort même
A pour moi des appas.
La douceur de mourir avec ce que l'on aime
Dissipe l'horreur du trépas.

Florestan & Corisande repetent ensemble ces deux derniers Vers.

FLORESTAN.

Heureux, dans nos malheurs, que rien ne nous separe.
Non pas même la mort barbare.

CORISANDE.

Portons un nœud si beau
Jusques dans le tombeau.

Florestan & Corisande repetent ensemble ces deux derniers Vers.

ARCABONNE.

Ah ! c'est trop entendre
Un amour si tendre !
Vous m'importunez.
Taisez-vous, infortunez.

Les Captifs.

Quelle rigueur de nous contraindre
A souffrir sans nous plaindre !
O juste Ciel ! vengez-nous !

Les Geoliers.

Infortunez, taisez-vous.

ARCABONNE.

Toi, qui dans ce tombeau n'es plus qu'un peu de cendre
Et qui fus de la Terre autrefois la terreur.

M 3

AMADIS,
Reçois le sang que ma fureur
S'empresse de répandre.
Qu'entens-je ! Quel gemissement
Sort de ce monument ?
Je vais répondre à vôtre impatience,
Manes plaintifs, cessez de murmurer,
Je punirai qui nous offense
Par la plus cruelle vengeance
Que la rage puisse inspirer.
Je vais répondre à vôtre impatience,
Manes plaintifs, cessez de murmurer,

SCENE III.

L'OMBRE D'ARDAN CANILE,
& les mêmes Acteurs de la Scene précedente.

L'OMBRE D'ARDAN *sortant de son tombeau.*

AH ! tu me trahis malheureuse.
ARCABONE.
J'ai juré d'achever une vengeance affreuse,
Voyez quelle est l'ardeur de mes ressentimens.
L'OMBRE.
Ah ! tu me trahis malheureuse.
Ah ! tu vas trahir tes sermens.

Je retombe, le jour me blesse.
Tu me suivras dans peu de temps ;
Pour te reprocher ta foiblesse,
C'est aux Enfers que je t'attens.
L'Ombre rentre dans le Tombeau.
ARCABONNE.
Non, rien n'arrêtera la fureur qui m'anime,
On vient me livrer ma victime.

SCENE IV.

AMADIS enchaîné. Troupe de Soldats qui gardent Amadis, & les mêmes Acteurs de la Scene précedente.

Arcabonne s'approche d'Amadis avec un poignard à la main.

ARCABONNE.
Meurs.. que mes sens sont interdits!
O Ciel! que vois-je! est-ce Amadis?
AMADIS.
Je suis un malheureux qui n'ai plus d'autre envie
Que de trouver la fin de mon funeste sort.
ARCABONNE.
Quoi l'ennemi dont j'ai juré la mort,
Est le Heros qui m'a sauvé la vie?
Qu'est-ce que j'entreprens? un trépas inhumain
De mon liberateur seroit la récompense?
Non, une cruelle vengeance
Contre vos jours m'a fait armer en vain :
Une juste reconnoissance
Me fait tomber les armes de la main.

Vivez, quittez vos fers, ne craignez plus ma haine
Quel prix vous puis-je offrir pour ce que je vous dois?
AMADIS.
D'innocens malheureux ont trop souffert pour moi;
Le seul prix que je veux, c'est de briser leur chaîne.
ARCABONNE.
Allez, en liberté goûter un doux repos :

Rendez graces à ce Heros.

Arcabonne fait remettre en liberté Florestan, Corisande, & les autres Captifs & Captives, mais elle retient Amadis & l'emmene avec elle. Les Captifs & les Captives se réjouissent de la liberté qui leur est rendue

FLORESTAN, CORISANDE, *& le Chœur.*

Sortons d'esclavage.
Profitons de l'avantage
Qu'Amadis a remporté :
Nôtre liberté
Est le prix de son courage
Sortons d'esclavage.
Amadis a surmonté
L'Envie & la Rage,
Amadis a surmonté
L'Enfer irrité.
Sortons d'esclavage
Profitons de l'avantage
Qu'Amadis a remporté :
Nôtre liberté
Est le prix de son courage
Sortons d'esclavage.

Fin du troisiéme Acte.

ACTE IV.

Le Theatre change, & represente une Isle agréable.

SCENE PREMIERE.

ARCALAUS, ARCABONNE.

ARCALAUS.

Par mes enchantemens Oriane est captive,
Sa beauté causa nos malheurs;
Dans ces lieux, sans pitié j'entens sa voix plaintive,
Et j'aime à voir couler ses pleurs.

Nôtre ennemi l'aimoit, il a tout fait pour elle,
Il combattoit pour l'obtenir.
ARCABONNE
Je viens de la voir, qu'elle est belle !
Vous ne la sçauriez trop punir.
ARCALAUS.
Ne permettons pas qu'elle ignore
La perte d'un amant dont son cœur est charmé;
Il faut qu'aprés la mort Amadis souffre encore
Dans ce qu'il a le plus aimé.

Aux regards d'Oriane exposés la victime,
Qu'à nos ressentimens vous venés d'immoler.
Un soûpir vous échappe ! & vous n'osés parler !
Est-ce par des soûpirs que la haine s'exprime ?
ARCABONNE.
Que vous êtes heureux de n'avoir à songer
Qu'à haïr, & qu'à nous vanger !
Helas ! dans nôtre ennemi même
J'ai trouvé l'Inconnu que j'aime.
ARCALAUS.
Vous aimés Amadis ! il voit encor le jour !
Quoi ! sur vôtre vengeance un lâche amour l'emporte ?
ARCABONNE.
La vengeance la plus forte
Est foible contre l'amour.
ARCALAUS.
Quelle foiblesse est plus étrange !
Nôtre ennemi mortel devient vôtre vainqueur ?
Malgré tant de sermens vôtre perfide cœur
Du parti d'Amadis se range,
Parjure, ah ! c'est de vous qu'il faut que je me vange.
ARCABONNE.
Je l'aime, malgré moi, cet ennemi charmant :
Je n'en puis être aimée, une autre a sçû lui plaire :
Je vous défie, avec vôtre colere,
D'inventer pour mon châtiment
Un plus cruel tourment.
ARCALAUS.
Pour augmenter vôtre supplice
Il faut vous faire voir ces deux Amans heureux:
Avant que ma vengeance en fasse un sacrifice,
Il faut que l'himen les unisse....
ARCABONNE
Ha ! que plûtôt cent fois ils perissent tous deux.

Entre l'amour & la haine cruelle
J'ai crû pouvoir me partager :

TRAGEDIE.

Mais dans mon cœur l'amour est étranger,
  Et la haine m'est naturelle.
 ARCABONNE *voyant approcher Oriane.*
Ma Rivale gémit : que ses maux me sont doux !
Pour punir ces Amans, j'imagine une peine
Digne de ma fureur & de votre couroux ?
  C'est peu d'une mort inhumaine....
   ARCALAÜS.
  Puis-je encor me fier à vous ?
   ARCABONNE.
  Fiez-vous à l'amour jaloux,
 Il est plus cruel que la haine.

SCENE II.

ORIANE *seule.*

A Qui pourrai-je avoir recours ?
C'est de vous, juste Ciel ! que j'attens du secours,
Sur ces bords inconnus, un Enchanteur barbare
  Dispose de mes tristes jours :
  L'Enfer contre moi se declare ;
  A qui pourrai-je avoir recours ?
C'est de vous, juste Ciel ! que j'attens du secours.

Autrefois, Amadis auroit pris ma deffense :
Mais l'inconstant m'oublie, & suit une autre loi.
  Pourquoi m'en souvenir, pourquoi
N'oublier pas de lui jusqu'à son inconstance ?
  Ici, loin de toute assistance
  Je tremble d'un mortel effroi ;
  Eh ! faut-il encor que je pense
  A qui ne pense plus à moi ?

SCENE III.

ARCALAUS, ORIANE.

ARCALAUS.

Je vous entens, cessez de feindre.
Plaignez-vous d'Amadis, je ne veux pas contraindre
  Un si juste courroux.

ORIANE.

  J'ai tant de sujet de m'en plaindre
Que j'ai presque oublié de me plaindre de vous.
Non, ce n'est point ici son secours que j'implore ;
Il est allé chercher la beauté qu'il adore,
Et je l'appellerois par des cris superflus.

ARCALAUS.

Lorsque vous le verrez ; vous l'aimerez encore.

ORIANE.

  Non, non, je ne le verrai plus.
Je dois trop le haïr pour renoüer la chaîne,
  Dont il a dégagé son cœur.

ARCALAUS.

Si vous le haïssez, j'ai servi vôtre haine,
A la fin, j'ai vaincu ce superbe vainqueur.

ORIANE.

Vous ? Vainqueur d'Amadis ! non, il n'est pas possible
  Qu'il ait cessé d'être invincible.
Tout cede à la valeur, & vous la connoissez...

ARCALAUS.

  Et c'est ainsi que vous le haïssez.

ORIANE.

Je veux haïr toûjours un amant si voiage
  Et je me le suis bien promis :

TRAGEDIE.

Mais ses plus cruels ennemis
Peuvent-ils s'empêcher d'admirer son courage.
Non, rien ne peut être assez fort,
Pour surmonter ce Heros indomptable.

ARCALAUS.

Voyez si je me vante à tort
D'avoir vaincu ce Vainqueur redoutable.

Amadis étendu sur ses armes ensanglantées, paroît mort.

SCENE IV.

ORIANE, AMADIS *qui paroît mort.*

ORIANE.

Que voy-je ! ô Spectacle effroyable !
O trop funeste sort !
Ciel ! ô Ciel ! Amadis est mort !

Ma colere lui fut fatale ;
J'eûs tort de l'accuser de suivre une autre amour ;
Que ne puis-je en mourant le rappeller au jour,
D'eût-il vivre pour ma Rivale.
Ciel qui nous donnas ce Heros,
Que ne prenois-tu sa défense
Contre l'Infernale puissance ?
L'Univers a perdu l'auteur de son repos.
Pleure, gemi, foible Innocence,
Pleure, helas ! tu n'as plus d'appui,
Tu vois expirer aujourd'hui
Ton unique esperance.
O trop funeste sort !
Ciel ! ô Ciel ! Amadis est mort !
Il m'appelle ; je le vais suivre

AMADIS,

Le sort qui nous rejoint m'est doux.
Amadis je vivois pour vous,
Vous mourrez, je ne puis plus vivre.

Oriane tombe évanoüie.

SCENE V.

ARCALAUS, ARCABONNE, AMADIS *qui paroît mort,* **ORIANE** *évanouie.*

ARCALAUS & ARCABONNE.

Quel plaisir de voir
Un si cruel desespoir !

ARCABONNE.

Joignez votre fureur à ma rage inhumaine,
Il faut que ces Amants revivent tour à tour
Pour souffrir une affreuse peine.

ARCALAUS.

Il faut faire de leur amour
Le Ministre de notre haine.

ARCALAUS & ARCABONNE.

Quel plaisir de voir
Un si cruel desespoir !

ARCABONNE.

Il faut qu'Amadis sorte
Du profond assoupissement
Où le tient notre enchantement,
Et qu'il pleure Oriane morte :
Mais pour eux contre nous quel pouvoir s'est armé,

ARCALAUS.

Qui peut conduire ici ce rocher enflâmé.

SCENE VI.

Un Rocher environné de flâmes s'approche; les flâmes se retirent, & laissent voir un Vaisseau sous la figure d'un Serpent, ce qui l'a fait appeler la grande Serpente. Urgande & ses Suivantes sortent de ce Vaisseau.

URGANDE, *Troupe de Suivantes d'Urgande.*
ARCALAUS, ARCABONNE, AMADIS *qui paroît morte.* ORIANE *évanouie.*

URGANDE.

JE soûmets à mes loix l'Enfer, la Terre & l'Onde,
Sans qu'on sçache où je suis je parcours tout le
    Monde,
   Et je connoi des secrets que les Cieux
   N'ont jusqu'ici dévoilé qu'à mes yeux.
M   j'arme seulement ma fatale puissance
    Contre l'injuste violence;
J'ai soin de relever le Mérite abattu,
Et je fais mon bonheur de servir la Vertu.
   Tremblez, tremblez, reconnoissez Urgande,
    Tout obéit, si-tôt que je commande,
     Barbares, laissez pour jamais
     Ces fidelles Amans en paix.

Urgande touche de sa baguette Arcalaus & Arcabonne.

ARCALAUS & ARCABONNE.

    Tout mon effort est inutile,
    Je demeure immobile;

Je cede aux charmes trop puissans
Qui saisissent mes sens.

Les Suivantes d'Urgande.

Tremblez, tremblez, reconnoissez Urgande
Tout obéït, si-tôt qu'elle commande;
Barbares, laissez pour jamais
Ces fidelles Amans en paix.

Les Suivantes d'Urgande jettent des fleurs & répandent des parfums sur Amadis & Oriane, pour commencer à dissiper l'enchantement dont ils sont saisis. Une partie de ces suivantes dansent, & les autres chantent.

Deux Suivantes d'Urgande.

Cœurs accablez de rigueurs inhumaines
Ne cessez point d'esperer en aimant.
Il est fâcheux de porter des chaînes,
C'est un cruel tourment!
Mais quand l'Amour en veut payer les peines
C'est un plaisir charmant.

Il vient un jour où les craintes sont vaines,
Un triste sort change dans un moment.
Il est fâcheux de porter des chaînes,
C'est un cruel tourment;
Mais quand l'Amour en veut payer les peines
C'est un plaisir charmant.

Les Suivantes d'Urgande emportent Amadis & Oriane dans le Vaisseau de la grande Serpente. Urgande avant que d'y rentrer touche une seconde fois de sa baguette Arcalaus & Arcabonne.

TRAGEDIE.
URGANDE.

Il faut que de vos sens je vous rende l'usage,
Perfides, je vous livre à votre propre rage.

Urgande rentre dans le Vaisseau de la grande Serpente, qui commence à s'éloigner & à se couvrir de flâmes.

ARCALAUS.

Demons soumis à nos loix,
Volez, venez nous défendre.
N'osez-vous rien entreprendr
Méprisez-vous notre voix ?
Hâtez-vous, c'est trop attendre.
Demons soûmis à nos loix,
Volez, venez nous défendre.

Les Démons des Enfers sortent pour secourir Arcalaus & Arcabonne. Les Demons de l'air viennent combattre contre ceux des Enfers, & les surmontent.

ARCALAUS & ARCABONNE.

On brave notre vain pouvoir,
Tout est contraire à notre envie:
Nous perdons tout espoir,
Renonçons à la vie.

Fin du quatriéme Acte.

ACTE V.

Le Théâtre change, & représente le Palais enchanté d'Apollidon, où l'on voit l'Arc des loyaux Amants, & la Chambre défendue dont la porte est fermée.

SCENE PREMIERE.

URGANDE, AMADIS.

URGANDE.

Apollidon par un pouvoir magique
Autrefois éleva ce Palais magnifique,
Consolez-vous en des lieux si charmants;
Vous y devez trouver la fin de vos tourmens.

AMADIS.

Je ne puis ressentir les charmes
Du plus agreable sejour,
Non, rien ne plaît à des yeux que l'amour
A condamnez à d'éternelles larmes.

URGANDE.

Oriane est ici, rappellez votre espoir.

TRAGEDIE.
AMADIS.
Oriane....
URGANDE.
Vous l'allez voir.
AMADIS.
Je puis voir par vos soins la Beauté que j'adore ;
Voir Oriane!.... helas! c'est l'irriter encore.
Ah que mon cœur se sent troubler !
Je tremble....
URGANDE.
Amadis peut trembler ?
AMADIS.
Je suis inébranlable
Contre un Ennemi redoutable
Dont il faut vaincre la fureur,
Mais contre la colere
De la Beauté qui m'a sçû plaire
Rien n'est si foible que mon cœur.
URGANDE
Dissipez une crainte vaine ;
Empressez-vous de voir Oriane en ces lieux.
AMADIS.
Je crains de meriter sa haine
Elle m'a défendu de paroître à ses yeux.
URGANDE.
C'est porter trop loin la constance
Que d'obéir sans resistance
A de si dures loix ;
Et quelquefois
L'amour s'offense
De trop d'obéïssance.

SCENE II.
ORIANE, AMADIS.
ORIANE.

Fermez-vous pour jamais, mes yeux, mes tristes
yeux.
Je pers ce que j'aime le mieux,
La clarté doit m'être ravie.
Helas ? quelle rigueur de me rendre la vie
Pour me faire sentir la perte que je fais !
Mes yeux, mes tristes yeux, fermez-vous pour jamais.
ORIANE & AMADIS.
O Ciel ! le puis-je croire ?
ORIANE.
Amadis ; vous vivez ?
AMADIS.
Vous plaignez mes malheurs ?
Vos beaux yeux m'ont donné des pleurs.
ORIANE.
Vous vivez ?
AMADIS.
Puis-je encor vivre en vôtre memoire ?
AMADIS & ORIANE.
O Ciel ! le puis-je croire !

ORIANE.
Je vous aime constamment
Malgré vôtre changement.
Dans une amour nouvelle
Vous pourrez trouver plus d'appas :
Mais vous n'y trouverez pas

Un cœur plus fidelle.

AMADIS.
Oriane, m'accusez-vous ?

ORIANE.
Briolanie a des charmes trop doux,
Je n'empêcherai pas que vôtre amour la suive...

AMADIS.
Ah ! ne reprenez plus vôtre fatal courroux
Si vous souhaitez que je vive.

ORIANE.
Vous aurez peu de peine à me desabuser,
Amadis, contre vous à regret je m'irrite ;
Le dépit que l'amour excite
Ne demande qu'à s'appaiser.

AMADIS.
Faut-il que vôtre cœur se soit laissé surprendre
D'un soupçon qui nous coûte un si cruel tourment ?

ORIANE.
C'est le défaut d'un cœur tendre
De s'allarmer aisément.

AMADIS & ORIANE.
Ma douleur eût été mortelle :
Helas ! j'allois y succomber.
Ah ! gardons-nous de retomber
Dans une peine si cruelle.

ORIANE.
Tout vous a dit
Que je vous aime
Mes larmes, ma douleur extréme,
Et jusqu'à mon dépit
Tout vous a dit
Que je vous aime.

AMADIS.
Je vous promets
De n'éteindre jamais

AMADIS,
Une flâme si belle
Je vous promets
Une amour éternelle.

Amadis & Oriane repetent ensemble ces derniers Vers.

SCENE III.

URGANDE, AMADIS, ORIANE.

URGANDE.

Enfin vos cœurs sont réünis.
AMADIS.
Par votre heureux secours nos troubles sont finis.
URGANDE.
Il est aisé d'appaiser les querelles
Dont les Amans fidelles
Ne sont tromblez que trop souvent :
L'amour chassé par la colere
Ne manque guere
De revenir plus fort qu'auparavant.
ORIANE
Je desespere d'un devoir severe,
Mon Pere a fait un choix qui s'opose à mes vœux.
URGANDE.
J'aurai soin d'obtenir l'aveu de votre Pere.
AMADIS & ORIANE.
Que ne devons-nous pas à vos soins genereux ?
URGANDE.
Un si parfait amour merite d'être heureux.
Il faut vous ôter tout ombrage,

TRAGEDIE.

Les Amans dans ces lieux, sous cet arc enchanté,
Trouvent le juste témoignage
De leur fidelité.

ORIANE.
Il me suffit de l'assûrance
Qu'Amadis me donne en ce jour.

URGANDE.
Peut-on trop r'assûrer l'amour
Mais Florestan ici vient montrer sa constance.

SCENE IV.

FLORESTAN, CORISANDE, URGANDE, AMADIS, ORIANE.

URGANDE *parlant à Florestan.*
IL est tems de vous arrêter.

FLORESTAN.
La valeur & l'amour doivent tout surmonter ;

Où suis-je, d'où vient ce nuage ?
Quel pouvoir arrête mes pas ?
Mille & mille invisibles bras
Défendent ce passage.

URGANDE.
Soyez content de l'avantage
Qu'aucun autre avant vous n'ait pû passer si loin.

CORISANDE.
Je connoi votre amour.

AMADIS.
L'Univers est témoin
Des efforts de votre courage.

URGANDE, CORISANDE, AMADIS & ORIANE.
Epargnez-vous un inutile soin.

URGANDE.

Amadis va tenter l'avanture fatale,
 Il doit l'achever aujourd'hui.
En amour, en valeur, nul autre ne l'égale ;
C'est un sort assez beau de ne ceder qu'à lui.

AMADIS.

Pour rendre tout possible à mon amour extrême,
Il suffit d'un regard de la Beauté que j'aime.

URGANDE, ORIANE, FLORESTAN & CORISANDE.

 Heros favorisé des Cieux :
 Soyez toûjours Victorieux.
 Amadis, votre amour fidelle
 Mérite une gloire immortelle.

Un Chœur de personnes invisibles repete ces quatre Vers, dans le tems qu'Amadis passe sous l'arc des loyaux Amans.

URGANDE *parlant à Oriane.*

 Suivez ce Heros glorieux
Vers la Chambre enchantée avancez sans allarmes.

AMADIS *conduisant Oriane.*

 Venez en surmonter les charmes,
Quels charmes sont plus forts que ceux de vos beaux
 yeux ?

SCENE DERNIERE.

La Chambre défenduë s'ouvre, & une Troupe de Heros, & d'Heroïnes qu'Apollidon y avoit autrefois enchantez, pour y attendre le plus fidelle des Amans & la plus parfaite des Amantes, reçoit Amadis & Oriane, & les reconnoît dignes de cet honneur.

AMADIS, ORIANE, URGANDE, FLORESTAN, CORISANDE, *Troupe de Heros, Troupe d'Heroïnes.*

Une des Heroïnes.

Fidelles cœurs, votre constance
Ne sera pas sans récompense,
Un sort heureux suit vos tourmens.
  A la fin l'Amour couronne
    Les parfaits Amans.
    Que les prix qu'il donne
    Sont doux & charmans !
  A la fin l'Amour couronne
    Les parfaits Amans.

Le Chœur repete ces derniers Vers.

Les Heros & les Heroïnes témoignent leur joie par des danses mêlées de chants.

Le grand Chœur.

Chantons tous en ce jour
La gloire de l'Amour.
Gardés-vous bien de briser vos chaînes,
Vous, qui souffrez de cruelles peines,
Ne cessez point d'être constans,

AMADIS,

Et vous ferés contens.

Le petit Chœur.

Nous devons suivre
Des loix qui doivent nous charmer;
Ce n'est pas vivre
Que vivre sans savoir aimer.

FLORESTAN *parlant à Corisande.*

Tout suit nos vœux,
Rien ne trouble notre vie,
Des plus beaux nœuds
Pour jamais l'Amour nous lie;
Je puis vivre pour vous,
Que mon bonheur est doux!

CORISANDE *parlant à Florestan.*

Il n'est plus temps de répandre des larmes,
Nous aimerons desormais sans allarmes;
Que de plaisirs! que de beaux jours
Vont s'offrir à nos amours!

Le grand Chœur.

Tout charme ici nos yeux,
Où peut-on être mieux?

Le petit Chœur.

Où peut-on être mieux
Que dans ces beaux lieux?

Le grand Chœur.

Les plus charmans plaisirs
Suivront tous nos desirs.

Le petit Chœur.

Les parfaites douceurs
Sont pour les tendres cœurs.

Un des Heros enchantez.

Joüissons à jamais

De la douce paix
Qui nous appelle.
Joüissons à jamais
De la douce paix
D'un amour fidelle.

Le grand Chœur.
C'est assez d'entreprendre
De faire un beau choix ;
Il suffit qu'un cœur tendre
S'engage une fois.

CORISANDE,
Quel tourment, quand l'amour est extrême,
De trembler pour l'objet que l'on aime !
Quel plaisir de se voir hors d'un mortel danger !
Quand les maux sont finis, qu'il est doux d'y songer !

Le grand Chœur.
A la fin, nous aimons sans rien craindre.
Ce n'est plus la saison de nous plaindre,
On fuiroit les Amours
S'ils gemissoient toujours.

Un des Heros enchantez, Florestan &
Corisande.
Un tendre amour ne plaît pas moins
Lorsqu'il tourmente ;
Plus un plaisir coûte de soins,
Plus il enchante.
Que le bonheur est charmant
Aprés un long tourment !

Le grand Chœur.
Mille Jeux innocens
Vont enchanter nos sens.

Le petit Chœur repete ces deux derniers Vers.

Un des Heros enchantez.
Amans inconstans, n'esperez pas

AMADIS,
De joüir d'un fort si plein d'appas.

Le grand Chœur.
Loin de nous, Infidelles,
Fuiez loin de nous,
Ces demeures si belles
Ne sont pas pour vous.

CORISANDE.
Au milieu d'un tourment sans égal,
L'Amour fait plaire ;
Il lui faut pardonner tout le mal
Qu'il nous veut faire.
Je n'ai point de regret aux pleurs que j'ai versez,
Le bonheur qui les suit les récompense assez.

Le grand Chœur.
Chantons tous en ce jour
La gloire de l'Amour.
Gardés-vous bien de briser vos chaînes,
Vous qui souffrez de cruelles peines ;
Ne cessez point d'être constans,
Et vous serez contens.

Fin du cinquiéme & dernier Acte.

ROLAND,
TRAGEDIE
EN MUSIQUE.
REPRESENTE'E

A la Cour le 18. *Janvier* 1685. *& par l'Academie de Musique, le* 8. *Février suivant.*

ACTEURS
DU
PROLOGUE.

DEMOGORGON, *Roi des Fées, & le premier des Genies de la Terre.*

Troupe de Fées.

Troupe de Genies de la Terre.

PROLOGUE.

LE THEATRE REPRESENTE le Palais de Demogorgon.

Demogorgon est sur son Thrône, accompagné d'une troupe de Genies, & d'une troupe de Fées.

DEMOGORGON.

LE Ciel qui m'a fait votre Roi,
Dans votre destin m'interesse.
Je vous assemble ici pour calmer votre effroi ;
Il est temps que les Jeux chassent votre tristesse.
La Paix fuioit au bruit des terribles Combats,
Mais la voix du Vainqueur la rapelle ici-bas.
La Guerre impitoiable, & ses fureurs affreuses,
Ne ravageront point vos Retraites heureuses.
  Tout cede au plus grand des Heros,
  En vain l'envie & la rage s'assemblent,
  Il ne punit ses Ennemis qui tremblent,
  Qu'en les condamnant au repos.

Demogorgon, la Principale Fée, & les Chœurs des Genies & des Fées.

On n'entend plus le bruit des Armes.
Doux Plaisirs, reprenez vos charmes.

PROLOGUE.
Jeux innocens, venez vous raſſembler,
Rien ne vous peut troubler.

Les Fées témoignent leur joie en danſant &
en chantant.

Le Chœur des Fées.

Que la Guerre eſt effroiable !
Quel bien eſt plus doux que la Paix ?
Peut-on trop cherir ſes attraits ?
Que ſon regne eſt aimable !
Qu'il dure à jamais.
Nous n'aurons que de beaux jours,
Que de jeux vont paroître !
Que nous verrons naître
De tendres amours !
Tout rit, tout enchante.
Chantons la Paix charmante,
Chantons le Sort heureux
Qui va combler nos vœux.
Chantons tous la Paix charmante
Chantons le Sort heureux
Qui va combler nos vœux.

La principale Fée.

Au milieu d'une paix profonde,
Offrons des Jeux nouveaux au Heros glorieux
Qui prend ſoin du bonheur du Monde.
Allons nous transformer pour paroître à ſes yeux.

DEMOGORGON.

Du celebre Roland renouvellons l'Hiſtoire.
La France lui donna le jour.
Montrons les erreurs où l'Amour
Peut engager un cœur qui neglige la Gloire.

PROLOGUE.

Demogorgon & la principale Fée.

Allons faire entendre nos voix
Sur les bords heureux de la Seine,
Allons faire entendre nos voix
Au Vainqueur dont tout suit les loix.

DEMOGORGON.

Il avoit mis aux fers la Discorde inhumaine;
En vain elle a rompu sa chaîne,
Il l'enchaîne encore une fois.

Demogorgon, la principale Fée, & les Chœurs.

Allons faire entendre nos voix
Sur les bords heureux de la Seine,
Allons faire entendre nos voix
Au Vainqueur dont tout suit les loix.

Les Genies & les Fées font un essai des danses & des chansons qu'ils veulent préparer.

Une Fée chante, & les Chœurs des Genies & de Fées lui répondent.

C'est l'Amour qui nous menace;
Que de cœurs sont en danger!
Quelques maux que l'Amour fasse,
On ne peut s'en dégager.
Il revient quand on le chasse,
Il se plaît à se venger.
C'est l'Amour qui nous menace;
Que de cœurs sont en danger!

PROLOGUE.

Demogorgon, la principale Fée, & les Chœurs des Genies & des Fées, chantent ensemble.

Le Vainqueur a contraint la Guerre
    D'éteindre son Flambeau.
Il rend le repos à la Terre,
    Quel Triomphe est plus beau !

Fin du Prologue.

ACTEURS DE LA TRAGEDIE.

ANGELIQUE, *Reine de Catay.*
ATEMIRE, *Confidente d'Angelique.*
Suivantes d'Angelique.
Suivans d'Angelique.
MEDOR, *Suivant d'un des Rois Affriquains.*
ZILIANTE, *Prince des Isles Orientales.*
Troupe d'Insulaires de la suite de Ziliante.
ROLAND, *Neveu de Charlemagne, & le plus renommé des Paladins.*
Troupe d'Amours.
Troupe de Sirenes.
Troupe de Dieux de Fleuves.
Troupe de Silvains.
Troupe d'Amans enchantez, & d'Amantes enchantées.

N. G.

Troupe de Peuples de Cacay , Sujets d'Angelique.

ASTOLFE , *Ami de Roland.*

CORIDON , *Berger , amant de Belise.*

BELISE , *Bergere , amante de Coridon.*

TERSANDRE , *Berger, Pere de Belise.*

Troupe de Bergers.

Troupe de Bergeres.

LOGISTILLE, *l'une des plus puissantes Fées, & celle qui a la Sagesse en partage.*

Troupe de Fées de la suite de Logistille.

Troupe d'Ombres d'anciens Heros.

LA GLOIRE.

Suite de la Gloire.

LA TERREUR.

LA RENOMME'E.

ROLAND,
TRAGEDIE.

ACTE I.

Le Theatre represente un Hameau.

SCENE PREMIERE.

ANGELIQUE.

H! que mon cœur est agité !
L'Amour y combat la fierté,
Je ne sai qui des deux l'emporte ;
Quelquefois la fierté demeure la plus
    forte,
Quelquefois l'Amour est vainqueur ;
De moment en moment une guerre mortelle
    Dans mon ame se renouvelle.
    Quel trouble ! helas ! quelle rigueur !
    Funeste Amour, fierté cruelle,
Ne cesserez-vous point de déchirer mon cœur ?

SCENE II.

ANGELIQUE, TEMIRE.

TEMIRE.

Vous avez peu d'impatience
De voir le riche Don qu'on va vous presenter.
C'est un prix que Roland vous a fait apporter
Des Rivages lointains où le jour prend naissance.
Pour vous par mille exploits il a sçu l'acheter,
    Serez-vous sans reconnoissance ?
Faut-il que tant d'amour ne puisse meriter
    Qu'une éternelle indifference ?

ANGELIQUE.

L'invincible Roland n'a que trop fait pour moi,
Fai-moi ressouvenir de ce que je lui doi.

TEMIRE.

Pourriés-vous oublier l'ardeur dont il vous aime ?

ANGELIQUE.

    Je songe, autant que je le puis,
A sa rare valeur, à son amour extrême :
Mais malgré tous mes soins dans le trouble où je suis,
    Je crains de m'oublier moi-même.
Je crains que ma fierté ne succombe en ce jour.

TEMIRE.

    Aimez Roland à votre tour,
Il n'est point de climats où sa Gloire ne vole.
    Du moins, la fierté se console
Quand la gloire l'oblige à ceder à l'amour.
Roland renverse tout par l'effort de ses armes
Son bras fait affermir un Trône chancelant....

ANGELIQUE.

Helas ! helas ! que Medor a de charmes !

TRAGEDIE.

Ah ! que n'a-t-il la gloire de Roland !
TEMIRE.
Medor !
ANGELIQUE.
Ma foibleſſe t'étonne.
Ne me déguiſe rien, parle, je te l'ordonne,
Repreſente à mon cœur la honte de ſon choix.
TEMIRE.
Medor d'un ſang obſcur a reçu la lumiere.
Pourroit-il être aimé d'une Reine ſi fiere ?
D'une Reine qui ſous ſes loix
Ne voit qu'avec mépris les Heros & les Rois ?
ANGELIQUE.
Mon cœur étoit tranquile, & croioit toujours l'être :
Quand je trouvai Medor, bleſſé, prêt de mourir ;
La pitié dans ce lieu champêtre
M'arrêta pour le ſecourir ;
Le prix de mon ſecours eſt le mal que j'endure ;
La pitié pour Medor a ſçu trop m'attendrir.
Ma funeſte langueur s'augmentoit à meſure
Qu'il guériſſoit de ſa bleſſure,
Et je ſuis en danger de ne jamais guérir.
TEMIRE.
Eloignez de vos yeux ce qui peut trop vous plaire.
ANGELIQUE.
Ma gloire le demande, il faut la ſatisfaire ;
Il faut bannir Medor.... bannir Medor ? helas !
C'eſt me condamner au trépas.
Il n'importe, il le faut, qu'il parte, qu'il me quitte.

Elle apperçoit Medor.

Il rêve, il tourne ici ſes pas.
Que je ſuis interdite !
Ne m'abandonne pas.

Angelique & Temire ſe retirent.

SCENE III.

MEDOR.

AH! quel tourment
De garder en aimant
Un éternel silence !
Ah quel tourment
D'aimer sans esperance !
J'aime une Reine, helas ! par quel enchantement
Ai-je oublié son rang & ma naissance,
Et combien entre nous le Sort met de distance ?
Malheureux que je suis, j'aime un objet charmant
Que tant de Rois ont aimé vainement !
Je doi cacher un amour qui l'offense ;
Il faut me faire à tout moment
Une cruelle violence.
Ah ! quel tourment
De garder en aimant
Un éternel silence !
Ah quel tourment
D'aimer sans esperance !

SCENE IV.

MEDOR, ANGELIQUE, TEMIRE.

MEDOR.

De la part de Roland, on vient jusqu'en ces lieux
Vous offrir un don précieux.
Il vous aime, il vous sert, son amour peut paroître,
Et tout absent qu'il est, il vous le fait connoître:
Ses travaux quels qu'ils soient sont trop récompensez,
O trop heureux Roland !

ANGELIQUE.

Roland sera peut-être
Moins heureux que vous ne pensez.
Plus son amour éclate, & plus il m'importune,
J'ai honte de lui trop devoir.
Non, n'enviez point sa fortune.

MEDOR.

Il est vrai qu'il n'a pas le plaisir de vous voir.

ANGELIQUE.

Je le fuis, & sans lui desormais je n'aspire
Qu'à retourner dans mon Empire.
Enfin, Medor, enfin, je veux savoir
Si j'ai sur vous un absolu pouvoir.

MEDOR.

Vous êtes de mon sort Maîtresse souveraine.
Je servois un grand Roi, j'avois suivi ses pas
Des Rivages du Nil jusqu'aux bords de la Seine.
Il est mort en cherchant la Gloire & les Combats ;
Sans vous j'allois le suivre au-delà du Trépas,

Vous servir est ma seule envie,
J'en fais mon espoir le plus doux;
Vous m'avez conservé la vie,
Heureux si je la pers pour vous !
ANGELIQUE.
Medor, vous avez lieu de croire
Que je m'interesse en vos jours :

J'en ai pris soin, le Ciel a beni mon secours,
A la fin il est tems d'avoir soin de ma gloire.
Par pitié, prés de vous, j'ai voulu demeurer,
Tandis que mon secours vous étoit necessaire :
Ma pitié n'a plus rien à faire,
Il est tems de nous séparer.
Partez Medor.
MEDOR.
O Ciel !
ANGELIQUE.
Partez sans differer.
MEDOR.
Helas ! ai-je pû vous déplaire ?
ANGELIQUE.
Non, non, je n'ai point de colere....
Laissons des discours superflus.
Partez.
MEDOR.
Je ne vous verrai plus !
ANGELIQUE.
Choisissez où vous voulez vivre,
Je prendrai soin de votre sort.
MEDOR.
Vous me défendez de vous suivre,
Je ne veux chercher que la mort.
ANGELIQUE.
Vivez, conservez mon ouvrage,
Songez que c'est me faire outrage
De voir vos jours avec mépris,
Aprés le soin que j'en ai pris.

MEDOR.
Vous voulez que je vive, & votre arrêt me chasse,
Mes jours à vous servir ne sont pas réservez.
   Eh ! que voulés-vous que je fasse
De ces jours malheureux que vous m'avés sauvés ?
ANGELIQUE.
Puissiez-vous loin de moi joüir d'un sort paisible.
MEDOR.
  Loin de vous ! Ciel ! est-il possible ?
  Ah ! faloit-il me secourir ?
  Que ne me laissiez-vous mourir ?
ANGELIQUE.
Terminons des regrets qui pourroient trop s'étendre;
Ne me dites plus rien, je ne veux rien entendre.
  Il est tems de nous séparer ;
Partez Medor.
MEDOR.
  O Ciel ?
ANGELIQUE.
  Partez sans differer.

SCENE V.

ANGELIQUE, TEMIRE.

ANGELIQUE.

Je ne verrai plus ce que j'aime.
  Conçois-tu bien l'effort extrême
Que pour bannir Medor je me fais aujourd'hui ?
Il part desesperé ; tu vois où je l'expose :
  Il va mourir, j'en suis la cause ;
  Je mourrai bien-tôt aprés lui.
Non, un trop tendre amour dans ses jours m'interesse.
Non, qu'il ne parte point, allons le rappeller….

ROLAND,

Infortunée! où veux-je aller?
Je vais trahir ma gloire, & montrer ma foiblesse.
Ciel! quel est mon malheur!
S'il faut que l'amour me surmonte,
Je doi mourir de honte;
S'il faut l'arracher de mon cœur,
Je mourrai de douleur.

TEMIRE

Le secours de l'absence
Est un puissant secours.
C'est l'unique esperance
Des cœurs qui veulent fuir les funestes amours.

ANGELIQUE

Le secours de l'absence
Est un cruel secours.
Ah! quelle violence
De fuir incessamment ce qui charme toujours.

TEMIRE & ANGELIQUE.

Le secours de l'absence

TEMIRE. ⎫ Est un ⎧ puissant ⎫ secours.
ANGELIQUE ⎭   ⎩ cruel   ⎭

ANGELIQUE.

Quoi! Medor pour jamais d'avec moi se separe!
Devois-tu m'inspirer un dessein si barbare?
Temire, j'ai suivi tes conseils rigoureux.
Fai revenir Medor; que rien ne te retienne,
Va, cours... Mais s'il revient... n'importe, qu'il revienne....
Atten.. Je veux... helas! sai-je ce que je veux?

TEMIRE.

Voiez ces Etrangers, contraignez-vous pour eux.

ANGELIQUE.

Ne puis-je en liberté soupirer & me plaindre?
Faudra-t'il toujours me contraindre?
Sans Medor, tout me semble affreux.
Va le voir, & du moins console un malheureux.

SCENE VI.

ZILIANTE, *Troupe d'Insulaires Orientaux.*

ZILIANTE *presentant un Bisselet à Angelique.*

AU genereux Roland je doi ma délivrance ;
  D'un charme affreux sa Valeur m'a sauvé ;
Il n'a voulu de ma reconnoissance
  Que ce present qu'il vous a reservé.
Je viens, pour vous l'offrir, du Rivage où l'Aurore
  Ouvre la Barriere du Jour.
Vous embrasez Roland d'un feu qui le devore,
  Mais qui peut voir la Beauté qu'il adore
Voit sans étonnement l'excés de son amour.
  Triomphez, charmante Reine,
  Triomphez des plus grands cœurs.
  Ce n'est qu'aux plus fameux Vainqueurs
  Qu'il est permis de porter votre chaîne.
  Triomphez, charmante Reine,
  Triomphez des plus grands cœurs.

Le Chœur des Insulaires chante ces derniers Vers dans le temps que Ziliante presente le Brasselet à Angelique, & les autres Insulaires dansent à la maniere de leur Païs.

Le Chœur des Insulaires.

  Triomphez charmante Reine,
  Triomphez des plus grands cœurs.
  Ce n'est qu'aux plus fameux Vainqueurs
  Qu'il est permis de porter votre chaîne.
  Triomphez, charmante Reine,
  Triomphez des plus grands cœurs.

Deux Insulaires.

Dans nos Climats
Sans chagrin on soupire,
L'Amour dont nous suivons l'empire
N'a que des appas.
Fuions les Belles
Cruelles,
Craignons leur pouvoir,
Que sert-il de les voir ?
Ah ! gardons-nous d'un amour sans espoir.
Quelle peine !
Quel tourment !
D'être Amant
D'une Inhumaine !
Si nous devenons amoureux
Aimons pour être heureux.

Sans les amours
On s'ennuiroit de vivre,
Mais nous devons cesser de suivre
Qui nous fuit toujours.
Fuions les Belles
Cruelles, &c.

Fin du premier Acte.

ACTE II.

Le Theatre change, & represente la Fontaine enchantée de l'Amour, au milieu d'une Forêt.

SCENE PREMIERE.

ANGELIQUE, TEMIRE, SUITE d'ANGELIQUE.

TEMIRE.

UN charme dangereux dans ces Bois vous attire,
Il faut en détourner vos pas.
L'Amour regne en ces lieux, évitez ses appas,
Heureux qui peut fuir son Empire?

ANGELIQUE.
Je porte au fond du cœur mon funeste martire.
Helas! où puis-je aller? où puis-je fuir? helas!
Où l'Amour ne me suive pas?
Ah! j'ai banni Medor, ma tristesse est mortelle.
Que ne le pressois-tu de me desobeïr?

TEMIRE.
Je devois vous être fidelle.

ROLAND,
ANGELIQUE.

Pour empêcher ma mort n'osois-tu me trahir ?
  O fidelité trop cruelle !
Le trouble de mon cœur ne peut plus se calmer,
Non, je n'espere plus de remede à mes peines.
Merlin, dans ces forêts enchanta deux fontaines,
Dont l'une fait haïr, & l'autre fait aimer.
  C'est la fontaine de la haine
  Que je veux chercher en ce jour ;
Helas ! que me sert-t-il de prendre un long détour !
Je m'égare en ces bois, & ma recherche est vaine ;
Toujours un sort fatal malgré moi me rameine
  A la Fontaine de l'Amour.

TEMIRE.

Vous devez vous guérir du mal qui vous possede,
  N'aiez rien à vous reprocher.
  Vous en trouverez le remede
  Si vous le voulez bien chercher.

ANGELIQUE.

Non, je ne cherche plus la Fontaine terrible
Qui fait d'un tendre amour une haine inflexible ;
C'est un secours cruel, je n'y puis recourir.
Je haïrois Medor ! non, il n'est pas possible,
Par ce remede affreux je ne veux point guérir,
  Je consens plûtôt à mourir.

Temire chante avec un Suivant & une Suivante d'Angelique.

  Non, on ne peut trop plaindre
  Un cœur qui se laisse enflamer ;
  Ah ! quel tourment d'aimer !
  Que le feu d'amour est à craindre !
  Qu'il est aisé de l'allumer !
  Qu'il est malaisé de l'éteindre !
  Non, on ne peut trop plaindre
  Un cœur qui se laisse enflamer ;
  Ah ! quel tourment d'aimer !

ANGE-

TRAGEDIE.

ANGELIQUE.

Quelqu'un vient, c'est Roland.

TEMIRE.

Ce Guerrier invincible
Abandonne tout pour vous voir,

ANGELIQUE.

Il se flate d'un vain espoir.
Cet Anneau quand je veux peut me rendre invisible.

Angelique met dans sa bouche un Anneau dont la puissance magique la rend invisible.

SCENE II.

ROLAND, ANGELIQUE *devenuë invisible,* **TEMIRE,** *Suite d'Angelique.*

ROLAND.

Belle Angelique, enfin, je vous trouve en ces lieux.
Ciel! quel enchantement vous dérobe à mes yeux!
    Angelique, charmante Reine.
Mes cris font vainement retentir ces forêts.
    Angelique, Ingrate, Inhumaine
Quel plaisir trouvez-vous dans mes tristes regrets?
    Angelique, ingrate, inhumaine,
Quel barbare plaisir trouvez-vous dans ma peine?

Roland parle à Temire

    Quelle cruauté! quel mépris!
    Tu sais ce que j'ai fait pour elle,
    Tu connois mon amour fidelle,
    Et tu vois quel en est le prix.
    Quelle cruauté! quel mépris!

Tome II.

TEMIRE.

Peut-on vous méprifer fans crime ;
La valeur vous a fait un merite éclatant.
Si vous n'aviez jamais voulu que de l'eftime,
 Quel mortel feroit plus content !

ROLAND.

Que devient ma vertu ? ma force eft inutile.
 Eh ! que me fert-il aujourd'hui
D'avoir les dons du Ciel qu'eût autrefois Achille ?
 Je laiffe mon Roi fans appui.
Il n'a plus deformais que Paris pour azile ;
Les cruels Affriquains vont triompher de lui,
Je voi le fort affreux de ma trifte Patrie ;
Elle eft prête à tomber fous de barbares loix ;
 J'entends fa gemiffante voix :
 Mais c'eft vainement qu'elle crie,
Un malheureux amour m'enchante dans ces bois.
 Angelique, en vain je l'appelle,
 Elle eft fans pitié la cruelle,
 Eh ! pourquoi tant fouffrir ! pourquoi
 N'aurai je pas pitié de moi ?
C'en eft fait, & je veux que l'ingrate le fçache :
C'en eft fait pour jamais, mes liens font rompus ;
 Non, je ne la chercherai plus,
 C'eft vainement qu'elle fe cache.
Non, je ne veux plus voir fa fatale Beauté,
 Il ne m'en a que trop coûté.

 Le dépit éteint ma flâme :
 Heureufe la cruauté
 Qui rend la paix à mon ame !
 Heureufe la cruauté
 Qui me rend la liberté !
Malheureux ! je me flâte, & ma colere eft vaine.
Lâche ! ne puis-je rompre une honteufe chaîne ?
 Que je fens de troubles fecrets !
Mon cœur fuit malgré moi de funeftes attraits,
 Je cede au charme qui m'entraîne.

TRAGEDIE.

Angelique, Ingrate, Inhumaine,
Quel plaisir trouvez-vous dans mes tristes regrets?
Angelique, Ingrate, Inhumaine,
Quel barbare plaisir trouvez-vous dans ma peine?

Angelique voyant Roland éloigné ôte son Anneau magique de sa bouche, & se montre à Temire.

SCENE II.
ANGELIQUE, TEMIRE.

TEMIRE.

Où dois-je aller?.... je vous revoi.

ANGELIQUE.
Je ne me cache pas pour toi.

TEMIRE.
Roland vous cherche en vain dans ce lieu solitaire.

ANGELIQUE.
Mon cœur est engagé, Roland ne peut me plaire,
Quel espoir lui pourrois je offrir;
Je le fuis par pitié, je ne sçaurois mieux faire
Que de l'aider à se guerir.
Où peut-être Medor? le desespoir le presse.
Que ne puis-je le retrouver!
Au moins j'y veux songer sans cesse.

TEMIRE.
Vôtre cœur pour Roland devoit se reserver.

ANGELIQUE.
Parle moi de Medor, ou laisse moi rêver.
C'est l'amour qui prend soin lui-même
D'embellir ces aimables lieux;
Mais je n'y vois pas ce que j'aime,
Rien n'y sçauroit plaire à mes yeux.

SCENE IV.

MEDOR, ANGELIQUE, TEMIRE.

MEDOR,

Agreables retraites,
L'Amour qui vous a faites
Vous destine aux Amans contens.
Je trouble vos douceurs secretes,
Mais dans mon desespoir mes plaintes indiscretes
Ne vous troubleront pas long-temps.

ANGELIQUE.

C'est Medor que je viens d'entendre !
Ciel !

Temire voulant arrêter Angelique.

Quoi, vous le verrez ?

ANGELIQUE.

Eh ! puis-je m'en défendre ?
C'est trop suivre un cruel devoir ;
Je retrouve Medor, l'amour veut me le rendre,
Je ne puis vivre sans le voir.

MEDOR.

Fontaine, qui d'une eau si pure
Arrosez ces brillantes fleurs,
En vain, votre charmant murmure
Flate le tourment que j'endure.
Rien ne peut enchanter mes mortelles douleurs.
Ce que j'aime me fuit, & je fuis tout le monde :
Pourquoi traîner plus loin ma vie & mes malheurs,
Ruisseaux, je vais mêler mon sang avec votre onde,
C'est trop peu d'y mêler mes pleurs.

Medor tire son épée pour s'en fraper & Angelique l'arrête.

TRAGEDIE.

ANGELIQUE.
Vivez, Medor.
MEDOR.
Reine adorable,
Vous avez trop de soin des jours d'un miserable.
ANGELIQUE.
Pourquoi courés vous au trépas?
MEDOR.
C'est un suplice insuportable
De vivre & de ne vous voir pas.
ANGELIQUE.
Je croiois que sur vous j'avois plus de puissance.
MEDOR.
Helas! si vous pouviez savoir
Jusqu'à quel point je vous offense...
ANGELIQUE.
Rien ne m'offense tant que votre desespoir.
MEDOR.
Je vivrai, si c'est votre envie;
Je vous voi, mon sort est trop doux;
Mais s'il faut m'éloigner de vous,
Je ne répons pas de ma vie.
ANGELIQUE.
Prenez soin de vos jours, Medor, vous le devez,
Il m'en coûte assez cher de les avoir sauvez:
Ils me sont précieux, je vous l'ai fait connoître.
MEDOR.
Genereuse Reine, achevez,
Sans vous puis-je vivre?
ANGELIQUE.
Vivez
A quelque prix que ce puisse être.
MEDOR.
O Ciel! qu'entens-je!
ANGELIQUE.
Il n'est plus tems
Que nous craignions tous deux de nous en trop aprendre:

Nous n'en difons que trop, Medor, je vous entends,
Et je vous permets de m'entendre.
MEDOR.
A vos pieds...
ANGELIQUE.
Levez-vous, j'ai droit de faire un Roi,
Je veux unir fous même loi
Vôtre deftinée & la mienne.
MEDOR.
Ah! plus vous oubliez vôtre grandeur pour moi,
Plus il faut que je m'en souvienne.
ANGELIQUE.
Ma gloire murmure en ce jour,
Je voi mon fort trop au deffus du vôtre:
Mais qui peut empêcher l'amour
D'unir deux cœurs qu'il a faits l'un pour l'autre?
MEDOR.
Témoins du defefpoir dont mon cœur fut preffé,
Lieux où la mort fut mon unique attente,
Qui l'auroit dit! qui l'eût jamais penfé
Que vous feriez témoins du bonheur qui m'enchante.

SCENE V.

L'amour, Troupe d'amours, Troupe de Sirenes, Troupe de Dieux des Eaux, Troupe de Nymphes & de Silvains, troupe d'Amants enchantez, & d'Amantes enchantées.

CHOEUR DES AMOURS qui font autour
de la Fontaine.

Aimez, aimez-vous.

TRAGEDIE.

ANGELIQUE, MEDOR, & LES CHOEURS.
Aimons, aimons-nous

CHOEUR DES AMOURS.
L'amour vous appelle.
Que sa flame est belle !
L'amour vous appelle tous.
Aimez, aimez-vous.

ANGELIQUE, MEDOR, & LES CHOEURS.
L'amour nous appelle,
Que sa flame est belle !
L'amour nous appelle tous.
Aimons, aimons-nous.

Chœur des Amours.
Il punit un cœur rebelle
On n'évite point les coups.

ANGELIQUE, MEDOR, & les Chœurs.
Quel bien est plus doux
Qu'un amour fidelle !

Chœur des Amours.
Aimez, aimez-vous.

ANGELIQUE, MEDOR, & les Chœurs.
Aimons, aimons-nous :
L'amour nous appelle.
Que sa flame est belle !
L'amour nous appelle tous :
Aimons, aimons-nous.

Les Amants enchantez, & les Amantes enchantées dansent autour de Medor & d'Angelique.

Deux Amantes enchantées.
Qui goûte de ces Eaux ne peut plus se deffendre
De suivre d'amoureuses loix ;
Goûtons-en mille & mille fois,
Quand on prend de l'amour, on n'en sçauroit trop prendre.

ROLAND,

Le petit Chœur.
Que pour jamais un nœud charmant nous lie.

Le grand Chœur.
Tendres Amours,
Enchantez-nous toujours.
Triste raison nous fuions ton secours.

Le petit Chœur.
O douce vie,
Digne d'envie !

Le grand Chœur.
O jours heureux, que l'on vous trouve courts !

Le petit Chœur.
Sans rien aimer comment peut-on vivre ?

Le grand Chœur.
Que de Plaisirs, que de Jeux vont nous suivre !

Le petit Chœur.
Tendres Amours,
Enchantez-nous toujours.
Fermons nos cœurs à des flammes nouvelles.

Le grand Chœur.
Gardons-nous bien d'éteindre un feu si beau.

Le petit Chœur.
Vivons heureux dans des chaînes si belles.

Le grand Chœur.
Portons nos fers jusques dans le Tombeau.

Le petit Chœur.
O douce vie,
Digne d'envie !

TRAGEDIE.
Le grand Chœur.

Tendres amours,
Enchantez-nous toujours.

Les Amans enchantez, & les Amantes enchantées, accompagnent en danfant, Medor & Angelique; l'Amour & les Amours volent, & leur fervent de guides.

Fin du second Acte.

ACTE III.

Le Theatre change, & represente un Port de Mer.

SCENE PREMIERE.

MEDOR, TEMIRE.

MEDOR.

Non, je n'entens vos conseils qu'avec peine,
   Pour nuire à mon Amour, vous avez tout
     tenté.
TEMIRE.
Vos jours sont en peril, ils sont chers à ma Reine,
   Ne doutez point de ma fidelité.
Roland est dans ces lieux, c'est un Rival terrible,
   Et votre perte est infaillible
Si vous vous exposez à son fatal couroux.
MEDOR.
Un malheureux doit voir le trépas sans allarmes.
TEMIRE.
   Votre bonheur fera mille jaloux,
Une fiere Beauté vous a rendu les armes,
Vos deux cœurs sont unis, par les nœuds les plus
   doux.
   Ah! si la vie est sans appas pour vous,

TRAGEDIE.

Pour qui peut-elle avoir des charmes?
Regardez le glorieux sort,
Que la Reine avec vous partage.
Ses plus zélez Sujets l'attendoient dans ce port;
Avant que d'en partir, son ordre les engage
    A vous rendre un pompeux hommage.
Comme leur Souverain, ils vont vous recevoir.....

MEDOR.
La Reine m'a quitté, Roland est avec elle.

TEMIRE.
Il la verra fiere & cruelle.

MEDOR.
N'importe, c'est toujours la voir,
Mon inquietude est mortelle:
Eh! ne craint-t'elle point Roland au desespoir?

TEMIRE,
Elle le craint pour vous, c'est son unique envie
De mettre en l'éloignant vos jours en seureté.

MEDOR.
S'il faut que ma felicité
Par mon Rival me soit ravie,
    C'est une cruauté
    D'avoir soin de ma vie.

TEMIRE.
De ces sombres chagrins, il faut vous délivrer.

MEDOR.
    Je n'osois pas esperer
    Le bien que l'Amour me donne;
    Un si grand bonheur m'étonne,
    Et j'ai peine à m'assurer
    Qu'il puisse long-tems durer.

TEMIRE.
Retirons-nous, Roland s'avance.
S'il a de vôtre amour la moindre connoissance
    Rien ne vous pourra secourir.

MEDOR.
Je le veux observer, en dussai-je perir.

Medor se tient à l'écart, & écoute Roland & Angelique.

SCENE II.
ANGELIQUE, ROLAND.

ROLAND.

Faut-t'il encor que je vous aime ?
Je dois rougir de ma foiblesse extrême :
  Ingrate, vous en abusez :
 Plus je vous sers, plus vous me méprisez ;
Quelle honte à mon cœur d'être encor si fidelle !
  Pourquoi vous trouvai-je si belle ?
Non, avec tant d'attraits si charmans & si doux,
  Vous ne meritez pas, cruelle,
   L'amour que j'ai pour vous.

ANGELIQUE.

  Je n'ai point perdu la memoire
   De ce que je vous dois.
Vous seriez delivré du trouble où je vous vois
  Si vous aviez voulu me croire.
  Vous le sçavez, c'est malgré moi
Qu'un si grand cœur s'obstine à languir sous ma loi,
J'ai fait ce que j'ai pû pour le rendre à la gloire.

ROLAND.

Ah ! je ne sçai que trop avec quelle rigueur
  Vous punissez mon lâche cœur ;
Vôtre mépris éclatte, il n'est plus temps de feindre,
  Tous les déguisemens sont vains.
Je pardonne au mépris du reste des humains,
Je l'ai bien merité, j'aurois tort de m'en plaindre.

J'abandonne ma gloire, & la laisse ternir,
  Je cheris le trait qui me blesse,
De mon égarement je ne puis revenir ;
  Mais vous causez ma foiblesse ;

TRAGEDIE.

Est-ce à vous de m'en punir ?

ANGELIQUE.

Helas !

ROLAND.

Dans ce soûpir quelle part puis-je prendre ?
Peut-être un soûpir si tendre
S'adresse à quelqu'autre Amant :
Me le faites-vous entendre.
Pour redoubler mon tourment ?
Inhumaine ! ah s'il est possible
Qu'au mépris d'un Amour qui n'eût jamais d'égal
Pour un autre que moi vous deveniez sensible,
Tremblez pour mon heureux Rival.
Dans vos yeux inquiets je lis mon infortune.
Ma presence vous importune ?
Vous ne songez qu'à me quitter ?

ANGELIQUE.

Si je voulois vous fuir, qui pourroit m'arrêter ?
Je vous ai déja fait connaître
Qu'il m'est aisé de disparaître
Aux regards importuns que je veux éviter.

ROLAND.

Ah ! du moins, laissez-moi le seul bien qui me reste ?
Laissez-moi la douceur funeste
De voir de si charmans appas.
C'est sans espoir que je suivrai vos pas ;
Vous ne serez jamais à mes vœux favorable,
Je vous verrai toûjours impitoiable,
Mais le plus grand des maux est de ne vous voir pas.

ANGELIQUE.

Que ne puis-je vous fuir encore ;

ROLAND.

Pourquoi craindre qui vous adore ?

ANGELIQUE.

Helas ! pourquoi m'aimez-vous tant ?
Un Heros indomprable
N'est que trop redoutable

ROLAND,
Avec un amour si constant.
ROLAND.
Ciel! ô Ciel! c'est pour moi qu'Angelique soûpire!
ANGELIQUE.
Vous me contraignez d'en trop dire.
ROLAND.
Vous m'aimez!
ANGELIQUE.
Je ne puis l'avoüer qu'à regret.
Votre constance est triomphante,
N'en faites point un éclat indiscret,
Epargnez ma fierté mourante
Contentez-vous d'un triomphe secret.
ROLAND.
En des lieux écartez, dans une paix profonde,
Allons jouir du sort qui va combler nos vœux.
Que deux cœurs unis sont heureux
D'oublier le reste du Monde.
ANGELIQUE.
Laissez-moi renvoyer des Peuples empressez
Dont nous serions embarrassez;
Attendez-moi plus loin, j'irai par tout vous suivre.
C'est pour vous seul que je veux vivre.

SCENE III.

ANGELIQUE, MEDOR, TEMIRE.

MEDOR.

AH! je souffre un tourment plus cruel que la mort!
TEMIRE.
Où voulez-vous aller? que pouvez-vous prétendre?

TRAGEDIE.
ANGELIQUE.
Laisse-moi calmer son transport,
Voi, si Roland ne peut point nous entendre.

Temire va du côté où Roland est passé.

SCENE IV.

ANGELIQUE, MEDOR.

MEDOR.

Se peut-il qu'à ses vœux vous ayez répondu ?
ANGELIQUE.
Voulez-vous m'offenser quand vous devez me plaindre ?
Pour éblouir Roland je suis réduite à feindre,
Il le faut éloigner, où vous êtes perdu.
MEDOR
Vous le suivrez ? non, non, que plutôt je perisse.
ANGELIQUE.
Helas ! tout le pouvoir humain
Contre lui s'armeroit en vain,
Ne nous armons que d'artifice.
Medor, je tremble pour vos jours,
Els sont dans un peril extrême :
A quoi n'a t'on pas recours
Pour sauver ce que l'on aime !
MEDOR,
Roland va m'ôter
L'Objet que j'adore,
Qu'ai-je à redouter
Que de vivre encore ?
ANGELIQUE.
C'est à vous que mon cœur pour jamais s'est donné;
Je ne rendrai Roland que trop infortuné;

L'Amour lui vendra cher une vaine esperance.
Je puis par cet Anneau disparoître à ses yeux ;
Bien-tôt, vous me verrez, bien-tôt, loin de ces lieux,
Nos fidelles amours seront en assûrance,
Je veux mettre en vos mains ma suprême Puissance.

MEDOR & ANGELIQUE ensemble.

Je ne veux que votre cœur,
C'est l'unique Empire
Pour qui je soupire,
Je ne veux que votre cœur,
C'est assez pour mon bonheur.

MEDOR.

Vous me quittez, & je demeure
Troublé du chagrin le plus noir :
Ma vie est attachée au plaisir de vous voir ;
Ne vaut-il pas mieux que je meure
Par la main de Roland que par mon desespoir.

ANGELIQUE.

Vivez pour moi, qu'il vous souvienne
Que votre destinée est unie à la mienne,
Ma mort suivroit votre trépas :
Evitons un destin tragique ;
Medor ne veut-il pas
Vivre pour Angelique ?

MEDOR.

Si je ne vivois pas pour vous,
Je ne pourrois souffrir la vie.

ANGELIQUE.

Vivons, l'Amour nous y convie,
Reservons-nous
Pour nous aimer malgré l'Envie;
Reservons-nous
Pour vivre heureux loin des Jaloux,
Je ne pourrois souffrir la vie,
Si je ne vivois pas pour vous.

TRAGEDIE.
MEDOR.
Vivons l'amour nous y convie,
Reservons-nous
Pour un amour si doux.

Angelique & Medor repetent ensemble ces trois derniers vers.

Vivons l'amour nous y convie,
Reservons-nous
Pour un amour si doux.

SCENE V.

Troupe de Peuples de Catay, Sujets d'Angelique, Angelique, Medor.

ANGELIQUE *parle à ses Sujets.*

VOus qui voulez faire paroître
Le zele ardent que vous avez pour moi,
Reconnoissez Medor pour votre Maître,
Rendez hommage à votre Roi.

Angelique va retrouver Roland pour l'éloigner du Port où elle veut venir s'embarquer avec Medor.

SCENE VI.

Les Peuples de Catay, Sujets d'Angelique, rendent hommage à Medor; ils l'élevent sur un Trône, & témoignent par leurs chants & par leurs danses la joye qu'ils ont de le reconnoître pour leur Souverain.

Le Chœur.

C'Est Medor qu'une Reine si belle
A choisi pour regner avec elle.
Est-il un Mortel aujourd'hui
Plus heureux que lui ?

Un des Sujets d'Angelique.

Malgré l'orgüeil du grand nom de Reine,
Elle se rend & l'Amour l'enchaîne ;
De mille & mille Amants son cœur s'étoit sauvé,
Pour l'aimable Medor il étoit reservé.

Une des Suivantes d'Angelique.

Trop heureux un Amant qui s'exemte
Des chagrins d'une ennuyeuse attente !
Que l'amour pour Medor a fait d'aimables nœuds !
A peine est-il Amant qu'il est Amant heureux.

Le Chœur.

Ses Rivaux n'ont plus rien à prétendre,
Que de plaintes se vont faire entendre !
Au premier bruit d'un choix si doux
Que de Rois seront jaloux !
Nous venons tous

TRAGEDIE.

Vous presenter notre hommage;
Regner sur nous
Est votre moindre avantage.
L'Amour donne un bonheur qui vaut mieux mille fois
Que la pompe qui suit les plus superbes Rois.

Un des Sujets d'Angelique.

Angelique n'est plus insensible,
Sa fierté se croyoit invincible:
Elle fuyoit l'Amour, & le fuiroit encor
Sans le charme puissant des regards de Medor.

Le Chœur.

Hureux Medor! quelle gloire
D'avoir remporté
Une entiere victoire
Sur tant de fierté!
Quel bonheur est plus rare!
Que vos feux sont beaux!
Que l'Amour vous prépare
De plaisirs nouveaux!
C'est pour vous que sont faits
Les plus doux de ses traits.

Une des Suivantes d'Angelique.

Un cœur si fier est à son tour
Sensible & tendre:
Medor l'obtient quand son amour
N'osoit l'attendre.
Mais un bonheur qu'on n'attend pas
N'en a que plus d'appas.

Le Chœur.

Vous portez une riche Couronne
Un Objet plein d'attraits vous la donne.

Un des Sujets d'Angelique.

Qu'il est doux d'accorder l'amour & la grandeur!

ROLAND,

Quand on peut les unir c'est un parfait bonheur.

Une des suivantes d'Angelique.

Tendres Cœurs, puissiez-vous aimer tranquillement
Il n'est point de sort plus charmant.

Le Chœur.

Que l'Amour en tous lieux vous enchante,
Qu'à jamais votre ardeur soit constante.
Oubliez vos grandeurs plutôt que vos amours,
Votre bonheur dépend de vous aimer toûjours.

Le Chœur.

Aimez, regnez, en dépit de l'Envie,
Goûtez les biens les plus doux de la vie.
La Fortune & l'Amour, la Gloire & les Plaisirs,
Puissent-t'ils à jamais combler tous vos desirs.
Dans la paix, dans la guerre,
Dans tous les Climats,
Jusqu'au bout de la Terre,
Nous suivrons vos pas.
Puisse l'heureux Medor être un des plus grands Rois,
Puisse-t'il rendre heureux ceux qui suivront ses loix.

Fin du troisiéme Acte.

ACTE IV.

Le Theatre change, & represente une Grotte au milieu d'un Boccage.

SCENE PREMIERE.

ROLAND, ASTOLFE.

ROLAND.

VA, ton soin m'importune, Astolfe, laisse-
moi.
ASTOLFE.
Quel charme vous retient dans ce lieu solitaire?
ROLAND.
Ami, je n'ai point pour toi
De secret, ni de mystere.
Angelique ne me fuit plus.
J'étois content de voir sa rigueur adoucie,
Quand nous avons trouvé le Roi de Circassie,
Et le superbe Ferragus.
Tous deux jaloux de mon bonheur extrême,
M'ont abordé les armes à la main:
J'allois les en punir, mais la Beauté que j'aime
Par son Anneau magique a disparu soudain.

ROLAND,

Mes Rivaux l'ont suivie en vain.
Elle avoit eu soin de m'apprendre
Le chemin qu'elle vouloit prendre.
Nous nous sommes promis d'être à la fin du jour
A la fontaine de l'Amour;
Je suis venu trop tôt m'y rendre :
Je vais au devant d'elle, ennuyé de l'attendre,
Je parcours les lieux d'alentour.
L'objet qui m'enchante
Ne m'a jamais tant charmé :
Que l'Amour s'augmente,
Par le plaisir d'être aimé.

ASTOLFE.

Cét Empire en vous seul a mis son esperance :
Si vous ne prenez sa deffense,
Il tombera dans peu de tems
Sous une barbare puissance.
Songez que vous perdez de precieux instans.

ROLAND.

Je songe au bonheur que j'attens.

ASTOLFE.

Venez couronner vôtre tête
Du laurier immortel qui vous est presenté.

ROLAND.

Je vois l'Amour qui s'aprête
A combler ma felicité ;
Je vais joüir de la conquête
D'un cœur qui m'a tant coûté.

ASTOLFE.

Le grand cœur de Roland n'est fait que pour la gloire
Peut il languir dans un honteux repos ?
Triomphez de l'Amour, il n'est point de victoire
Qui montre mieux la vertu d'un Heros.

ROLAND.

Lorsque des rigueurs inhumaines
Ont payé mon amour d'un si cruel tourment,

TRAGEDIE

Je n'ai pû sortir de mes chaînes;
Puis-je me dégager d'un lieu si charmant,
Quand je touche à l'heureux moment
Où je dois recevoir le prix de tant de peines?
Va, laisse-moi seul dans ces lieux,
Angelique pour moi sensible
Veut pour tout autre être invisible;
Va, ne l'empêche point de paroître à mes yeux.

Astolfe se retire & Roland cherche Angelique.

SCENE II.

ROLAND *seul.*

AH! j'attendrai long-tems, la nuit est loin encore
Quoi! le Soleil veut-il luire toûjours?
Jaloux de mon bonheur il prolonge son cours,
Pour retarder la beauté que j'adore.
O nuit, favorisez mes desirs amoureux.
Pressez l'Astre du jour de descendre dans l'onde;
Dépliez dans les airs vos voiles tenebreux:
Je ne troublerai plus par mes cris douloureux
Vôtre tranquillité profonde:
Le charmant objet de mes vœux
N'attend que vous pour rendre heureux
Le plus fidel amant du monde;
O nuit, favorisez mes desirs amoureux.
Que ces Gazons sont verds! que cette grotte est belle?

Roland lit tout bas des vers écrits sur la Grotte.

Ce que je lis m'apprend que l'amour a conduit
Dans ce bocage, loin du bruit,
Deux Amans qui brûloient d'une ardeur mutuelle.
J'espere qu'avec moi l'amour bien-tôt ici

ROLAND,
Conduira la Beauté que j'aime.
Enchantez d'un bonheur extréme,
Sur ces grottes bien-tôt nous écrirons auſſi ?
Roland repete tout haut ce qu'il a lû tout bas.

Beau lieu, doux azile
De nos heureuſes amours,
Puiſſiez-vous être toujours
Charmant & tranquille.
Voyons tout.... qu'eſt-ce que je voi !

Ces mots ſemblent tracez de la main d'Angelique.

Roland lit tout bas deux vers qu'Angelique a écrits.

Ciel c'eſt pour un autre que moi
Que ſon amour s'explique.
Roland repete tout haut ce qu'il a lû tout bas.

Angelique engage ſon cœur ?
Medor en eſt vainqueur !
Elle m'auroit flâté d'une vaine eſperance ?
L'ingrate !... n'eſt-ce point un ſoupçon qui l'offenſe?
Medor en eſt vainqueur ! non, je n'ai point encor
Entendu parler de Medor.
Mon amour auroit lieu de prendre des allarmes,
Si je trouvois ici le nom
De l'intrepide fils d'Aimon,
Où d'un autre guerrier celebre par les armes.
Angelique n'a pas oſé
Avoüer de ſon Cœur le veritable maître,
Et je puis aiſément connaître,
Qu'elle parle de moi ſous un nom ſupoſé.
C'eſt pour moi ſeul qu'elle ſoupire,
Elle me l'a trop dit & j'en ſuis trop certain.
Liſons ces autres mots ; ils ſont d'une autre main...
Roland lit deux vers que Medor a écrits.

Qu'ai-je lû... Ciel.. Il faut relire..
Roland repete tout haut ce qu'il a lû tout bas.
Que

TRAGEDIE.

Que Medor est heureux !
Angelique a comblé ses vœux.
Ce Medor quel qu'il soit, se donne ici la gloire
D'être l'heureux vainqueur d'un objet si charmant.
Angelique a comblé les vœux d'un autre Amant !
Elle a pû me trahir !... Non, je ne le puis croire.
Non, non, quelqu'Envieux a voulu par ces mots
Noircir l'Objet que j'aime, & troubler mon repos.

On entend un bruit de Musetes & Roland continuë

J'entens un bruit de Musique Champêtre.
Il faut chercher Angelique en ces lieux,
Au premier regard de ses yeux
Mes noirs soupçons vont disparoître.
Elle s'arrêtera peut-être,
A voir danser au son des Chalumeaux
Les Bergers des prochains Hameaux.

Une troupe de Bergers & de Bergeres prend part à la joye de Coridon & de Belise, qui doivent être mariez le lendemain, & s'aproche de la Grotte en dansant & en chantant. Roland n'aperçoit point Angelique, & va la chercher dans les lieux d'alentour.

SCENE III.

CORIDON, BELISE, *Troupe de Bergers & de Bergeres.*

QUand on vient dans ce Boccage,
Peut-on s'empêcher d'aimer ?
Que l'amour sous cet ombrage
Sçait bientôt nous desarmer !
Sans effort il nous engage
Dans les nœuds qu'il veut former.

Tome II.   P

Quand on vient dans ce Boccage,
Peut-on s'empêcher d'aimer ?
Que d'Oiseaux sur ce feüillage !
Que leur chant nous doit charmer.
Nuit & jour par leur ramage
Leur amour veut s'exprimer.
Quand on vient dans ce Boccage,
Peut-on s'empêcher d'aimer ?
Un Berger & une Bergere,
Vivez en paix,
Amans, soyez fidelles,
Aimez-vous à jamais.
Vos ardeurs mutuelles
Combleront vos souhaits.
C'est un bonheur extrême
D'obtenir ce qu'on aime
Sans languir trop long-tems,
Soyez constans,
Aimez toûjours de même
Vivez toûjours contens.
Que les amours sont belles
Quand elles sont nouvelles !
Quel bien a plus d'attraits ?
Vivez en paix,
Amans ; soyez fidelles,
Aimez-vous à jamais.

CORIDON.
J'aimerai toûjours ma Bergere.

BELISE.
J'aimerai toûjours mon Berger.

CORIDON.
Mon amour est sincere,
J'aimerai toûjours ma Bergere.
BELISE.
Mon cœur ne peut changer,
J'aimerai toûjours mon Berger,

TRAGEDIE.
CORIDON & BELISE.
Mon amour est sincere,
Mon cœur ne peut changer.
CORIDON.
J'aimerai toûjours ma Bergere.
BELISE
J'aimerai toûjours mon Berger.

SCENE IV.

ROLAND, CORIDON, BELISE,
Troupe de Bergers & de Bergeres.

Roland n'ayant point trouvé Angelique, revient pour en demander des nouvelles aux Bergers.

CORIDON.

Angelique est Reine, elle est belle,
Mais ses grandeurs ni ses appas
Ne me rendroient point infidelle,
Je ne quitterois pas
Ma Bergere pour elle.
BELISE.
Quand des riches Païs arrosez de la Seine
Le charmant Medor seroit Roi,
Quand il pourroit quitter Angelique pour moi,
Et me faire une grande Reine,
Non, je ne voudrois pas encor
Quitter mon Berger pour Medor.
ROLAND
Que dites-vous ici de Medor, d'Angelique ?
CORIDON.
Ce sont d'heureux Amans dont l'histoire est publique
Dans tous les hameaux d'alentour.

P 2

BELISE.
Ils ont avec regret quitté ce beau sejour;
Ces arbres, ces rochers, cette grotte rustique;
Tout parle ici de leur amour.
ROLAND.
Ah! je succombe au tourment que j'endure.
CORIDON.
Reposez sur ce lit de verdure.
BELISE.
Vous paroissez chagrin, écoutez à loisir
De ces heureux Amans l'agreable avanture,
Vous l'entendrez avec plaisir.

Roland accablé de douleur s'assied sur un Gazon, & écoute avec inquietude ce que Coridon & Belise lui racontent.

CORIDON.
En des lieux où Medor mouroit sans assistance
Angelique adressa ses pas.
Elle sçût se servir d'un art dont la puissance
Garantit Medor du trepas.
BELISE.
D'un grand Empire Angelique est maîtresse
Elle est charmante, elle avoit à son choix
Cent des plus riches Rois;
Medor est sans biens, sans noblesse;
Mais Medor est si beau qu'elle l'a préferé
A cent Rois qui pour elle ont en vain soupiré.
CORIDON.
On ne peut s'aimer davantage,
Jamais bonheur ne fut plus doux.
BELISE.
Ils se sont donné devant nous
La foi de Mariage.
CORIDON.
Quand le festin fut prêt, il fallut les chercher.
BELISE.
Ils étoient enchantez dans ces belles retraites,

TRAGEDIE.
CORIDON.
On eût peine à les arracher
De l'endroit charmant où vous êtes.

ROLAND *se levant avec précipitation.*

Où suis-je ? juste Ciel ! où suis-je malheureux !
BELISE.
Demeurez, & voyez nos danses & nos jeux.
CORIDON.
On m'a promis cette belle Bergere;
Honorez notre nôce, on la fera demain.
ROLAND.
Où vont-ils ces Amans ?
BELISE.
Ils ont prié mon Pere
De les conduire au port le plus prochain.
Le voici. Demeurez, si vous me voulez croire,
Vous aprendrez de lui le reste de l'histoire.

SCENE V.

TERSANDRE, ROLAND, CORIDON, BELISE, *le Chœur.*

TERSANDRE.

Allez, laissez-nous ; soins fâcheux,
Eloignez-vous de nos paisibles jeux.
Nous possedons un bien inestimable
Qui comblera nos vœux.
Laissez couler nos jours heureux
Dans un loisir doux & durable.
Allez, laissez-nous soins fâcheux,
Eloignez-vous de nos paisibles jeux.

ROLAND,

CORIDON, BELISE *& le Chœur*
Allez, laissez nous, soins fâcheux,
Eloignez-vous de nos paisibles Jeux.

TERSANDRE.
J'ai vû partir du Port cette Reine si belle.

ROLAND.
Angelique est partie !

TERSANDRE.
     Et Medor avec elle.
Elle en fait un grand Roi, c'est son unique soin.

ROLAND.
Ils sont partis ensemble ?

TERSANDRE.
    Ils sont déja bien loin.
Dans les Climats les plus heureux du Monde
Ils vont en paix goûter mille plaisirs.
  Jusqu'au vent qui regne sur l'Onde
  Tout favorise leurs desirs.

ROLAND *à part*.
Ils se sont dérobez tous deux à ma vengeance !

TERSANDRE *parle à Coridon & à Belise*.
Angelique a voulu passer notre esperance.
Voyez ce Brasselet.

ROLAND *regardant le Brasselet*.
    Que vois je infortuné !
J'ai fait mettre en ses mains ce prix de mon courage ;
De mon fidelle amour c'est un précieux gage.

TERSANDRE.
Pour le prix de nos soins elle nous l'a donné.

ROLAND.
Ciel !

CORIDON & BELISE.
O Ciel !

TERSANDRE.
J'ai reçû ce don de sa main même
Nous fûmes les témoins de son bonheur extrême
Elle a voulu nous rendre heureux.

ROLAND.
Ciel ! puis-je être accablé par un coup plus affreux !
TERSANDRE.
Mais quel est ce Guerrier ? aisément on devine
Qu'il sort d'une illustre origine.
CORIDON.
Nous l'avons trouvé dans ces lieux.
BELISE.
Le trouble de son cœur se montre dans ses yeux.
CORIDON.
Il s'agite.
BELISE.
Il menace.
CORIDON.
Il pâlit.
BELISE.
Il soupire.
TERSANDRE.
Son cœur souffre peut-être un amoureux martire
Je suis touché de ses douleurs.
BELISE.
Quels terribles regards !
ROLAND.
La Perfide !
TERSANDRE.
Il murmure
CORIDON.
Il fremit.
BELISE.
Il répand des pleurss.
ROLAND.
Tant de sermens ! ah la Parjure !
TERSANDRE.
Ne l'abandonnons pas dans un chagrin si noir.
ROLAND.
Elle rit de mon desespoir.
Je l'aimois d'une amour si tendre, si fidelle,

ROLAND,
TERSANDRE.
Ses regards sont plus doux.
CORIDON.
Il est moins agité.
ROLAND.
J'ai crû vivre heureux avec elle
Helas ! quelle felicité !
TERSANDRE.
Non, je n'en doute point c'est l'amour qui le blesse.
BELISE.
L'amour peut-il causer cette sombre tristesse ?
On a vû des Amans si contens dans ces Bois.
TERSANDRE.
Qui suit les amoureuses loix
S'expose à des maux redoutables.
Pour deux Amans heureux qu'amour fait quelquefois
Il en fait tous les jours plus de cent miserables.
CORIDON.
Son trouble est apaisé.
TERSANDRE.
J'espere qu'à la fin
Nous pourrons adoucir son funeste chagrin.
Benissons l'amour d'Angelique,
Benissons l'amour de Medor,
Dans le riche sejour d'une Cour magnifique,
Puissent-ils sur un Trône d'or
S'aimer comme ils s'aimoient dans un sejour rustique.

CORIDON, BELISE & le Chœur.
Benissons l'amour d'Angelique
Benissons l'amour de Medor.
ROLAND.
Taisez-vous, malheureux, oserez-vous sans cesse
Percer mon triste cœur des plus horribles coups ?
Malheureux, taisez-vous.
Rendez grace à votre bassesse
Qui vous dérobe à mon couroux.

TERSANDRE, CORIDON, ANGELIQUE
& le Choeur.

Ah ! fuions, fuions tous.

SCENE VII.

ROLAND seul.

JE suis trahi ! Ciel ! qui l'auroit pû croire !
O Ciel ! je suis trahi par l'ingrate Beauté
Pour qui l'amour m'a fait trahir ma gloire.
O doux espoir dont j'étois enchanté,
Dans quel abîme affreux m'as-tu precipité ?

  Témoins d'une odieuse flâme
  Vous avez trop blessé mes yeux.
   Que tout ressente dans ces lieux
  L'horreur qui regne dans mon ame.

Roland brise les inscriptions, & arrache des branches d'Arbres, & des morceaux de Rochers.

Ah ! je suis descendu dans la nuit du Tombeau !
  Faut-il encore que l'amour me poursuive ?
   Ce fer n'est plus qu'un vain fardeau
   Pour une ombre plaintive.

Roland jette ses armes, & se met dans un grand desordre.

Quel gouffre s'est ouvert ! qu'est-ce que j'aperçoi !
  Quelle voix funebre s'écrie !
   Les Enfers arment contre moi
   Une impitoiable Furie.

Roland croit voir une Furie: il lui parle, & s'imagine qu'elle lui repond.

Barbare ! ah ! tu me rends au jour ?
Que prétens-tu ? parle.... ô suplice horrible !
Je doi montrer un exemple terrible
    Des tourmens d'un funeste amour.

Fin du quatrième Acte.

ACTE V.

Le Theâtre change, & represente le Palais de la sage Fée Logistille.

SCENE PREMIERE.

ASTOLFE, LOGISTILLE.

ASTOLFE.

SAge & divine Fée à qui tout est possible,
  Vous dont le genereux secours
 Pour les Infortunez se declare toûjours,
  Au malheur de Roland serez-vous insensible?
Ce Heros que l'amour a rendu furieux
  Traîne une déplorable vie:
  Son sort qui fut si glorieux
Fait autant de pitié qu'il avoit fait d'envie.

LOGISTILLE.

  Vos justes vœux sont prévenus;
Déja par des chemins aux Mortels inconnus
J'ai fait passer Roland dans cet heureux azile.
  Le charme d'un sommeil tranquille
  Suspend le mal de ce Heros;
   Mais il est difficile
  De lui rendre un parfait repos.

ASTOLFE.

Je sçai votre pouvoir, il faut que tout lui cede.
Votre soin m'a sauvé de cent perils affreux
  N'offririez-vous qu'un vain remede
  Au trouble fatal qui possede
Le plus grand des Heros & le plus malheureux ?

LOGISTILLE.

Je puis des Elemens interrompre la guerre,
  Ma voix fait trembler les Enfers.
  J'impose silence au Tonnerre,
  Et j'éteins le feu des éclairs.
  Mais je calme avec moins de peine
  Les vents échappez de leur chaîne,
Et j'appaise plûtôt l'Ocean irrité
  Qu'un cœur par l'Amour agité.

ASTOLFE.

J'attens tout pour Roland de vos soins salutaires.

LOGISTILLE.

Nos efforts vont se redoubler :
Allez éloignez-vous de nos secrets misteres,
 Vos regards pourroient les troubler.

SCENE II.

LOGISTILLE, *Roland endormi, troupe de Fées.*

LOGISTILLE.

Par le secours d'une douce harmonie
 Calmons ce grand cœur pour jamais.
 Rendons-lui sa premiere paix,
Puisse-t'elle chasser l'amour qui l'a bannie.
 Heureux qui se deffend toûjours
 Du charme fatal des Amours !

Le Chœur des Fées repete ces deux derniers Vers.

Heureux qui se deffend toûjours
Du charme fatal des amours!

Les Fées dansent autour de Roland & font des Cérémonies victorieuses, pour lui rendre la raison.

LOGISTILLE.

Rendez à ce Heros vôtre clarté celeste,
    Divine raison, revenez.
Qu'un cœur est malheureux quand vous l'abandonnez
    Dans un égarement funeste.

LOGISTILLE, *& le Chœur des Fées.*

Heureux qui se deffend toûjours
Du charme fatal de ses amours!

Les Fées continuënt leurs danses autour de Roland & Logistille évoque les ombres des anciens Heros, pour l'aider à faire sortir Roland de son égarement.

LOGISTILLE.

O vous dont le nom plein de gloire
Dans la nuit du trépas n'est point enseveli,
    Vous dont la celebre memoire
Triomphe pour jamais du tems & de l'oubli,
    Venez, Héroiques ombres,
    Venez seconder nos efforts:
    Sortez des retraites sombres
Du profond Empire des Morts.

Les ombres des anciens Heros paroissent

ROLAND,

SCENE III.

LOGISTILLE, *troupe de Fées, troupe d'ombres de Héros.*

LOGISTILLE.

Roland, courez aux armes.
Que la gloire a de charmes !
L'amour de ses divins appas,
Fait vivre au delà du trépas

Logistille, & le Chœur des ombres des Heros.

Roland, courez aux armes.
Que la gloire a de charmes !

A la voix des Heros, Roland sort de son sommeil, & recommence à se servir de sa raison.

ROLAND.

Quel secours vient me dégager
De ma fatale flâme ?
Ciel ! sans horreur puis-je songer
Au désordre où l'amour avoit reduit mon ame !
Errant, insensé, furieux,
J'ai fait de ma foiblesse un spectacle odieux ;
Quel reproche à jamais ne dois je point me faire ?
Malheureux ! la raison m'éclaire
Pour offrir ma honte à mes yeux !
Que survivre à ma gloire est un supplice extrême !
Infortuné Roland, cherche un antre écarté,
Va, s'il se peut, te cacher à toi-même
Dans l'éternelle obscurité.

LOGISTILLE *arrêtant Roland.*

Moderez la tristesse

TRAGEDIE.

Qui saisit vôtre cœur :
Quel Heros, quel Vainqueur
Est exempt de foiblesse ?
De Chœur des Ombres des Heros,
Sortez pour jamais en ce jour
Des liens honteux de l'amour.

LOGISTILLE.

Allez, suivez la gloire.

ROLAND.

Allons, courons aux armes.
Que la gloire a de charmes !
Le Chœur des Fées & le chœur des ombres des Heros
Roland, courez aux armes
Que la gloire a de charmes !

Les Fées, & les ombres des Heros témoignent par des danses la joye qu'elles ont de la guérison de Roland, la Gloire suivie de la Renommée & précedée de la Terreur vient presser Roland d'aller délivrer son pais.

SCENE DERNIERE.

La Gloire, la Renommée, la Terreur. suite de la Gloire, Roland, Logistile, troupe de Fées, troupe d'ombres de Heros.

LA GLOIRE.

Roland, il faut armer vôtre invincible bras,
La terreur se prépare à dévancer vos pas
Sauvez vôtre pais d'une guerre cruelle

Ne suivez plus l'amour, c'est un guide infidelle
Non, n'oubliez jamais
Les maux que l'amour vous a fait.

Roland reprend ses armes que les Fées & les Heros lui présentent, il témoigne l'impatience qu'il a de partir pour obeir à la gloire, & la terreur vole devant lui. Les Fées & les Heros dansent pour témoigner leur joye ; & Logistille, le Chœur de la suite de la gloire, les Chœurs des Fées, & des Heros chantent ensemble.

LOGISTILLE, & les Chœurs.

La gloire vous appelle,
Ne soûpirez plus que pour elle,
Non, n'oubliez jamais
Les maux que l'amour vous a faits.

Fin du cinquiéme & dernier Acte.

LE TEMPLE
DE
LA PAIX.
BALLET

DANSE' DEVANT LE ROY
à Fontainebleau le quinziéme Octobre 1685.

PERSONNAGES.

TROUPES de Nimphes qui dansent
TROUPES de Bergers & de Berge-
   res qui dansent.
TROUPES de Nimphes de Bergers & des
   Bergeres qui chantent dans les Chœurs.
CLIMENE, Bergere, aimée de Silvandre.
SILVANDRE Berger, Amant de Climene.
SILVIE, Bergere, aimée de Daphnis.
AMARILLIS, Bergere, aimée de Lycidas.
AMINTHAS, Berger.
MENALQUE, Berger.
ALCIPPE, Berger, Amant d'Amarillis.
LYCIDAS, Berger, Amant d'Amarillis.
TYRSIS, Berger.
DAPHNIS, Berger, Amant de Silvie.
PHILENE, Berger.
Troupes de Basques qui dansent.
Un jeune Basque, & une Fille Basque qui
   chantent.
Troupe de Bretons & de Bretonnes qui dansent
Deux Bretonnes qui chantent.
Un Sauvage qui chante seul.
Troupe de Sauvages qui chantent & qui
   forment un Chœur.
Troupe de Sauvages qui dansent.
Un Afriquain qui chante seul.
Troupe d'Afriquains & d'Afriquaines qui
   dansent.

LE TEMPLE DE LA PAIX.

BALLET.

Le Théatre represente un Temple environné d'un Bocage. Les Nimphes de ce bois ont fait élever ce Temple, & elles vont celebrer une Fête pour le dédier solemnellement à la Paix. Elles ont fait annoncer cette Fête, & ont invitez plusieurs Peuples de s'y trouver. Les Bergers & les Bergeres des lieux d'alentour commencent à s'assembler avec les Nymphes devant le Temple de la Paix.

CLIMENE, & *les Chœurs des Nimphes, des Bergers & des Bergeres.*

Preparons-nous pour la Fête nouvelle,
Le bruit des concerts nous appelle :
Mélons nos voix au son des chalumeaux ;
Dansons à l'ombre des ormeaux.

SILVANDRE.

D'un Roi toûjours Vainqueur la vertu sans exemple
Nous assûre un heureux repos.
Les Nimphes de ces lieux ont élevé ce Temple
A l'honneur de la Paix qu'on doit à ce Heros.
La prompte renommée a publié la Fête
Que dans ce bois tranquille avec soin on apprête
Cent peuples de divers climats
Viendront entendre nos musettes,
En chanter avec nous dans ces belles retraites
La Paix & ses charmans appas.

SILVIE & AMARYLLIS.

Sans crainte dans nos prairies
Laissons nos Moutons paissans :
Les animaux cruels & ravissans,
Sont loin de nos bergeries :
Dans ces beaux lieux nos soins les plus pressans
Sont de joüir des plaisirs innocens.

Chœurs des Nimphes des Bergers & des Bergeres.

Preparons-nous pour la Fête nouvelle ;
Le bruit des concerts nous appelle :
Mélons nos voix au son des chalumeaux,
Dansons à l'ombre des ormeaux.

BALLET.

PREMIERE ENTRE'E.

Les Nimphes, les Bergers, & les Bergeres dansent ensemble.

NIMPHES.

Madame la Princesse de Conty, & Mademoiselle de Pienne.

BERGERS.

Monsieur le Comte de Brionne. Messieurs Pecourt, Lestang & Favier.

BERGERES.

Mesdemoiselles de la Fontaine, & Desmathin.

Cette danse est accompagnée d'une Chanson par Amintas & par Menalque.

AMINTAS & MENALQUE.

Charmant repos d'une vie innocente,
Notre bonheur ne dépend que de vous.
Le noir chagrin suit la pompe éclatante ;
La grandeur fait des jaloux
La fortune est changeante,
Qui reçoit ses dons doit craindre ses coups.
Charmant repos d'une vie innocente,
Nôtre bonheur ne dépend que de vous.
Tout nous enchante,
Les vrais plaisirs ne sont faits que pour nous,
Nôtre ame est contente,
Quel sort est plus doux ?
Charmant repos d'une vie innocente,
Notre bonheur ne dépend que de vous.

ALCIPPE.

Le Prince qui poursuit avec un soin extrême
Les hôtes furieux des forêts d'alentour,
Aime assez nos concerts pour les offrir lui-même
Au grand Roi dont il tient le jour.

LYCIDAS, & les Chœurs des Nimphes des Bergers & des Bergeres.

Que ce Roi vainqueur a de gloire !
Le sort du monde est en ses mains.
Le bonheur des humains
Est le seul prix qu'il veut de sa victoire.

TYRSIS.

La gloire lui suffit, ses vœux sont satisfaits.
Il est content d'humilier l'audace,
Et d'enchaîner la guerre pour jamais ;
Les seuls ennemis qu'il menace
Sont les ennemis de la Paix.

SILVIE.

Pour rendre son Empire heureux & florissant
Ses travaux trouvent tout facile :
Il est toûjours agissant,
Et paroît toûjours tranquille.

ALCIMEDON.

Entre les autres Rois, ce Roi victorieux
Est tel que l'on dépeint entre les autres Dieux
Celui qui lance le tonnerre
C'est l'auteur glorieux
Du repos de la Terre ;
C'est l'effroi des audacieux
Qui voudroient rallumer la guerre ;
C'est le don le plus Précieux
Que nous aions reçû des Cieux.

Les Chœurs des Nimphes des Bergers & des Bergere repetent ces deux derniers Vers.

C'est le don le plus précieux
Que nous aions reçû des Cieux.

BALLET.

SECONDE ENTRÉE.

Une nouvelle troupe de Nimphes, de Bergers, & de Bergeres vient en dansant au Temple de la Paix.

NIMPHES.

Madame la Duchesse de Bourbon. Mademoiselle de Blois, Mademoiselle d'Armagnac.

BERGERES.

Mademoiselle d'Uzez, Madame de l'Euvestein, Mademoiselle d'Estrées & Mademoiselle Breard.

BERGERS.

Monsieur le Prince d'Enrichemont, Monsieur le Chevalier de Sully, Monsieur le Comte de Guiche, Monsieur le Chevalier de Sancourt.

TROIS JEUNES BERGERS.

Monsieur le Chevalier de Châteauneuf. Le petit Allemand & le petit Magny.

DAPHNIS, & les Chœurs des Nimphes des Bergers & des Bergeres.

La gloire où ce Vainqueur aspire,
   Est de faire aimer son Empire.
Il répand ses faveurs jusques dans nos hameaux;
   Nôtre repos est son ouvrage:

Il conte pour ses jours les plus doux, les plus beaux,
Ceux qu'il signale davantage
Par des bienfaits nouveaux.

SILVIE.

On conteroit plûtôt les épics qu'on moissonne,
Les Roses du Printems & les Fruits de l'Automne,
Que les biens qu'on doit à ses soins.
C'est lui qui se ressent le moins
Du repos qu'il nous donne

CLIMENE.

Sans cesse benissons ce Vainqueur genereux.
Joüissons sous ses loix d'un sort digne d'envie,
Que le Ciel prenne soin d'une si belle vie.
Nous ne formons point d'autres vœux,
C'est assez pour nous rendre heureux.

Les deux Troupes de Nimphes, de Bergers & de Bergeres unissent leurs voix & dansent ensemble.

Chœurs de Nimphes, de Bergers & de Bergeres.

Joüissons sous ses loix d'un sort digne d'envie
Que le Ciel prenne soin d'une si belle vie ;
Nous ne formons point d'autres vœux,
C'est assez pour nous rendre heureux.

Les Nimphes, les Bergers & les Bergeres se placent sur des sieges de gazon autour du Temple de la Paix, & y attendent les peuples qui doivent venir à la Fête.

DAPHNIS.

Daphnis & Silvandre font tout bas une conversation qui les engage insensiblement dans une contestation qui leur fait élever la voix.

DAPHNIS & SILVANDRE ensemble.
DAPHNIS. } Malheureux } Un amant fidelle !
SILVANDRE. } Trop heureux }

DAPHNIS. } Malheureux
SILVANDRE. } . . . . . Trop heureux
Un cœur engagé dans les nœuds
D'une amour éternelle !

DAPHNIS. } Malheureux } Un amant fidelle !
SILVANDRE. } Trop heureux }

DAPHNIS.
Gardons-nous, gardons-nous
D'une amour tendre.
SILVANDRE.
Est il rien de plus doux ?
Pourquoi nous en défendre ?

SILVANDRE & DAPHNIS ensemble.
SILVANDRE. { Non, il n'est point de plaisir plus charmant,
DAPHNIS. { Non, il n'est point de plus cruel tourment.

SILVANDRE.
Pour nous juger veux-tu choisir Philene ?
DAPHNIS.
J'en suis content, on ne peut mieux choisir.

Philene sort de l'endroit où il étoit placé, & vient entendre Silvandre & Daphnis.

Tome II.   Q

DAPHNIS.

Je soûtiens que l'amour est toûjours une peine.

SILVANDRE.

Je soûtiens que l'amour n'est jamais sans plaisir.
Pour un cœur toûjours severe
Que la vie a peu d'appas !
Les plaisirs ne régnent guere
Où les amours ne sont pas.

DAPHNIS.

Dans les beaux jours le doux zephire
Fait moins naître de fleurs
Que le cruel amour dans son funeste empire
Ne fait verser de pleurs.

Les Nymphes, les Bergers & les Bergeres se partagent en deux Partis, dont l'un est du sentiment de Daphnis, & l'autre de l'opinion de Silvandre.

Le Parti de Daphnis & le Parti de Silvandre, ensemble.

Le Parti de Daphnis. ⎱ Malheureux ⎱ Un amant
Le Parti de Silvandre. ⎰ Trop heureux ⎰ fidele.

Le Parti de Daphnis. ⎱ Malheureux
Le Parti de Silvandre. ⎰ . . . . . Trop heureux

Un cœur engagé dans les nœuds
D'une amour éternelle !

Le Parti de Daphnis.

Gardons-nous, gardons-nous
D'une amour tendre.

Le Parti de Silvandre.

Est-il rien de plus doux ?
Pourquoi nous en défendre ?

BALLET.

Le Parti de Daphnis & le Parti de Silvandre,
ensemble.

Le Parti de } Non, il n'est point de plaisir plus char-
Silvandre. } mant.

Le Parti de } Non, il n'est point de plus cruel tour-
Daphnis. } ment.

PHILENE.

La Paix regne dans ce boccage,
Et sans cesse à nos jeux elle doit présider.
Ne disputez pas davantage,
Bergers, il faut vous accorder.
Il est doux d'être amant d'une Bergere aimable,
Mais il est dangereux
D'être trop amoureux :
L'excés d'amour rend un cœur miserable,
Un peu d'amour suffit pour être heureux.

Les deux Partis s'accordent, & repetent ensemble les derniers Vers que Philene a chantez.

Les Chœurs.

Il est doux d'être amant d'une Bergere aimable,
Mais il est dangereux
D'être trop amoureux ;
L'excés d'amour rend un cœur miserable,
Un peu d'amour suffit pour être heureux.

Les Nymphes, les Bergers & les Bergeres reprennent leurs places.

TROISIE'ME ENTRE'E.

Les Basques devancent les autres Peuples, qui doivent venir au Temple de la Paix, ils y arrivent en dansant à la maniere de leur païs.

FILLES BASQUES.

Madame la Duchesse de Bourbon.

Mesdemoiselles Laurent, & le Paintre.

DEUX PETITS BASQUES.

Monsieur le Marquis de Châteauneuf. Le petit Magny.

SIX GRANDS BASQUES.

Monsieur le Comte de Brionne.

Messieurs Pecourt, Lestang, Faiire, du Mirail & Magny.

Deux Basques chantent au milieu des danses.

CHANSON DES BASQUES.

Suivons l'aimable Paix qui nous appelle,
Mille nouveaux plaisirs sont avec elle.
L'Amour promet ici des jours heureux,
  Et sans allarmes:
  Il bannit les soins fâcheux.
  Que l'amour a de charmes
  Quand il vient avec les jeux!
Nous fuions la Beauté toujours severe;
Les Fers que nous porrons ne pesent guere.
L'Amour promet ici des jours heureux,
  Et sans allarmes:

BALLET.

Il bannit les soins fâcheux.
Que l'Amour a de charmes
Quand il vient avec les Jeux !

Silvie se leve avec inquietude du siege de gazon où elle étoit assise, elle se tire à l'écart, & va rêver sous un épais feüillage.

SILVIE.

Qu'êtes-vous devenu doux calme de mes sens ?
Mille troubles secrets sans cesse renaissans
M'agitent dans ce lieu paisible.
Trop heureux un cœur insensible
A qui l'amour est inconnu !
Doux calme de mes sens qu'êtes-vous devenu ?

Daphnis voiant Silvie s'éloigner des Bergeres ses compagnes, la suit pour lui parler de l'amour qu'il a pour elle.

DAPHNIS.

Je te suivrai toujours trop aimable Silvie,
Tes beaux yeux sur mon cœur n'ont que trop de pouvoir,
Quand il m'en coûteroit le repos de ma vie
Je ne puis trop paier le plaisir de te voir.

SILVIE.

Dans ces lieux fortunez tout doit être tranquile,
Que ne m'y laisse-tu rêver ?
Je cherche en vain la Paix, mon soin est inutile,
Tu m'empêches de la trouver.

DAPHNIS.

Tu veux me fuir, belle inhumaine ;
Puis-je sans toi goûter les doux plaisirs
Qu'une charmante Paix ramene ?

Crains-tu d'entendre les soûpirs
D'un tendre amour dont tu causes la peine ?
Bergere insensible as-tu peur
Que mon mal ne touche ton cœur ?
SILVIE.
Tu me dis qu'un amour extrême
Est un tourment fatal :
Pourquoi veux-tu que j'aime !
Pourquoi me veux-tu tant de mal ?
DAPHNIS.
L'amour de lui-même est aimable ;
C'est toi, Bergere impitoyable
C'est toi qui dans mon cœur en veux faire un tourment,
Tu peux d'un mot favorable
En faire un plaisir charmant.
Ne te rendras-tu point à ma perseverance ?
Tu ne me répons pas ? que me dit ton silence ?
Pourquoi fremir en m'écoutant ?
Et qui peut de la voix t'interdire l'usage ?
SILVIE.
Si je parlois davantage
Je ne t'en dirois pas tant.
DAPHNIS.
Ciel ! le cœur de Silvie avec le mien s'engage !
O Ciel ! fut-il jamais un Berger plus content !
SILVIE.
Ne m'offre point ton cœur si tu ne me promets
Qu'il portera toûjours une chaîne si belle.
Il vaudroit mieux n'aimer jamais
Que de ne pas aimer d'une amour éternelle.
DAPHNIS.
La frileuse Hirondelle
Cherchera les frimats, & craindra le retour
De la Saison nouvelle.
Plûtôt que je sois infidelle,
Et que j'éteigne mon amour.
SILVIE.
L'Astre qui nous donne le jour
Perdra sa lumiere immortelle,

BALLET.

Plûtôt que je sois infidelle
Et que j'éteigne mon amour.
DAPHNIS & SILVIE.
Heureux les tendres cœurs
Où l'amour est d'intelligence
Avec la Paix & l'innocence :
Heureux les tendres cœurs
Où l'amour & la Paix unissent leurs douceurs.

Les Nymphes, les Bergers & les Bergeres s'interessent dans le bonheur de Daphnis & de Silvie, & repetent les Vers que ce Berger & cette Bergere ont chantez.

Les Chœurs.

Heureux les tendres cœurs
Où l'amour est d'intelligence
Avec la Paix & l'innocence :
Heureux les tendres cœurs
Où l'amour & la Paix unissent leurs douceurs.

QUATRIE'ME ENTRE'E.

Une Troupe de Bretons & de Bretonnes vient prendre part à la Fête qui se fait devant le Temple de la Paix. Ces Peuples témoignent leur joie en dansant, & font entendre par une chanson qui accompagne leur danse, qu'ils se proposent d'éviter les troubles de l'amour, & de conserver toûjours la tranquilité dont ils joüissent.

FILLES DE BRETAGNE.

Madame la Princesse de Conty.

Mademoiselle de Pienne. Mademoiselle Roland, Mesdemoiselles de la Fontaine, & Breard.

BRETONS.

Monsieur le Comte de Brionne.

Messieurs Pecourt, Lestang, Favier l'aîné & du Mirail.

CHANSON
Chantée par deux Bretonnes.

LA Paix revient dans cet azile,
Rien n'est si doux que ses attraits.
N'aimons jamais,
Il est trop difficile
D'unir toûjours l'Amour avec la Paix.

BALLET.

Heureux un cœur libre & tranquille!
Tous ses desirs sont satisfaits.
    N'aimons jamais,
  Il est trop difficile
D'unir toûjours l'amour avec la Paix.

Silvandre amoureux de Climene, veut s'aprocher d'elle pour lui parler; Climene le fuit avec empressement, & paroît irritée contre ce Berger; il en est d'autant plus surpris qu'il croioit être aimé de cette Bergere.

SILVANDRE.

JE ne voi dans vos yeux qu'une colere extrême,
    O Ciel! quel changement!
Vous m'aviez tant promis de m'aimer constamment,
    Est-ce ainsi que l'on aime?

CLIMENE.

Allez, laissez mon cœur en paix,
Ingrat, ne me voiez jamais.

SILVANDRE.

Je vivrois sans vous voir! quel suplice est plus rude!
    Vous m'accusez d'ingratitude!
Aprenez-moi du moins les crimes que j'ai faits.

CLIMENE.

Allez, laissez mon cœur en paix.

SILVANDRE.

Climene, j'ai promis de vous être fidelle,
    Fussiez-vous cent fois plus cruelle:
    De nouveau, je vous le promets.

CLIMENE.
Ingrat, ne me voiez jamais.
SILVANDRE.
Je pourrois être ingrat ! & vous le pourriez croire !
Que devient cet amour si doux, si plein d'attraits…..
CLIMENE.
N'en rappellez pas la memoire,
Non, votre trahison n'en seroit que plus noire.
Allez, laissez mon cœur en paix,
Ingrat, ne me voiez jamais.
SILVIE *arrêtant Climene.*
Quoi, ne veux-tu pas voir une Fête si belle ?
SILVANDRE.
Climene m'abandonne à ma douleur mortelle.
SILVIE.
Quels differens peuvent naître entre vous ?
L'amour unit vos cœurs de ses nœuds les plus doux.
La Paix descend du Ciel pour bannir les allarmes,
Et fait en cent climats regner un calme heureux.
Ne peut-elle étendre ses charmes
Jusques dans l'Empire amoureux ?
SILVANDRE.
Que la colere
De ma Bergere,
Est terrible pour moi !
Rien ne m'inspire tant d'effroi
Que le malheur de lui déplaire.
La foudre prête à m'accabler
Me feroit moins trembler
Que la colere
De ma Bergere.
CLIMENE *parlant à Silvie.*
Non, ne t'oppose point à mes ressentimens,
Ne me contrains pas à l'entendre.
SILVIE.
Lors qu'un amour fidelle & tendre
Vous doit donner des jours charmans,
Quel plaisir pouvez-vous prendre

BALLET.
A vous faire des tourmens?
CLIMENE.
Ce Berger trompeur s'engage
Dans de nouvelles amours :
S'il n'eut point été volage
Je l'aurois aimé toujours.
L'ingrat m'a fait une offense
Dont mon cœur a profité,
Et c'est à son inconstance
Que je doi ma liberté.

Pour épouser Cephise il devient infidelle.
SILVANDRE.
Mon pere avoit dessein de m'unir avec elle;
Mais son dessein fatal change en cet heureux jour,
Desormais notre hymen est son unique envie.
  Je perdrois plûtôt la vie
  Que de trahir notre amour.
SILVIE.
La colere qui te possede
Doit finir avec ton erreur.
CLIMENE.
Un doux calme succede
Au trouble de mon cœur.
SILVIE.
Aimez desormais sans craintes,
Vivez exempts de soupçons,
Et changez vos tristes plaintes
En d'agreables chansons.
SILVANDRE, CLIMENE & SILVIE.
Ainsi qu'aprés l'orage,
Le celeste flambeau
Sort du sombre nuage,
Et n'en est que plus beau
Aprés la tempête cruelle
Qu'excitent les soupçons jaloux,
L'amour tendre & fidelle
N'en devient que plus doux.

Les Nymphes, les Bergers, & les Bergeres qui ont été témoins du raccommodement de Silvandre & de Climene, répétent ce que Silvandre, Climene & Silvie ont chanté ensemble.

>Ainsi, qu'après l'orage,
>Le celeste Flambeau
>Sort du sombre nuage,
>Et n'en est que plus beau
>Après la tempête cruelle
>Qu'excitent les soupçons jaloux,
>L'Amour tendre & fidelle
>N'en devient que plus doux.

CINQUIE'ME ENTRE'E.

Les Sauvages des Provinces de l'Amerique qui dépendent de la France, viennent au Temple de la Paix, & font connoître par leurs chansons, & par leurs danses, le plaisir qu'ils ont d'être sous l'Empire d'un Roi puissant & glorieux, qui les fait joüir d'une heureuse tranquilité.

SAUVAGES. AMERIQUAINS.

Monsieur le Marquis de Moï.

Monsieur Beauchamp. Messieurs Pecourt, du Mirail, Joubert, Magny, Faüre, le petit Allemand, & le petit Magny.

Un Sauvage.

Nous avons traversé le vaste sein de l'Onde,
Pour venir rendre hommage au plus puissant
  des Rois :
Il préfere au bonheur d'être Vainqueur du Monde,
La gloire de tenir dans une paix profonde
  Ses Ennemis vaincus cent & cent fois.
Son Nom est reveré des Nations sauvages,
  Jusqu'aux plus reculez Rivages ;

Tout retentit du bruit de ses Exploits.
Ah ! qu'il est doux de vivre sous ses loix.

Le Chœur des Sauvages répéte ces quatre Vers.

Son nom est réveré des nations sauvages.
Jusqu'aux plus reculez rivages,
Tout retentit du bruit de ses exploits.
Ah ! qu'il est doux de vivre sous ses loix.

Une partie des Sauvages chante au milieu des danses des autres Sauvages.

Chœur des Sauvages.

Dans ces lieux, il faut que tout ressente
Le retour d'une Paix si charmante.
Les amans sont les seuls desormais
Que l'on doit entendre ici se plaindre :
Sans l'amour & sans ses traits
Tout seroit en paix,
On n'auroit plus rien à craindre.

L'heureux sort qu'un doux repos prépare
Doit charmer le cœur le plus barbare.
Les amans sont les seuls desormais
Que l'on doit entendre ici se plaindre :
Sans l'amour & sans ses traits
Tout seroit en paix
On n'auroit plus rien à craindre.

BALLET.

Lycidas aime Amarillis, & n'a pas encore osé lui déclarer son amour. Il voit avec inquietude qu'Alcippe est assis près de cette Bergere; il s'écarte des autres Bergers pour rêver en liberté, & pour soûpirer en secret.

LICIDAS.

Douce Paix qui dans ces retraites
Etablissez vôtre séjour,
Ah! vos douceurs ne sont pas faites
Pour les cœurs troublez par l'amour!
Toute charmante que vous êtes,
Vous ne sçauriez calmer par votre heureux retour
Mes inquietudes secretes.
Douce Paix qui dans ces retraites
Etablissez votre séjour,
Ah! vos douceurs ne sont pas faites
Pour les cœurs troublez par l'amour.

Amarillis qui a fait dessein de fuïr l'amour, & de conserver toûjours sa liberté, & son repos, s'éloigne d'Alcippe qui veut lui parler de l'amour qu'il a pour elle, & s'approche sans y penser du lieu où est Lycidas.

ALCIPPE *suivant Amarillis.*

Te plaindras-tu toujours de l'amour tendre
Qui me contraint à te suivre en tous lieux?
Est-ce à mon cœur qu'il t'en faut prendre?
N'en accuse que tes beaux yeux.

LICIDAS.

Tu ne connois pas, inhumaine,
Tous les amans que tu tiens enchaînez;
Ce ne sont pas les plus infortunez

Qui t'osent parler de leur peine.
Tel meurt pour tes appas
Qui ne te le dit pas.
AMARILLIS.
Délivrés-vous d'une chaîne
Qui ne peut vous causer que de cruels tourmens,
Je vous ai dit cent fois que je haï les Amans,
Pourquoi cherchez-vous ma haine ?
LICIDAS.
Si les Bergers que tu rends amoureux
Sont certains d'attirer ta haine & ta colere
Je suis sûr d'être malheureux,
Je ne pourrai jamais cesser de te déplaire.
AMARILLIS.
Rien ne m'engagera sous l'amoureuse loi,
Combien d'amans manquent de foi,
Et n'en font pas de grands scrupules !
On s'expose en aimant à de mortels dangers,
On ne trouve que trop d'infidelles Bergers,
Malheur aux Bergeres credules.
ALCIPPE.
Devien sensible à ma langueur,
Je t'aimerai d'une amour éternelle.
Ah ! Bergere cruelle,
Pour qui veux-tu garder ton cœur ?
LICIDAS & ALCIPPE.
Choisi l'amant le plus fidelle,
C'est moi qui doi fléchir ta barbare rigueur,
Ah ! Bergere cruelle,
Pour qui veux-tu garder ton cœur ?
AMARILLIS.
Je garde mon cœur pour moi-même,
Il ne sera point agité.
Quel bien vaut la douceur extrême
D'une heureuse tranquilité ?
LICIDAS & ALCIPPE.
Dégageons-nous, s'il est possible,
Cessons d'aimer une insensible.

BALLET.

AMARILLIS.

N'aimons que la liberté,
  Rien n'a tant de charmes
  L'amour coûte trop de larmes;
Sa plus douce felicité
N'est jamais exemte d'allarmes,
  N'aimons que la liberté,
    Rien n'a tant de charmes.

AMARILLIS, LICIDAS & ALCIPPE.

  O bienheureuse Paix,
  Rendez mon cœur tranquile;
  O bienheureuse Paix,
  Ne nous quittez jamais.

LICIDAS.

Sans vous, le plus grand bien est un bien inutile,
Tous les plaisirs sans vous sont imparfaits.

AMARILLIS, LICIDAS & ALCIPPE.

  O bienheureuse Paix,
  Rendez mon cœur tranquile;
  O bienheureuse Paix,
  Ne nous quittez jamais.

Les Chœurs répétent ces deux Vers.

  O bienheureuse Paix,
  Ne nous quittez jamais.

DERNIERE ENTRE'E.

Les Peuples d'Afrique qui se souviennent encore des malheurs que la guerre leur a causez, viennent au Temple de la Paix témoigner la joie qu'ils ressentent d'éprouver la clemence du Vainqueur, & de joüir du repos qu'il leur a donné.

AFRIQUAINES.

Madame la Duchesse de Bourbon.
Madame la Princesse de Conty.
Mademoiselle de Blois.   Mademoiselle d'Armagnac.

Mademoiselle Roland, Mesdemoiselles de la Fontaine, & Breard.

AFRIQUAINS.

Monsieur le Comte de Brionne.

Messieurs Pecourt, Lestang, & Favier.

UN AFRIQUAIN.

Quel bonheur pour la France
D'être sous la puissance
D'un Roi si renommé !
Le plus ardent desir dont il est animé

BALLET.

C'est de faire regner la Paix & l'abondance.
Quel Peuple n'est point allarmé
Quand ce Heros fait tonner sa vengeance ?
Malheur à qui s'expose à la foudre qu'il lance.
Qu'il est doux de le voir quand il est desarmé !
Quel bonheur pour la France
D'être sous la Puissance
D'un Roi si renommé.

Les Peuples d'Afrique dansent, & tous les Chœurs se réünissent pour chanter la gloire du Roi victorieux, qui a donné la paix a tant de differentes Nations.

Les Chœurs.

Chantons tous sa valeur triomphante.
Chantons tous sa vertu bienfaisante
Il soûmet à ses loix ses plus fiers ennemis,
Il prend soin du bonheur de ceux qu'il a soûmis.
Que la Gloire à jamais le couronne :
Joüissons du repos qu'il nous donne,
Que cent Peuples divers comblez de ses bienfaits
Prennent part avec nous aux plaisirs de la Paix.

Un Afriquain.

Gardons-nous d'attirer sa colere,
Ne songeons desormais qu'à lui plaire,
Son Tonnerre a laissé sur les bords Afriquains
Un exemple terrible au reste des Humains.

Les Chœurs.

Quel Empire eut jamais tant de charmes !
Sous ses loix nous vivons sans allarmes,
Les plus doux de ses vœux
Sont de nous rendre heureux.

UN SAUVAGE, *& les Chœurs.*
On le craint aux deux bouts de la Terre,
Et son nom glorieux vole au-delà des mers;
Il contraint le Demon de la Guerre,
A rentrer pour jamais dans le fond des Enfers.

Les Chœurs.
Chantons tous sa valeur triomphante.
Chantons tous sa vertu bienfaisante.
Il soûmet à ses loix ses plus fiers ennemis,
Il prend soin du bonheur de ceux qu'il a soûmis;
Que la Gloire à jamais le couronne;
Joüissons du repos qu'il nous donne,
Que cent Peuples divers comblez de ses bienfaits
Prennent part avec nous aux plaisirs de la Paix.

Fin du Ballet.

ARMIDE,
TRAGEDIE
EN MUSIQUE.
REPRESENTE'E
PAR L'ACADEMIE ROYALE
de Musique, le 15. Février 1686.

ACTEURS DU PROLOGUE.

LA GLOIRE.
Troupe de Heros qui suivent la Gloire.
LA SAGESSE.
Troupe de Nymphes qui suivent la Sagesse.

PROLOGUE.

Le Theatre represente un Palais.

LA GLOIRE, LA SAGESSE,
Suite de la Gloire & de la Sagesse.

LA GLOIRE.

Tout doit ceder dans l'Univers
A l'Auguste Heros que j'aime.
L'effort des Ennemis, les glaces des Hyvers,
Les rochers, les fleuves, les mers,
Rien n'arrête l'ardeur de sa valeur extrême.

LA SAGESSE.

Tout doit ceder dans l'Univers,
A l'Auguste Heros que j'aime.
Il sçait l'art de tenir tous les Monstres aux fers,
Il est Maître absolu de cent Peuples divers,
Et plus Maître encor de lui-même.

LA GLOIRE & LA SAGESSE.

Tout doit ceder dans l'Univers
A l'Auguste Heros que j'aime.

PROLOGUE.

LA SAGESSE & sa Suite.

Chantons la douceur de ses loix.

LA GLOIRE & sa Suite.

Chantons ses glorieux exploits.

LA GLOIRE & la SAGESSE ensemble.

D'une égale tendresse,
Nous aimons le même Vainqueur.

LA SAGESSE.

Fiere Gloire, c'est vous....
C'est vous, douce Sagesse....

LA GLOIRE & LA SAGESSE.

C'est vous, qui partagez avec moi son grand
cœur.

LA GLOIRE.

Je l'emportois sur vous tant qu'a duré la guerre,
Mais dans la paix vous l'emportez sur moi.
Vous reglez en secret avec ce sage Roi
Le destin de toute la Terre.

LA SAGESSE.

La Victoire a suivi ce Heros en tous lieux ;
Mais pour montrer son amour pour la Gloire
Il se sert encor mieux
De la Paix que de la Victoire.

Au milieu du repos qu'il assûre aux Humains,
Il fait tomber sous ses puissantes mains
Un Monstre qu'on a crû si long-tems invincible.
On voit dans ses Travaux combien il est sensible

Pour

PROLOGUE.

Pour vôtre immortelle beauté;
Il prévient vos desirs, il passe vôtre attente,
L'ardeur dont il vous aime incessamment s'aug-
mente,
Et n'a jamais tant éclaté.

Qu'un vain desir de préference
N'altere point l'intelligence
Que ce Heros entre-nous veut former:
Disputons seulement à qui sçait mieux l'aimer.

La Gloire repete ce dernier Vers avec la Sagesse.

LA GLOIRE & LA SAGESSE *ensemble.*

Dés qu'on le voit paroître,
De quel cœur n'est-il point le Maître?
Qu'il est doux de suivre ses pas!
Peut on le connoître
Et ne l'aimer pas?

*Les Chœurs repetent ces cinq derniers vers: Et la sui-
te de la Gloire & celle de la Sagesse témoignent par des
danses la joye qu'elles ont de voir ces deux Divinitez
dans une intelligence parfaite.*

LA SAGESSE.

Aimons nôtre Heros, que rien ne nous separe
Il nous invite aux jeux qu'on-nous prepare.
Nous y verrons Renaud, malgré la volupté
Suivre un conseil fidelle & sage;
Nous le verrons sortir du Palais enchanté
Où par l'amour d'Armide il étoit arrêté,
Et voler où la Gloire appelle son courage.
Le grand Roi qui partage entre nous les desirs
Aime à nous voir même dans ses plaisirs.

LA GLOIRE.

Que l'éclat de son nom s'étende au bout du monde,
Réunissons nos voix.
Que chacun nous réponde,

Tome II.   R

PROLOGUE.

LA GLOIRE, LA SAGESSE, & les Chœurs.

Chantons la douceur de ses loix,
Chantons ses glorieux Exploits.

La suite de la Gloire & celle de la Sagesse continuënt leur réjoüissance.

Les Chœurs.

Que dans le Temple de memoire
Son nom soit pour jamais gravé,
C'est à lui qu'il est reservé
D'unir la Sagesse & la Gloire.

Fin du Prologue.

PERSONNAGES DE LA TRAGEDIE.

ARMIDE, *Magicienne, Niéce d'Hidraot.*
PHENICE, *Confidente d'Armide.*
SIDONIE, *Autre Confidente d'Armide.*
HIDRAOT *Magicien, Roi de Damas.*
Troupe de Peuples du Royaume de Damas.
ARONTE, *Conducteur des Chevaliers qu'Armide a fait mettre aux fers.*
RENAUD, *Le plus renommé des Chevaliers du Camp de Godefroy.*
ARTEMIDORE, *Un des Chevaliers Captifs d'Armide, & que Renaud a délivrez.*
Un Demon, transformé en Naïade.
Troupe de Démons transformez en Nimphes, en Bergers & en Bergeres.

Troupe de Demons volans, & transformez en Zephirs.

LA HAINE.

Suite de la Haine. Les Furies. La Cruauté. La Vengeance. La Rage, &c.

UBALDE, Chevalier qui va chercher Renaud.

Le Chevalier Danois, qui va avec Ubalde chercher Renaud.

Un Demon sous la figure de Lucinde, Fille Danoise, aimée du Chevalier Danois.

Troupe de Demons transformez en Habitans champêtres de l'Isle où Armide retient Arnaud enchanté.

Un Demon sous la figure de Melisse, Fille Italienne, aimée d'Ubalde.

LES PLAISIRS.

Troupe de Demons qui paroissent sous la figure d'Amans fortunez & d'Amantes heureuses qui accompagnent Renaud dans le Palais enchanté.

Troupe de Demons volans qui détruisent le Palais enchanté.

ARMIDE,
TRAGEDIE.

ACTE I.

Le Théatre represente une grande Place ornée d'un Arc de Triomphe.

SCENE PREMIERE.
ARMIDE, PHENICE, SIDONIE.

PHENICE.

Dans un jour de Triomphe, au milieu des plaisirs,
Qui peut vous inspirer une sombre tristesse ?
La gloire, la grandeur, la beauté la jeunesse,
Tous les biens comblent vos desirs.

SIDONIE.

Vous allumez une fatale flâme
Que vous ne ressentez jamais ;
L'amour n'ose troubler la paix
Qui regne dans vôtre ame.

ARMIDE,

PHENICE & SIDONIE ensemble.
Quel sort a plus d'appas ?
Et qui peut être heureux si vous ne l'êtes pas ?

PHENICE.
Si la guerre aujourd'hui fait craindre ses ravages,
C'est aux bords du Jourdain qu'ils doivent s'arrêter.
Nos tranquilles rivages
N'ont rien à redouter.

SIDONIE.
Les Enfers, s'il le faut, prendront pour nous les armes
Et vous sçavez leur imposer la loi.

PHENICE.
Vos yeux n'ont eu besoin que de leurs propres charmes
Pour affoiblir le Camp de Godefroi.

SIDONIE.
Ses plus vaillans guerriers contre vous sans deffense
Sont tombez en vôtre puissance.

ARMIDE.
Je ne triomphe pas du plus vaillant de tous.
Renaud, pour qui ma haine a tant de violence,
L'indomptable Renaud échappe à mon courroux.
Tout le camp ennemi pour moi devient sensible,
Et lui seul toûjours invincible
Fit gloire de me voir d'un œil indifferent.
Il est dans l'âge aimable où sans efforts on aime,
Non; je ne puis manquer sans un dépit extrême
La conquête d'un cœur si superbe & si grand.

SIDONIE.
Qu'importe qu'un Captif manque à vôtre victoire.
On en voit dans vos fers assez d'autres témoins ;
Et pour un Esclave de moins.
Un triomphe si beau perdra peu de sa gloire.

PHENICE.
Pourquoi voulez-vous songer
A ce qui peut vous déplaire ?
Il est plus sûr de se venger
Par l'ouli que par la colere.

ARMIDE.

Les Enfers ont prédit cent fois
Que contre ce guerrier nos armes seront vaines,
Et qu'il vaincra nos plus grands Rois :
Ah ! qu'il me seroit doux de l'accabler de chaînes,
Et d'arrêter le cours de ses exploits !
Que je le haïs ! que son mépris m'outrage !
Qu'il sera fier d'éviter l'esclavage
Où je tiens tant d'autres Heros !
Incessamment son importune image
Malgré moi trouble mon repos.

Un songe affreux m'inspire une fureur nouvelle
Contre ce funeste ennemi.
J'ai crû le voir, j'en ai fremi,
J'ai crû qu'il me frappoit d'une atteinte mortelle.
Je suis tombée aux pieds de ce cruel Vainqueur :
Rien ne fléchissoit sa rigueur ;
Et par un charme inconcevable,
Je me sentois contrainte à le trouver aimable
Dans le fatal moment qu'il me perçoit le cœur.

SIDONIE.

Vous troublez-vous d'une image legere
Que le sommeil produit ?
Le beau jour qui vous luit
Doit dissiper cette vaine chimere,
Ainsi qu'il a détruit
Les ombres de la nuit.

SCENE II.

HIDRAOT, *Suite d'*HIDRAOT, ARMIDE, PHENICE, SIDONIE.

HIDRAOT.

Armide, que le sang qui m'unit avec vous
Me rend sensible aux soins que l'on prend pour vous plaire !
Que vôtre triomphe m'est doux !
Que j'aime à voir briller le beau jour qui l'éclaire !
Je n'aurois plus de vœux à faire
Si vous choisissiez un Epoux.
Je vois de prés la mort qui me menace,
Et bien-tôt l'âge qui me glace
Va m'accabler sous son pesant fardeau :
C'est le dernier bien où j'aspire
Que de voir vôtre himen promettre à cet Empire
Des Rois formez d'un sang si beau ;
Sans me plaindre du sort je cesserai de vivre,
Si ce doux espoir peut me suivre
Dans l'affreuse nuit du tombeau.

ARMIDE

La chaine de l'himen m'étonne,
Je crains les plus aimables nœuds.
Ah ! qu'un cœur devient malheureux
Quand la liberté l'abandonne !

HIDRAOT.

Pour vous, quand il vous plaît, tout l'Enfer est armé :
Vous êtes plus sçavante en mon art que moi-même :

De grands Rois à vos pieds mettent leur Diadême,
Qui vous voit un moment, est pour jamais charmé.
Pouvez-vous mieux goûter vôtre bonheur extrême
    Qu'avec un Epoux qui vous aime,
    Et qui soit digne d'être aimé ?
ARMIDE.
Contre mes ennemis à mon gré je déchaine
    Le noir Empire des Enfers,
    L'amour met des Rois dans mes fers,
Je suis de mille Amans maîtresse souveraine ;
    Mais je fais mon plus grand bonheur
    D'être maîtresse de mon cœur.
HIDRAOT.
Bornez vous vos desirs à la gloire cruelle
    Des maux que fait vôtre beauté ?
Ne ferez-vous jamais vôtre felicité
    Du bonheur d'un amant fidelle ?
ARMIDE.
    Si je dois m'engager un jour,
      Au moins vous devez croire
    Qu'il faudra que ce soit la gloire
    Qui livre mon cœur à l'amour.
      Pour devenir mon Maître
    Ce n'est point assez d'être Roi.
Ce sera la valeur qui me fera connoître
    Celui qui merite ma foi.
Le Vainqueur de Renaud, si quelqu'un le peut être,
    Sera digne de moi.

SCENE III.

Troupes de Peuples du Royaume de Damas.

HIDRAOT, ARMIDE, PHENICE, SIDONIE.

Les peuples du Roïaume de Damas témoignent par des danses & par des chants la joïe qu'ils ont de l'avantage que la beauté de cette Princesse a remporté sur les Chevaliers du Camp de Godefroi.

HIDRAOT.

Armide est encor plus aimable
      Qu'elle n'est redoutable.
    Que son triomphe est glorieux !
Ses charmes les plus forts sont ceux de ses beaux yeux.
Elle n'a pas besoin d'emprunter l'art terrible
Qui sçait quand il lui plaît faire armer les Enfers
      Sa beauté trouve tout possible,
Nos plus fiers ennemis gemissent dans ses fers.

HIDRAOT & le Choeur.
Armide est encor plus aimable
    Qu'elle n'est redoutable.
  Que son triomphe est glorieux !
Ses charmes les plus forts sont ceux de ses beaux yeux.

PHENICE & le Choeur.
Suivons Armide, & chantons sa victoire,
Tout l'Univers retentit de sa gloire.

PHENICE.
Nos ennemis affoiblis & troublez

TRAGEDIE.

N'étendront plus le progrez de leurs armes;
Ah! quel bonheur! nos desirs sont comblez
Sans nous coûter ni de sang ni de larmes.

Le Chœur.

Suivons Armide, & chantons sa victoire,
Tout l'Univers retentit de sa gloire.

PHENICE.

L'ardent amour qui la suit en tous lieux
S'attache aux cœurs qu'elle veut qu'il enflâme;
Il est content de regner dans ses yeux,
Et n'ose encor passer jusqu'à son ame.

Le Chœur.

Suivons Armide, & chantons sa victoire,
Tout l'Univers retentit de sa gloire.

SIDONIE & le Chœur.

Que la douceur d'un triomphe est extrême
Quand on n'en doit tout l'honneur qu'à soy-même!

SIDONIE.

Nous n'avons point fait armer nos Soldats,
Sans leur secours Armide est triomphante;
Tout son pouvoir est dans ses doux appas,
Rien n'est si fort que sa beauté charmante.

Le Chœur.

Que la douceur d'un triomphe est extrême,
Quand on n'en doit tout l'honneur qu'à soi-même.

SIDONIE.

La belle Armide a sçû vaincre aisément
Les fiers guerriers plus craints que le tonnerre
Et ses regards ont en moins d'un moment
Donné des loix aux vainqueurs de la Terre.

Le Chœur.

Que la douceur d'un triomphe est extrême
Quand on n'en doit tout l'honneur qu'à soi-même.

Le triomphe d'Armide est interrompu par l'arrivée d'Aronte qui avoit été chargé de la conduite des Chevaliers Captifs, & qui revient blessé, & tenant à la main un tronçon d'épées.

SCENE IV.

ARONTE, HIDRAOT, ARMIDE, PHENICE, SIDONIE, *Troupes de peuples de Damas.*

ARONTE.

O Ciel ! ô disgrace cruelle !
Je conduisois vos Captifs avec soin.
J'ai tout tenté pour vous marquer mon zéle.
Mon sang qui coule en est témoin.
ARMIDE.
Mais où sont mes Captifs ?
ARONTE.
Un Guerrier indomptable
Les a délivré tous.
ARMIDE & HIDRAOT.
Un seul Guerrier ! que dites-vous ?
Ciel !
ARONTE.
De nos ennemis c'est le plus redoutable,
Nos plus vaillans Soldats sont tombez sous ses coups.
Rien ne peut resister à sa valeur extrême...
ARMIDE.
O Ciel ! C'est Renaud.
ARONTE.
C'est lui-même.
ARMIDE & HIDRAOT.
Poursuivons jusqu'au trepas.
L'ennemi qui nous offense.
Qu'il n'échape pas
A notre vengeance.

Le Chœur.

Poursuivons jusqu'au trépas
L'ennemi qui nous offense.
Qu'il n'échape pas
A nôtre vengeance.

Fin du premier Acte.

ACTE II.

Le Théatre change, & represente une Campagne, où une Riviere forme une Isle agréable.

SCENE PREMIERE.
ARTEMIDORE, RENAUD.
ARTEMIDORE.

Invincible Heros, c'est par vôtre courage
Que j'échappe aux rigueurs d'un funeste esclavage:
   Aprés ce genereux secours,
Puis-je me dispenser de vous suivre toûjours?
RENAUD.
   Allez, allez, remplir ma place
  Aux lieux d'où mon malheur me chasse
   Le fier Gernand m'a contraint à punir
    Sa temeraire audace:
D'une indigne prison Godefroy me menace,
  Et de son Camp m'oblige à me bannir.
    Je m'en éloigne avec contrainte
Heureux! si j'avois pû consacrer mes exploits
    A délivrer la Cité Sainte
   Qui gemit sous de dures loix.

Suivez les guerriers qu'un beau zele
Pressé de signaler leur valeur & leur foi :
Cherchez une gloire immortelle,
Je veux dans mon exil n'envelopper que moi.

ARTEMIDORE.

Sans vous, que peut-on entreprendre ?
Celui qui vous bannit ne pourra se défendre
De souhaiter votre retour
S'il faut que je vous quitte, au moins ne puis-je apprendre
En quels lieux vous allez choisir vôtre séjour ?

RENAUD.

Le repos me fait violence,
La seule gloire a pour moi des appas :
Je prétens adresser mes pas
Où la Justice & l'Innocence
Auront besoin du secours de mon bras.

ARTEMIDORE.

Fuïez les lieux où regne Armide
Si vous cherchez à vivre heureux ;
Pour le cœur le plus intrepide
Elle a des charmes dangereux.

C'est une ennemie implacable,
Evitez ses ressentimens ;
Puisse le Ciel à mes vœux favorable
Vous garantir de ses enchantemens.

RENAUD.

Par une heureuse indifference
Mon cœur s'est dérobé sans peine à sa puissance ;
Je la vis seulement d'un regard curieux.
Est-il plus mal-aisé d'éviter sa vengeance
Que d'échapper au pouvoir de ses yeux ?

J'aime la liberté, rien ne m'a pû contraindre
A m'engager jusqu'à ce jour.
Quand on peut mépriser le charme de l'amour
Quels enchantemens peut-on craindre ?

SCENE II.

HIDRAOT, ARMIDE.

HIDRAOT.

Arrêtons-nous ici, c'est dans ce lieu fatal
Que la fureur qui nous anime
Ordonne à l'Empire infernal
De conduire nôtre victime.

ARMIDE.

Que l'Enfer aujourd'hui tarde à suivre nos loix !

HIDRAOT.

Pour achever le charme il faut unir nos voix.

HIDRAOT & ARMIDE.

Esprits de haine & de rage,
Démons, obeïssez-nous.
Livrez à nôtre courroux
L'ennemi qui nous outrage.
Esprits de haïne & de rage,
Démons, obeïssez-nous.

ARMIDE.

Démons affreux, cachez-vous
Sous une agreable image.
Enchantez ce fier courage
Par les charmes les plus doux.

HIDRAOT & ARMIDE.

Esprits de haine & de rage
Démons obeïssez-nous.

Armide aperçoit Renaud qui s'aproche des bords de la Riviere.

ARMIDE.

Dans le piege fatal nôtre ennemi s'engage.

TRAGEDIE.

HIDRAOT.

Nos Soldats sont cachez dans le prochain Boccage,
Il faut que sur Renaud ils viennent fondre tous.

ARMIDE.

Cette victime est mon partage ;
Laissez-moi l'immoler, laissez-moi l'avantage
De voir ce cœur superbe expirer de mes coups.

Hidraot & Armide se retirent.

Renaud s'arrête pour considerer les bords du Fleuve, & quitte une partie de ses armes pour prendre le frais.

SCENE III.

RENAUD seul.

Plus j'observe ces lieux & plus je les admire,
Ce Fleuve coule lentement
Et s'éloigne à regret d'un séjour si charmant.
Les plus aimables fleurs & le plus doux Zephire
Parfument l'air qu'on y respire.
Non, je ne puis quitter des rivages si beaux,
Un son harmonieux se mêle au bruit des eaux
Les oiseaux enchantez se taisent pour l'entendre
Des charmes du sommeil j'ai peine à me deffendre
Ce gazon, cet ombrage frais,
Tout m'invite au repos sous ce feüillage épais.

Renaud s'endort sur un gazon, au bord de la riviere.

SCENE IV.

RENAUD *endormi, une Naïade qui sort du Fleuve, troupe de Nimphes, troupe de Bergers, troupe de Bergeres.*

Une Naïade.

AU temps heureux où l'on sçait plaire
Qu'il est doux d'aimer tendrement ?
Pourquoi dans les perils avec empressement
Chercher d'un vain honneur l'éclat imaginaire ?
    Pour une trompeuse chimere
    Faut-il quitter un bien charmant ?
    Au tems heureux où l'on sçait plaire
    Qu'il est doux d'aimer tendrement !

Le Chœur.

Ah ! quelle erreur ! quelle folie !
De ne pas joüir de la vie !
    C'est aux jeux, c'est aux amours,
    Qu'il faut donner les beaux jours.

Les Démons sous la figure des Nimphes, des Bergers & des Bergeres, enchantent Renaud, & l'enchainent durant son sommeil avec des guirlandes de fleurs.

Une Bergere.

On s'étonneroit moins que la saison nouvelle
Revint sans amener les fleurs & les zephirs,
Que de voir de nos ans la saison la plus belle
Sans l'amour & sans les plaisirs.

Laissons au tendre amour la jeunesse en partage;
La Sagesse a son tems, il ne vient que trop tôt:
Ce n'est pas être sage,
D'être plus sage qu'il ne faut.

Les Chœurs.

Ah quelle erreur ! quelle folie !
De ne pas joüir de la vie !
C'est aux jeux, c'est aux amours
Qu'il faut donner les beaux jours.

SCENE V.
ARMIDE, RENAUD endormi.
ARMIDE tenant un dard à la main.

Enfin, il est en ma puissance,
Ce fatal ennemi, ce superbe vainqueur.
Le charme du sommeil le livre à ma vengeance.
Je vois percer son invincible cœur.
Par lui, tous mes Captifs sont sortis d'esclavage.
Qu'il éprouve toute ma rage....

Armide va pour frapper Renaud, & ne peut executer le dessein qu'elle a de lui ôter la vie.

Quel trouble me saisit ! qui me fait hésiter !
Qu'est-ce qu'en sa faveur la pitié me veut dire ?
Frappons... Ciel ! qui peut m'arrêter !
Achevons.. je fremis ! Vengeons-nous... je soûpire !
Est-ce ainsi que je dois me venger aujourd'hui !
Ma colere s'éteint quand j'approche de lui.
Plus je le vois, plus ma fureur est vaine,
Mon bras tremblant se refuse à ma haine.

Ah ! quelle cruauté de lui ravir le jour.
A ce jeune Heros tout cede sur la Terre.
Qui croiroit qu'il fût né seulement pour la guerre ?
  Il semble être fait pour l'amour.
Ne puis-je me venger à moins qu'il ne perisse ?
Hé ne suffit-il pas que l'amour le punisse ;
Puisqu'il n'a pû trouver mes yeux assez charmans
  Qu'il m'aime au moins par mes enchantemens
   Que s'il se peut, je le haisse.
   Venez, secondez mes desirs,
Démons transformez-vous en d'aimables Zephirs
Je cede à ce Vainqueur, la pitié me surmonte ;
   Cachez ma foiblesse & ma honte
   Dans les plus reculez Deserts.
Volez, conduisez-nous au bout de l'Univers.

Les Demons transformez en Zephirs, enlevent Renaud
    & Armide.

Fin du second Acte.

ACTE III.

Le Théatre change, & represente un Desert.

SCENE PREMIERE

ARMIDE seule.

AH ! si la liberté me doit être ravie,
  Est-ce à toi d'être mon vainqueur ?
  Trop funeste ennemi du bonheur de ma vie,
Faut-il que malgré moi tu regnes dans mon cœur ?
Le desir de ta mort fut ma plus chere envie,
Comment as-tu changé ma colere en langueur !
En vain de mille Amans je me voiois suivie,
  Aucun n'a fléchi ma rigueur.
Se peut-il que Renaud tienne Armide asservie !
Ah ! si la liberté me doit être ravie,
  Est-ce à toi d'être mon vainqueur ?
  Trop funeste ennemi du bonheur de ma vie
Faut-il que malgré moi, tu regnes dans mon cœur ?

SCENE II.

ARMIDE, PHENICE, SIDONIE.

PHENICE.

Que ne peut point vôtre art ? la force en est ex-
trême.
Quel prodige ! quel changement !
Renaud qui fut si fier, vous aime,
On n'a jamais aimé si tendrement.

SIDONIE.

Montrez-vous à ses yeux, soïez témoin vous-même
Du merveilleux effet de vôtre enchantement.

ARMIDE.

L'Enfer n'a pas encor rempli mon esperance,
Il faut qu'un nouveau charme assure ma vengeance.

SIDONIE.

Sur des bords séparez du séjour des humains,
Qui peut arracher de vos mains
Un ennemi qui vous adore ?
Vous enchantez Renaud, que craignez-vous encore ?

ARMIDE.

Helas ! c'est mon cœur que je crains.

Vôtre amitié dans mon sort s'interesse :
Je vous ai fait conduire avec moi dans ces lieux.
Au reste des Mortels je cache ma foiblesse,
Je n'en veux rougir qu'à vos yeux.

De mes plus doux regards Renaud sçût se defendre,
Je ne pûs engager ce cœur fier à se rendre,
Il m'échapa malgré mes soins.
Sous le nom du dépit l'amour vint me surprendre
Lors qe je m'en gardois le moins.

Plus Renaud m'aimera, moins je serai tranquille;
J'ai résolu de le haïr :
Je n'ai tenté jamais rien de si difficile :
Je crains que pour forcer mon cœur à m'obeïr
Tout mon art ne soit inutile.
PHENICE.
Que vôtre art seroit beau ! qu'il seroit admiré !
S'il sçavoit garantir des troubles de la vie !
Heureux qui peut être assûré
De disposer de son cœur à son gré !
C'est un secret digne d'envie,
Mais de tous les secrets c'est le plus ignoré.
SIDONIE.
La haine est affreuse & barbare ;
L'amour contraint les cœurs dont il s'empare
A souffrir des maux rigoureux :
Si vôtre sort est en vôtre puissance,
Faites choix de l'indifference
Elle assûre un repos heureux.
ARMIDE.
Non, non, il ne m'est plus possible
De passer de mon trouble en un état paisible,
Mon cœur ne se peut plus calmer.
Renaud m'offense trop, il n'est que trop aimable,
C'est pour moi desormais un choix indispensable
De le haïr ou de l'aimer.
PHENICE.
Vous n'avez pû haïr ce Heros invincible,
Lors qu'il étoit le plus terrible
De tous vos ennemis
Il vous aime, l'amour l'enchaîne
Garderiez-vous mieux vôtre haine
Contre un amant si tendre & si soûmis ?
ARMIDE.
Il m'aime ? quel amour ! ma honte s'en augmente.
Dois-je être aimée ainsi ? puis je en être contente ?
C'est un vain triomphe, un faux bien,
Helas ! que son amour est different du mien !

J'ai recours aux Enfers pour allumer sa flâme,
C'est l'effort de mon art qui peut tout sur son ame
   Ma foible beauté n'y peut rien.
Par son propre merite il suspend ma vengeance;
Sans secours, sans effort, même sans qu'il y pense
Il enchaîne mon cœur d'un trop charmant lien.
Helas ! que mon amour est different du sien !

   Quelle vengeance ai-je à prétendre
   Si je le veux aimer toûjours
   Quoi ceder sans rien entreprendre ?
Non, il faut appeller la Haine à mon secours.

  L'horreur de ces lieux solitaires
  Par mon art va se redoubler.
Detournez vos regards de mes affreux misteres,
Et sur tout, empêchez Renaud de me troubler.

SCENE III.

ARMIDE seule.

Venez, venez, Haine implacable,
  Sortez du gouffre épouventable
Où vous faites regner une éternelle horreur.
Sauvez-moi de l'amour, rien n'est si redoutable.
  Contre un ennemi trop aimable
Rendez-moi mon courroux, rallumez ma fureur.
  Venez, venez, Haine implacable,
  Sortez du gouffre épouventable
Où vous faites regner une éternelle horreur.

La Haine sort des Enfers accompagnée des Furies, de la Cruauté, de la Vengeance, de la Rage & des Passions qui dépendent de la Haine

SCENE IV.

ARMIDE, LA HAINE, Suite de la Haine.

LA HAINE.

JE répons à tes vœux, ta voix s'est fait entendre
    Jusques dans le fond des Enfers.
Pour toi, contre l'amour, je vais tout entreprendre,
    Et quand on veut bien s'en défendre,
On peut se garantir de ses indignes fers.

LA HAINE & sa Suite.

Plus on connoît l'amour, & plus on le déteste,
    Détruisons son pouvoir funeste,
Rompons ses nœuds, déchirons son bandeau,
Brûlons ses traits, éteignons son flambeau.

Le Chœur répéte ces quatre derniers Vers.

Plus on connoît l'amour, & plus on le déteste,
    Détruisons son pouvoir funeste,
Rompons ses nœuds, déchirons son bandeau,
Brûlons ses traits, éteignons son flambeau.

La Suite de la Haine s'empresse à briser & à brûler les armes dont l'amour se sert.

LA HAINE & sa Suite.

Amour, sors pour jamais, sors d'un cœur qui te chasse,
    Que la Haine regne en ta place;
    Tu fais trop souffrir sous ta loi,
Non, tout l'Enfer n'a rien de si cruel que toi.

La Suite de la Haine témoigne qu'elle se prépare avec plaisir à triompher de l'Amour.

ARMIDE,

LA HAINE *s'approchant d'Armide.*
Sors, sors, du sein d'Armide, amour brise ta chaîne.
ARMIDE
Arrête, arrête, affreuse Haine,
Laisse-moi sous les loix d'un si charmant Vainqueur,
Laisse-moi, je renonce à ton secours horrible,
Non, non, n'acheve pas, non, il n'est pas possible
De m'ôter mon amour sans m'arracher le cœur.
LA HAINE.
N'implores-tu mon assistance
Que pour mépriser ma puissance ?
Sui l'amour, puisque tu le veux,
Infortunée Armide,
Sui l'amour qui te guide
Dans un abîme affreux.
Sur ces bords écartez, c'est en vain que tu cache
Le Heros dont ton cœur s'est trop laissé toucher :
La Gloire à qui tu l'arrache,
Doit bien-tôt te l'arracher,
Malgré tes soins, au mépris de tes larmes,
Tu le verras échaper à tes charmes.
Tu me rapelleras, peut-être, dés ce jour,
Et ton attente sera vaine ;
Je vais te quitter sans retour,
Je ne te puis punir d'une plus rude peine
Que de t'abandonner pour jamais à l'amour.

La Haine & sa Suite s'abîment.

Fin du troisiéme Acte.

ACTE IV.

SCENE PREMIERE.

UBALDE, & le Chevalier Danois.

Ubalde porte un bouclier de diamant, & tient un sceptre d'or qui lui ont été donnez par un Magicien, pour dissiper les enchantemens d'Armide, & pour délivrer Renaud.

Le Chevalier Danois porte une épée qu'il doit presenter à Renaud.

Une vapeur s'éleve & se répand dans le desert qui a paru au troisiéme Acte. Des antres & des abîmes s'ouvrent, & il en sort des bêtes farouches & des monstres épouvantables.

UBALDE, & le Chevalier Danois ensemble.

Nous ne trouvons par tout que des gouffres
   ouverts.
Armide a dans ces lieux transporté les enfers.
Ah ! que d'objets horribles !
Que de Monstres terribles !

Le Chevalier Danois attaque les monstres, Ubalde le retient, & lui montre le sceptre d'or qu'il porte, & qui leur a été donné pour dissiper les enchantemens.

UBALDE

Celui qui nous envoie a prévû ce danger,
Et nous a montré l'art de nous en dégager.
Ne craignons point Armide ni ses charmes ;
Par ce secours plus puissant que nos armes,
Nous en serons aisément garantis.
Laissés-nous un libre passage,
Monstres, allez cacher votre inutile rage
Dans l'abîme profond d'où vous êtes sortis.

Les Monstres s'abîment, la vapeur se dissipe, le desert disparoît, & se change en une campagne agréable, bordée d'arbres chargez de fruits, & arrosée de ruisseaux.

Le Chevalier Danois.

Allons chercher Renaud, le Ciel nous favorise
Dans notre penible entreprise.
Ce qui peut flater nos desirs,
Doit à son tour tenter de nous surprendre ;
C'est desormais du charme des plaisirs
Que nous aurons à nous défendre.

UBALDE *& le Chevalier Danois ensemble.*
Redoublons nos soins, gardons-nous
Des perils agreables,
Les enchantemens les plus doux
Sont les plus redoutables.

UBALDE.

On voit d'ici le séjour enchanté
D'Armide & du Heros qu'elle aime !
Dans ce Palais Renaud est arrêté
Par un charme fatal dont la force est extrême.
C'est-là que ce Vainqueur si fier, si redouté,
Oubliant tout jusqu'à lui-même,

TRAGEDIE.

Est réduit à languir avec indignité
Dans une molle oisiveté.

Le Chevalier Danois.

En vain tout l'Enfer s'interesse
Dans l'amour qui seduit un cœur si glorieux ;
Si sur ce bouclier Renaud tourne les yeux,
Il rougira de sa foiblesse,
Et nous l'engagerons à partir de ces lieux.

SCENE II.

Un démon sous la figure de Lucinde, fille Danoise, aimée du Chevalier Danois. Troupe de démons transformez en habitans champêtres de l'Isle qu'Armide a choisie pour y retenir Renaud enchanté.

UBALDE, Le chevalier Danois.

LUCINDE.

Voici la charmante retraite
De la felicité parfaite ;
Voici l'heureux séjour
Des jeux & de l'amour.

Le Chœur.

Voici la charmante retraite
De la felicité parfaite ;
Voici l'heureux séjour
Des jeux & de l'amour.

Les Habitans champêtres dansent.

ARMIDE,

UBALDE *parlant au Chevalier Danois.*
Allons, qui vous retient encore ?
Allons, c'est trop nous arrêter.

Le Chevalier Danois.
Je voi la Beauté que j'adore,
C'est elle, je n'en puis douter.

LUCINDE *& le Chœur.*
Jamais dans ces beaux lieux notre attente n'est vaine,
Le bien que nous cherchons se vient offrir à nous,
Et pour l'avoir trouvé sans peine,
Nous ne l'en trouvons pas moins doux.

Le Chœur.
Voici la charmante retraite
De la felicité parfaite;
Voici l'heureux séjour
Des jeux & de l'amour.

LUCINDE *parlant au Chevalier Danois.*
Enfin je voi l'amant pour qui mon cœur soupire,
Je retrouve le bien que j'ai tant souhaité.

Le Chevalier Danois.
Puis-je voir ici la Beauté
Qui m'a soumis à son empire.

UBALDE.
Non, ce n'est qu'un charme trompeur
Dont il faut garder votre cœur.

Le Chevalier Danois.
Si loin des bords glacez où vous prîtes naissance,
Qui peut vous offrir à mes yeux?

LUCINDE.
Par une magique puissance
Armide m'a conduite en ces aimables lieux!
Et je vivois dans la douce esperance
D'y voir bientôt ce que j'aime le mieux.
Goûtons les doux plaisirs que pour nos cœurs fidelles
Dans cet heureux séjour l'amour a préparez.
Le devoir par des loix cruelles
Ne nous a que trop séparez.

UBALDE.
Fuiez, faites-vous violence.

Le Chevalier Danois.

L'amour ne me le permet pas,
Contre de si charmans appas
Mon cœur est sans défense.
UBALDE.
Est-ce là cette fermeté
Dont vous vous êtes tant vanté ?

Le Chevalier Danois, & Lucinde ensemble.

Joüissons d'un bonheur extrême.
Hé ! quel autre bien peut valoir
Le plaisir de voir ce qu'on aime ?
Hé ! quel autre bien peut valoir
Le plaisir de vous voir.
UBALDE.
Malgré la puissance infernale,
Malgré vous-même, il faut vous détromper.
Ce Sceptre d'or peut dissiper
Une erreur si fatale.

Ubalde touche Lucinde avec le sceptre d'or qu'il tient & Lucinde disparoît aussi-tôt.

SCENE III.

LE CHEVALIER DANOIS, UBALDE.

Le Chevalier Danois.

JE tourne en vain mes yeux de toutes parts,
Je ne voi plus cette beauté si chere.
    Elle échape à mes regards
    Comme une vapeur legere.
UBALDE.
    Ce que l'amour a de charmant
N'est qu'une illusion qui ne laisse après elle
    Qu'une honte éternelle.
    Ce que l'amour a de charmant.
  N'est qu'un funeste enchantement.

Le Chevalier Danois.

    Je vois le danger où s'expose
Un cœur qui ne fuit pas un charme si puissant.
Que vous êtes heureux si vous êtes exempt
    Des foiblesses que l'amour cause !
UBALDE.
Non, je n'ai point gardé mon cœur jusqu'à ce jour
Prés de l'objet que j'aime il m'étoit doux de vivre ;
  Mais quand la Gloire ordonne de la suivre
    Il faut laisser gémir l'amour.
Des charmes les plus forts la raison me dégage.
Rien ne nous doit ici retenir davantage ;
Profitons des conseils que l'on nous a donnez.

SCENE IV.

Un démon sous la figure de Melisse, fille Italienne aimée d'Ubalde, le Chevalier Danois, Ubalde.

MELISSE.

D'Où vient que vous vous détournez
De ces eaux & de cet ombrage ?
Goûtez un doux repos, Etrangers fortunez ;
Délassez-vous ici d'un pénible voiage.
Un favorable sort vous appelle au partage
Des biens qui nous sont destinez.

UBALDE.

Est-ce vous charmante Melisse !

MELISSE.

Est-ce vous cher Amant ? est-ce vous que je voi ?

UBALDE *&* MELISSE *ensemble.*

Au raport de mes sens je n'ose ajoûter foi.
Se peut-il qu'en ces lieux l'amour nous réünisse.

MELISSE.

Est-ce vous cher amant ? est-ce vous que je voi ?

UBALDE.

Est-ce vous charmante Melisse ?

Le Chevalier Danois.

Non, ce n'est qu'un charme trompeur
Dont il faut garder votre cœur.
Fuiez, faites-vous violence.

MELISSE.

Pourquoi faut-il encor m'arracher mon amant ?
Faut-il ne nous voir qu'un moment
Après une si longue absence ?

ARMIDE,

Je ne puis consentir à votre éloignement ;
Je n'ai que trop souffert un si cruel tourment,
Et je mourrai s'il recommence.

UBALDE & MELISSE *ensemble.*

Faut-il ne nous voir qu'un moment
Aprés une si longue absence ?

Le Chevalier Danois.

Est-ce là cette fermeté
Dont vous vous êtes tant vanté !
Sortez de votre erreur la raison vous appelle.

UBALDE.

Ah ! que la raison est cruelle !
Si je suis abusé, pourquoi m'en avertir ?
Que mon erreur me paroît belle !
Que je serois heureux de n'en sortir jamais !

Le Chevalier Danois.

J'aurai soin, malgré vous, de vous en garentir.

Le Chevalier Danois ôte le sceptre d'or des mains d'Ubalde, il en touche Melisse, & la fait disparoître.

UBALDE.

Que devient l'objet qui m'enflame ?
Melisse disparoît soudain ?
Ciel ! faut-il qu'un fantôme vain,
Cause tant de trouble à mon ame ?

Le Chevalier Danois.

Ce que l'amour a de charmant
N'est qu'une illusion qui ne laisse aprés elle
Qu'une honte éternelle.
Ce que l'amour a de charmant
N'est qu'un funeste enchantement.

UBALDE, *& le Chevalier Danois.*

Ce que l'amour a de charmant
N'est qu'un funeste enchantement.

UBALDE.

D'une nouvelle erreur songeons à nous défendre,
Evitons de trompeurs attraits.

Ne nous détournons plus du chemin qu'il faut prendre
        Pour arriver à ce Palais.

UBALDE, & *le Chevalier Danois.*

Fuions les douceurs dangereuses
  Des illusions amoureuses :
On s'égare quand on les suit ;
Heureux qui n'en est pas séduit !

Fin du quatriéme Acte.

ACTE V.

Le Theatre change, & represente le Palais enchanté d'Armide.

SCENE PREMIERE.

RENAUD, ARMIDE.

RENAUD *sans armes, & paré de guirlandes de fleurs.*

Armide, vous m'allez quiter !
ARMIDE.
J'ai besoin des Enfers, je vai les consulter ;
Mon Art veut de la solitude.
L'amour que j'ai pour vous cause l'inquietude,
Dont mon cœur se sent agiter.
RENAUD.
Armide, vous m'allez quiter !
ARMIDE.
Voiez en quels lieux je vous laisse.
RENAUD.
Puis-je rien voir que vos appas ?
ARMIDE.
Les plaisirs vous suivront sans cesse.
RENAUD.
En est-til, où vous n'êtes pas ?

TRAGEDIE.
ARMIDE.

Un noir preſſentiment me trouble & me tourmente,
Il m'annonce un malheur que je veux prévenir;
 Et plus notre bonheur m'enchante,
 Plus je crains de le voir finir.

RENAUD.

D'une vaine terreur pouvez-vous être atteinte,
Vous qui faites trembler le tenebreux ſéjour?

ARMIDE.

 Vous m'aprenez à connoître l'amour,
 L'amour m'aprend à connoître la crainte.
Vous brûliez pour la Gloire avant que de m'aimer,
Vous la cherchiez par tout d'une ardeur ſans égale;
 La Gloire eſt une Rivale
 Qui doit toûjours m'allarmer.

RENAUD.

 Que j'étois inſenſé de croire
Qu'un vain Laurier donné par la victoire,
De tous les biens fut le plus précieux !
 Tout l'éclat dont brille la Gloire
 Vaut-t'il un regard de vos yeux?
 Eſt-il un bien ſi charmant & ſi rare
Que celui dont l'amour veut combler mon eſpoir?

ARMIDE.

La ſevere raiſon & le devoir barbare
 Sur les Heros n'ont que trop de pouvoir.

RENAUD.

J'en ſuis plus amoureux plus la raiſon m'éclaire.
Vous aimer, belle Armide, eſt mon premier devoir;
 Je fais ma gloire de vous plaire,
 Et tout mon bonheur de vous voir.

ARMIDE.

Que ſous d'aimables loix mon ame eſt aſſervie!

RENAUD.

Qu'il m'eſt doux de vous voir partager ma langueur!

ARMIDE.

Qu'il m'eſt doux d'enchaîner un ſi fameux Vain-
gueur!

ARMIDE,
RENAUD.
Que mes fers sont dignes d'envie!
RENAUD & ARMIDE ensemble.
Aimons-nous, tout nous y convie.
Ah! si vous aviez la rigueur
De m'ôter votre cœur,
Vous m'ôteriez la vie.
RENAUD.
Non, je perdrai plûtôt le jour
Que d'éteindre ma flame.
ARMIDE.
Non, rien ne peut changer mon ame.
RENAUD
Non, je perdrai plûtôt le jour,
Que de me dégager d'un si charmant amour.

Renaud & Armide chantent ensemble les derniers Vers qu'ils ont chantez séparément.

Non, je perdrai plutôt le jour
Que d'éteindre ma flame.
Non, rien ne peut changer mon ame.
Non, je perdrai plutôt le jour,
Que de me dégager d'un si charmant amour.
ARMIDE.
Témoins de notre amour extrême,
Vous, qui suivez mes loix dans ce séjour heureux,
Jusques à mon retour par d'agreables Jeux:
Occupez le Heros que j'aime.

Les Plaisirs, & une troupe d'Amans fortunez, & d'Amantes heureuses, viennent divertir Renaud par des chants & par des danses.

SCENE II.

RENAUD, Les Plaisirs, Troupe d'A-
mans fortunez & d'Amantes heureuses.

Un Amant fortuné, & les Chœurs.

Les Plaisirs ont choisi pour azile
Ce séjour agréable & tranquile.
Que ces lieux sont charmans,
Pour les heureux amans!

C'est l'amour qui retient dans ses chaînes
Mille oiseaux qu'en nos bois nuit & jour on entend.
Si l'amour ne causoit que des peines,
Les oiseaux amoureux ne chanteroient pas tant.

Jeunes cœurs, tout vous est favorable,
Profitez d'un bonheur peu durable.
Dans l'hyver de nos ans, l'amour ne regne plus.
Les beaux jours que l'on perd sont pour jamais perdus.

Les Plaisirs ont choisi pour azile
Ce séjour agréable & tranquile.
Que ces lieux sont charmans,
Pour les heureux amans!

RENAUD.

Allez, éloignez-vous de moi,
Doux Plaisirs, attendez qu'Armide vous rameine.
Sans la Beauté qui me tient sous sa loi,
Rien ne me plaît, tout augmente ma peine.
Allez, éloignez-vous de moi,
Doux Plaisirs, attendez qu'Armide vous rameine.

*Les Plaisirs, les Amans fortunez, & les
Amantes heureuses se retirent.*

SCENE III.

RENAUD, UBALDE, *le Chevalier Danois.*

UBALDE.

Il est seul ; profitons d'un tems si précieux.

Ubalde presente le bouclier de diamant aux yeux de Renaud.

RENAUD.

Que vois-je ! quel éclat me vient fraper les yeux ?

UBALDE.

Le Ciel veut vous faire connoître
L'erreur dont vos sens sont séduits.

RENAUD.

Ciel ! quelle honte de paroître
Dans l'indigne état où je suis !

UBALDE.

Notre General vous rapelle ;
La victoire vous garde une palme immortelle.
Tout doit presser votre retour.
De cent divers climats chacun court à la guerre ;
Renaud seul, au bout de la terre,
Caché dans un charmant séjour,
Veut-il suivre un honteux amour ?

RENAUD.

Vains ornemens d'une indigne mollesse,
Ne m'offrez plus vos frivoles attraits.
Restes honteux de ma foiblesse,
Allez, quittez-moi pour jamais.

TRAGEDIE.

Renaud arrache les guirlandes de fleurs & les autres ornemens inutiles dont il est paré. Il reçoit le bouclier de diamant que lui donne Ubalde, & une épée que lui presente le Chevalier Danois.

Le Chevalier Danois.

Dérobez-vous aux pleurs d'Armide.
C'est l'unique danger dont votre ame intrepide
A besoin de se garentir.
Dans ces lieux enchantez la volupté preside,
Vous n'en sauriez trop tôt sortir.

RENAUD.

Allons, hâtons-nous de partir.

SCENE IV.

ARMIDE, RENAUD, UBALDE, Le Chevalier Danois.

ARMIDE *suivant Renaud.*

Renaud ! Ciel ! ô mortelle peine !
Vous partez ! Renaud ! vous partez !
Démons, suivez ses pas, volez, & l'arrêtez.
Helas ! tout me trahit, & ma puissance est vaine !
Renaud ! Ciel ! ô mortelle peine !
Mes cris ne sont pas écoutez !
Vous partez ! Renaud ! vous partez !

Renaud s'arrête pour écouter Armide qui continuë à lui parler.

Si je ne vous voi plus, croiez-vous que je vive ?
Ai-je pû meriter un si cruel tourment ?
Au moins, comme ennemi, si ce n'est comme amant,
Emmenez Armide captive.

J'irai dans les combats, j'irai m'offrir aux coups
  Qui feront deſtinez pour vous :
  Renaud, pourvû que je vous ſuive,
Le ſort le plus affreux me paroîtra trop doux.
RENAUD.
  Armide, il eſt tems que j'évite
Le péril trop charmant que je trouve à vous voir.
  La Gloire veut que je vous quitte,
Elle ordonne à l'amour de ceder au devoir.
 Si vous ſouffrez, vous pouvez croire
Que je m'éloigne à regret de vos yeux,
Vous regnerez toujours dans ma memoire;
  Vous ſerez aprés la Gloire
  Ce que j'aimerai le mieux.
ARMIDE.
Non, jamais de l'amour tu n'as ſenti le charme,
Tu te plais à cauſer de funeſtes malheurs.
Tu m'entens ſoûpirer, tu vois couler mes pleurs,
Sans me rendre un ſoûpir, ſans verſer une larme.
Par les nœuds les plus doux je te conjure en vain;
Tu ſuis un fier devoir, tu veux qu'il nous ſépare.
  Non, non, ton cœur n'a rien d'humain,
  Le cœur d'un tygre eſt moins barbare.
Je mourrai ſi tu pars, & tu n'en peux douter,
  Ingrat, ſans toi je ne puis vivre,
Mais aprés mon trépas, ne croi pas éviter
  Mon Ombre obſtinée à te ſuivre.
Tu la verras s'armer contre ton cœur ſans foi,
  Tu la trouveras inflexible!
  Comme tu l'as été pour moi;
  Et ſa fureur, s'il eſt poſſible,
Egalera l'amour dont j'ai brûlé pour toi....
  Ah! la lumiere m'eſt ravie!
  Barbare, es-tu content!
  Tu joüis, en partant,
  Du plaiſir de m'ôter la vie.
  Armide tombe & s'évanoüit.
RENAUD.
Trop malheureuſe Armide, helas!

TRAGEDIE.

Que ton destin est déplorable !

UBALDE, & le Chevalier Danois.

Il faut partir, hâtez vos pas,
La gloire attend de vous un cœur inébranlable.

RENAUD.

Non, la gloire n'ordonne pas
Qu'un grand cœur soit impitoiable.

UBALDE, & le Chevalier Danois emmenant Renaud malgré lui.

Il faut vous arracher aux dangereux appas
D'un Objet trop aimable.

RENAUD.

Trop malheureuse Armide, helas !
Que ton destin est déplorable !

SCENE DERNIERE.

ARMIDE seule.

LE perfide Renaud me fuit :
Tout perfide qu'il est, mon lâche cœur le suit.
Il me laisse mourante, il veut que je périsse.
A regret je revoi la clarté qui me luit ;
L'horreur de l'éternelle nuit
Cede à l'horreur de mon suplice.
Le perfide Renaud me fuit ;
Tout perfide qu'il est, mon lâche cœur le suit.

Quand le Barbare étoit en ma puissance,
Que n'ai-je cru la Haine & la Vengeance !
Que n'ai-je suivi leurs transports !
Il m'échape, il s'éloigne, il va quiter ces bords ;
Il brave l'Enfer & ma rage ;
Il est déja prés du rivage,
Je fais pour m'y traîner d'inutiles efforts.

Traître, atten... je le tiens... je tiens son cœur perfide...

Ah ! je l'immole à ma fureur....
Que dis-je ! où suis-je ! helas ! infortunée Armide !
Où t'emporte une aveugle erreur ?
L'espoir de la vengeance est le seul qui me reste.
Fuiez, Plaisirs, fuiez, perdez tous vos attraits.
Démons, détruisez ce Palais.
Partons, & s'il se peut, que mon amour funeste
Demeure enseveli dans ces lieux pour jamais.

Les démons détruisent le Palais enchanté, & Armide part sur un char volant.

FIN.

APPROBATION.

J'AY lû par ordre de Monseigneur le Chancelier *la Vie & le Theatre de Mr Quinault*: J'ai crû que le Public en verroit avec plaisir cette nouvelle Edition. Fait à Paris, ce 1. Mai 1714.
Signé, BURETTE.

PRIVILEGE DU ROY.

LOUIS par la grace de Dieu, Roi de France & de Navarre: A nos Amez & Feaux Conseillers, les Gens tenans nos Cours de Parlement, Maîtres des Requêtes Ordinaires de nôtre Hôtel, Grand Conseil, Prevôt de Paris, Baillifs, Sénéchaux, leurs Lieutenans Civils, & autres nos Justiciers qu'il appartiendra, Salut: PIERRE RIBOU, Libraire à Paris, Nous aiant fait remontrer qu'il souhaiteroit faire réimprimer *les Voiages de Tavernier, avec sa Relation du Serail*; mais comme il ne peut les faire réimprimer sans s'engager à de très-grands frais, il Nous a très-humblement fait suplier de vouloir bien, pour l'en dédommager, lui accorder nos Lettres de Privilege, tant pour la réimpression de cet Ouvrage, que pour celle de plusieurs autres. A ces causes, voulant favorablement traiter ledit Ribou, & engager les autres Libraires & Imprimeurs à entreprendre, à son exemple, des éditions, dont la lecture puisse contribuer à l'avancement des sciences & belles Lettres qui fleurissent dans notre Roiaume, ainsi qu'à soutenir la réputation de la Librairie & Imprimerie, qui y ont été jusqu'à present cultivées avec tant de succés, Nous avons permis & permettons par ces Presentes audit Ribou, de faire imprimer lesd. *Voiages de Tavernier avec sa Relation du Serail*, & aussi de faire réimprimer *la nouvelle & parfaite Grammaire Françoise du Pere Chifflet, le Theatre François, ou Recüeil des meilleures Pieces de Theatre & Poësies des anciens Auteurs*, & notamment des Sieurs de la Fosse, d'Auteroche, de Pradon, de Poisson, de Boursault, de Quinault, de la Grange, de Dancourt, de Baron, *le Jeu de l'Ombre, augmenté des décisions nouvelles sur les difficultez & incidens de ce Jeu*, en telle forme, marge, caractere, en un ou plusieurs volumes, & autant de fois que bon lui semblera, conjointement ou séparément; & de les vendre, faire vendre, & debiter par tout notre Roiaume, pendant le tems de dix années consecutives, à compter du jour de la date desd. Presentes. Faisons défenses à toutes personnes, de quelque qualité & condition qu'elles puissent être, d'en introduire d'impression étrangere dans aucun lieu de notre obéissance, & à tous Imprimeurs, Libraires, & autres: d'imprimer, faire imprimer, vendre, faire vendre & debiter, ni contrefaire lesdits Livres, en tout ni en partie, sans la permission expresse & par écrit dudit Exposant, ou de ceux qui auront droit de lui, à peine de confiscation des exemplaires contrefaits, de trois mil livres d'amende contre chacun des contrevenans, dont un tiers à Nous, un tiers à l'Hôtel-Dieu de Paris, l'autre tiers audit Exposant, & de tous dépens, dommages & interêts : à la charge que ces Presentes seront enregistrées tout au long sur le Registre de la Communauté des Imprimeurs & Libraires de Paris, & ce dans trois mois de la datte d'icelles ; que l'impression desdits Livres sera faite dans notre Roiaume, & non ailleurs, en bon papier & en beaux caracteres, conformément aux Reglemens de la Librairie ; & qu'avant que de les exposer en vente, il en sera mis deux exemplaires de chacun dans notre Bibliotheque publique, un dans celle de notre Château du Louvre, & un dans celle de notre trés-cher & feal Chevalier Chancelier de France, le Sieur Phelypeaux, Comte de Pontchartrain, Commandeur de nos Ordres : le tout à peine de nullité des presentes. Du contenu desquelles vous mandons & enjoignons de faire joüir l'Exposant, ou ses ayans cause, pleinement & paisiblement, sans souffrir qu'il leur soit fait aucun trouble ou empêchement. Voulons que la copie desdites Presentes, qui sera imprimée au commencement ou à la fin desdits Livres, soit tenuë pour düement signifiée ; & qu'aux copies collationnées par l'un de nos amez & feaux Conseillers & Secretaires, foi soit ajoutée comme a l'Original. Commandons au premier notre Huissier ou Sergent de faire pour l'execution d'icelles tous actes requis & necessaires, sans demander autre permission, & nonobstant Clameur de Haro, Charte Normande, & Lettres à ce contraires : Car tel est notre plaisir. Donné à Versailles le douziéme jour d'Avril, l'an de Grace mil sept cens dix, & de notre Regne le soixante-septiéme. Signé, Par le Roi en son Conseil, FOUQUET, & scellé du grand Sceau de cire jaune.

Registré sur le Registre N. 3. de la Communauté des Libraires & Imprimeurs de Paris, pag. 42. N 42 conformément aux Reglemens, & notamment à l'Arrest du 13. Aoust 1703. A Paris, le 11. Juillet 1710.
Signé, DE LAUNAY, Syndic.

PRIVILEGE DU ROY.

LOUIS par la grace de Dieu Roi de France & de Navarre: A nos amez & feaux Conseillers les Gens tenant nos Cours de Parlement, Maîtres des Requêtes ordinaires de nôtre Hôtel, Grand Conseil, Prevôt de Paris, Baillifs, Senechaux, leurs Lieutenans Civils, & autres nos Justiciers qu'il appartiendra, Salut: Les Sieurs Besnier Avocat en Parlement, Chomat, Duchesne, & de la Val de S. Pont, Bourgeois de notre bonne Ville de Paris, Nous ont fait remontrer, qu'en consequence de l'Arrest de notre Conseil du 12. Decembre 1712 du Traité fait entre eux & les Sieurs de Francine & Dumont le 24. desd. mois & an, & de nos Lettres Patentes du huit Janvier ensuivant, confirmatives du Traité, ils auroient acquis le Privilege de faire representer les Opera durant le tems de vingt années, à compter du 20. Aoust 1712. ainsi que le Privilege de la vente des Paroles desdits Opera, lesquels ils desireroient faire imprimer pour les donner au Public, s'il nous plaisoit leur accorder nos Lettres de Privileges sur ce necessaires. A CES CAUSES desirant favorablement traiter les Exposans, attendu les charges dont l'Academie Royale de Musique se trouve oberée, & les grandes dépenses qu'il convient faire, tant pour l'impression que pour la gravure en taille douce des planches dont ce livre sera orné, Nous leur avons permis & permettons par ces Presentes, de faire imprimer & graver les Paroles & la Musique de tous lesdits Opera, qui ont été, ou qui seront representez par l'Academie Royale de Musique, tant séparément, que conjointement, en telle forme, marge, caractere, nombre de volumes & de fois que bon leur semblera, & de les faire vendre & debiter par tout notre Roiaume pendant le tems de dixneuf années consecutives, à compter du jour de la datte desd. Presentes. Faisons défenses à toutes personnes, de quelque qualité & condition qu'elles puissent être, d'en introduire d'impression étrangere dans aucun lieu de notre obéissance: & à tous Imprimeurs, Libraires, Graveurs, & autres d'imprimer, faire imprimer, vendre, faire vendre, debiter, ni contrefaire lesdites impressions, planches & figures, en tout, ni en partie, sans la permission expresse & par écrit desdits Sieurs Exposans, ou de ceux qui auront droit d'eux, à peine de confiscation des exemplaires contrefaits, de six mille livres d'amende contre chacun des contrevenans, dont un tiers à Nous, un tiers à l'Hôtel-Dieu de Paris, l'autre tiers ausdits Sieurs Exposans, & de tous dépens, dommages & interests, à la charge que ces presentes seront enregistrées tout au long sur le Registre de la Communauté des Imprimeurs & Libraires de Paris, & ce dans trois mois de la datte d'icelles, que la gravûre & impreſſion deſdits Opera ſera faite dans notre Roiaume & non ailleurs, en bon papier & en beaux caracteres conformément aux Reglemens de la Librairie; & qu'avant de les expoſer en vente il en ſera mis deux Exemplaires dans notre Bibliotheque publique; un dans celle de notre Château du Louvre & l'autre dans celle de notre trés-cher & feal Chevalier Chancelier de France le Sieur Phelypeaux Comte de Pontchartrain, Commandeur de nos Ordres; le tout à peine de nullité des Preſentes: du contenu deſquelles vous mandons & enjoignons de faire joüir leſdits Sieurs Expoſans, ou leurs aians cauſe, pleinement & paiſiblement, ſans ſouffrir qu'il leur ſoit fait aucun trouble ou empêchement. Voulons que la copie deſdites Preſentes, qui ſera imprimée au commencement ou à la fin deſdits Opera, ſoit tenuë pour dûment ſignifiée, & qu'aux copies collationnées par l'un de nos amez & feaux Conſeillers & Secretaires foi ſoit ajoutée comme à l'Original. Commandons au premier notre Huiſſier ou Sergent de faire pour l'execution d'icelles tous actes requis & neceſſaires, ſans demander autre permiſſion, & nonobſtant Clameur de Haro, Chartre Normande, & Lettres à ce contraires: Car tel eſt notre plaiſir. Donné à Verſailles, le 20. jour d'Août l'an de Grace mil ſept cens treize, & de notre Regne le ſoixante-onziéme. Par le Roi en ſon Conſeil. Signé BESNIER avec paraphe, & ſcellé.

Nous avons cedé à M. Ribou le preſent Privilege, ſuivant le Traité fait avec lui le 17. Juillet dernier 1713. A Paris, le 22. Août 1713. Signé, BESNIER.

Regiſtré ſur le Regiſtre avec la Ceſſion N. 3. de la Communauté des Libraires & Imprimeurs de Paris, pag. 648. N. 731. conformément aux Reglemens, & notamment à l'Arreſt du 3. Août 1703. Fait à Paris ce 11. Septembre 1713.   L. JOSSE, Syndic.

www.ingramcontent.com/pod-product-compliance
Lightning Source LLC
Chambersburg PA
CBHW071112230426
43666CB00009B/1936